JN087258

山中　司／木村修平
山下美朋／近藤雪絵 ［著］

プロジェクト発信型
英語プログラム

自分軸を鍛える「教えない」教育

P roject-based

E nglish

P rogram

北大路書房

凡　例

- 「プロジェクト発信型英語プログラム（Project-based English Program: PEP）」は，立命館大学生命科学部・薬学部・スポーツ健康科学部・総合心理学部で実施されている正課英語プログラムのことを指す。
- 本文中「プロジェクト発信型英語プログラム（Project-based English Program: PEP）」は PEP と表記した。

はじめに

大学英語教育の「建設的」提言の書を目指して

　本書は，共通の英語プログラムに従事する現役の大学教員4名が，それぞれの立場から追求した大学英語教育の姿を，多くの提言やアイデアとともにまとめたものである。

　現在，大学英語教育が岐路に立っていることを否定する関係者や当事者はそう多くないと思われる。既に言い古された感はあるが，何年やっても使い物にならない英語教育という問題は，大学英語教育において深刻である。大学受験時に比して学習モチベーションが維持されにくいことも悪く作用し，大部分の実践は十分な成果を上げていない。無論こうした問題に対し，「専門家」と称する英語教育研究者は様々な手を尽くしてきた。一部で効果が上がっていることも事実であろうが，既存の現状を根底から覆すほどの成果を生じさせているわけではないことは確かである。筆者らの実践とて同じ批判が当てはまる。

　既に企業はそうした大学英語教育に見切りをつけ始めている。入社後に集中的な英語トレーニングを課したうえで，企業が求める評価軸で英語能力を評価し，その後の人事考課に反映させるところも増えてきた。大学でどのような英語教育を受けてこようが関係ないのである。

　また一部の高校では，日本の大学をはじめから視野に入れていない。海外の大学に直接進学し，英語で学問を修めることをすすめることで，日本の大学英語教育を完全に回避するのである。

　さらに，AI（人工知能）をはじめとする深層学習テクノロジーは目覚ましい進化を続けており，とくに機械翻訳などの自然言語処理では人間の能力を凌駕しつつある。こうしたイノベーションを積極的に取り込んだ英語教育も台頭しはじめており，これもまた，人間の教師によるこれまでの英語教育のあり方を，そして英語教員の雇用を脅かす存在といえるだろう。

　こうした動きは，大学英語教育にとって存亡の危機とさえいえる問題である。無論，筆者らにとっても他人事ではない。

　こうした動静に対して，まさに事態の当事者である大学英語教員のわれわれ

が，どう建設的に，創造的に反応するのか，本書の力点はここにある。

　これまで多くの大学英語教員は，事あるごとに新たな英語教育政策の導入に反対し，抵抗勢力と目される傾向があった。ただし，それには無理からぬ面もあった。新たな政策を反映するたびに，とりわけ英語教育（だけ）が，成果を問われ，数字を問われ，新たにカリキュラムを策定し，限られたリソースを投入しなければならなかったからである。言外には，雇用を守るという意味もあっただろう。

　そうした反対意見はもちろん理論立てられており，それ自体はよくできたものだったのかもしれない。しかしその一方，日本の英語教育改革は停滞し，なし崩し的に進められてきた感が否めない。ましてや，大学英語教育の改革は文部科学省が学習指導要領ほかで直接的に介入できないため遅れに遅れている。結果として学生が不利益を被り，日本人全体が損をする。守られるのは大学英語教員の雇用と，旧態依然としたやり方に若干の手を加えた程度の中途半端な大学英語教育である。

　本書の目的は批判ではない。筆者らは，現行なされている大学英語教育の政策に異議申し立てはしない。自動翻訳をはじめとするテクノロジーの発達も柔軟に取り入れる。平均的な日本の高校を卒業した大学1年生の英語力の初期値を非難するつもりもない。いずれ淘汰される英語教員の最後の悪あがきと嗤っていただいて構わない。しかしわれわれは真剣に，現状の大学英語教育は改革できると，機能させることができると考えている。それはプロジェクトを主体とする英語教授法をとおした，筆者らの10年を超える実践に裏づけられている。本書は，われわれがたどり着いた現時点における総まとめである。

　第1章では，教育観，学力観の世界的なパラダイムシフトを概観するとともに，大学英語教育の置かれている現状を俯瞰的に論じ，大学英語教育がうまく機能しない要因を洗い出し，議論の土台とした。

　第2章では，英語教育をコンテクスト創出の機会と捉え，学習者によるセルフプロモーションという表現活動を組み込むメソッドとしてプロジェクトの有効性を論じた。

　第3章では，立命館大学のプロジェクト発信型英語プログラムを事例に取り，多様なプロジェクト型学習を通じて学生が自身の興味，関心をどのように「自

分事」とし，自ら深めていけるのか，そしてそれをどのように評価し得るのかを論じた。

第4章では，昨今その重要性が再評価されているライティング教育について，その理論と先行研究をふまえ，プロジェクト発信型英語プログラムのなかでの位置づけと実践，可能性や課題について論じた。

第5章では，英語授業における ICT 活用について，Computer-Assisted Language Learning（CALL）という教授法の歴史を概観するとともに，プロジェクト発信型英語プログラムの授業タスクとの相関を明らかにしたうえで，CALL よりも発展的かつ統合的な Computer-Integrated Language Learning（CILL）という新たな視座を提唱した。

筆者らの実践や考えがベストで，これが普及すべきだと申し立てるつもりはない。本書で繰り返し述べるように，われわれも試行錯誤を繰り返し続けている。重要なことは，建設的かつ創造的な議論が始まることである。現状をふまえた，現実的な大学英語教育改革が全国の大学生のために成されること，そのための議論に一石を投じるものになれば本書の役割は達成されたといえる。

本書の制作にあたり，北大路書房の大出ひすい氏には多大なご助力をいただいた。記して御礼申し上げたい。

なお本書の制作にあたっては，立命館大学R2020 後半期重点政策推進予算（学部教学高度化予算）より助成をいただくとともに（課題名：英語発信スキルの向上を目指す，ゴール・カスタマイズ型集中特訓プラットフォーム「PEP Boot Camp」の構築〈生命科学部・薬学部・スポーツ健康科学部・総合心理学部〉），同プロジェクトの成果の一部としていることを書き添えておく。

2020 年 10 月

著者　　山中　　司

木村修平

山下美朋

近藤雪絵

目　次

第 5 章　英語×ICT 教育の可能性：CALL を超えた CILL という新たな地平　148

第1章
今のままの英語教育ならもういらない

1.1 木村修平
1.2 山中　司

　社会が大きく変わっている。そして知のあり方も変わっている。そのなかで「英語」に対する捉え方が変わりつつある。現状で国内の英語に対する考え方がまとまりつつあるとは思えないが，グローバル社会の趨勢もふまえ，何らかの形で英語はできて当たり前という風潮になりつつあることについてはおおかたのコンセンサスができているように思われる。ここで重要なことは，もはや英語は「習う」ものではないという認識である。「習う」という語感が意味することは，「習得中」という中途半端な状態が許されることである。しかし，実際は「モノにできるか，できないか」の二者択一を迫られていると考えたほうがよい。そして多くの一般的日本人が，英語をモノにできていないといってよいだろう。仕事で使いこなせるだけの英語力を身につけている日本人が一体どれだけいるだろうか。本章では 1.1 で今世紀の大学英語教育を取り巻く状況について概観し，置かれている立ち位置について整理する。その後 1.2 ではいくつかのタブーに切り込み，問題の本質とその構造的難しさについて議論する。

1.1　教育観の世界的なパラダイム転換

　人間のあらゆる活動が知識や情報を直接的な基盤とする知識基盤社会が到来するという予見は，日本を含め 2000 年代前後に主要先進国で共有され始め，新たな時代に対応できる能力の定義と育成をめぐる議論が続けられている。そうした能力は様々な名称で呼ばれるが，言語能力に根差した高度なコミュニケーション能力と情報通信技術（Information and Communication Technology；以下，ICT）を活用した情報の創造や操作を行えることという点は共通している（教

1

育政策研究所, 2014, pp.7-12）。

　本節では，こうした文脈のなかで日本の大学英語教育が果たすべき役割を論じることで，今日の社会情勢と大学英語教育の考察とする。議論の土台を整理するため，まず，知識基盤社会の成員が身につけるべきとされる21世紀型スキルという用語が意味する教育観，学習観を議論することから始め，**1.1.1** ではその源流ともいえるブルーム・タキソノミーの成り立ちと目的を取り上げる。また日本の教育方針として文部科学省から提示された「生きる力」と「学士力」についてその構成と背景を説明し，21世紀型スキルの議論のなかに位置づける。次に **1.1.2** では，大学英語教育への社会的要請と英語教育政策の変遷について論じる。「学士力」で強調される実業界からの要請が，英語教育に関しては，文部科学省による実践的コミュニケーション能力重視の方針と連動している点を示す。また学習指導要領に相当するガイドラインのない大学英語教育では，アクティブ・ラーニング型の教授モデル探究が始まったばかりである点を指摘する。

1.1.1　何を知っているかから何を創造できるかへ

　本項では，知識基盤社会で必要とされる21世紀型スキルという概念の原型を，Anderson や Krathwohl らによる改訂版ブルーム・タキソノミーの成立過程のなかに見いだせるものとして取り上げる。21世紀型スキルという教育観の源流をたどるのであれば，1956 〜 1964 年にかけて Bloom らが発表した「教育目標の分類学」（taxonomy of educational objectives；以下，ブルーム・タキソノミー）の開発にまでさかのぼると思われる（Bloom et al., 1973）。ブルーム・タキソノミーは教育目標の行動的な側面を分類し，明確に記述するための枠組みである。一例として，認知領域は単純なものから複雑なものの順に「知識」（knowledge），「理解」（comprehension），「応用」（application），「分析」（analysis），「総合」（synthesis），「評価」（evaluation）の 6 つのカテゴリーから成り，低次のカテゴリーは高次のカテゴリーの必要条件とされた。

　ブルーム・タキソノミーは教育目標の設定における実践や研究で活用されたが，元来が大学の試験官を対象にテスト項目を分類する目的で開発されたものであったため，また 1960 年代以降の行動主義的学習観から認知的学習観へのパ

ラダイム転換の影響から，有効性と同時に問題点への批判も強くなった。そこで，Bloom の弟子の Anderson や原版のブルーム・タキソノミーの開発メンバーだった Krathwohl らによって改訂版が開発された（石井, 2003）。改訂版ブルーム・タキソノミーは，初等，中等教育の教師を活用主体として想定し，教育現場での評価法や教授法の選択に際して幅広く実践的に役立つよう設計された（Anderson & Krathwohl, 2001）。具体的には，6 つのカテゴリーが認知的次元（cognitive processes）として再定義され，オリジナルでは低次から高次に知識，理解，応用，分析，総合，評価と配されていたのに対して，改訂版では，記憶（remember），理解（understand），応用（apply），分析（analyze），評価（evaluate），創造（create）と，カテゴリー名が動詞形で表現され，総合という項目がなくなり，創造が追加された（図 1-1）。

　端的に表現すれば，ブルーム・タキソノミーは学習者が知識として「何を知っているか」を試験によって把握するための，そしてその改訂版は既存の知識や情報のうえに「何を創造できるか」に照準化した教育実践を補助するための理論的枠組みだったといえる。この「何を創造できるか」という課題意識は，国際団体が定義する 21 世紀型スキルや日本の文部科学省の方針にも通底する教育観，学力観となっている（石井, 2003）。

　次に 21 世紀型スキルと通底する教育観，学力観が日本では「生きる力」，「学

原版	改訂版

① 知識	情報や概念を想起する
② 理解	伝えられたことがわかり，素材や観念を利用できる
③ 応用	情報や概念を特定の具体的な状況で使う
④ 分析	情報や概念を各部分に分解し，相互の関係を明らかにする
⑤ 総合	様々な概念を組み合わせて新たなものを形づくる
⑥ 評価	素材や方法の価値を目的に照らして判断する

認知過程の次元

知識次元	① 記憶	② 理解	③ 応用	④ 分析	⑤ 評価	⑥ 創造
事実的認識						
概念的知識						
遂行的知識						
メタ認知的知識						

図 1-1　ブルーム・タキソノミーの原版と改訂版の比較（文部科学省, 2015, p.22 より）

士力」と名づけられ，文部科学省を中心に示されてきた経緯について振り返る。日本では，1990 年代から文部科学省によって 21 世紀型スキルに通底する教育観，学力観に「生きる力」および「学士力」という名称が与えられ，複数回の改訂や見直しを経て現在に至っている。

　小学校，中学校，高等学校を対象とする学習指導要領では，1998（平成 10）年度の改訂に際して「生きる力」は次のように定義され，知識基盤社会に向けた学力の育成が強調された。

　　　我々はこれからの子供たちに必要となるのは，いかに社会が変化しようと，自分で課題を見つけ，自ら学び，自ら考え，主体的に判断し，行動し，よりよく問題を解決する資質や能力であり，また，自らを律しつつ，他人とともに協調し，他人を思いやる心や感動する心など，豊かな人間性であると考えた。（略）我々は，こうした資質や能力を，変化の激しいこれからの社会を［生きる力］と称することとし，これらをバランスよくはぐくんでいくことが重要であると考えた。

　　　　　　　　　　　　　　　　　　　　　　　　　　　　（中央教育審議会，1996）

　国際団体の策定する 21 世紀型スキルと「生きる力」とを比較すると，両者には能動性や創造性などの点で共通する部分はあるものの（白水，2014），後者に ICT に関するより明示的かつ具体的な言及が含まれるようになったのは 2020（令和 2）年度の改訂からである。この年度の学習指導要領における「生きる力」では，海外の 21 世紀型スキルと同様に，そのコアとなる要素に外国語教育やプログラミング教育，理数教育が明確に示されている（文部科学省，2019a）。

　2000 年代に入ると，日本の大学における学士課程の教育方針においても，「学士力」の名称で卒業までに大学生が身につけるべきとされる技能が示された（中央教育審議会，2008）。この背景には，1991 年の大学設置基準の大幅な規制緩和（大学設置基準の大綱化）があり，大学教育の質保証が必要になったためである（大場，2009）。「学士力」は大学全入時代における「大学版『学習指導要領』」とも表現されたが（旺文社，2008），強制力はなく，あくまでも大学の自主性，自律性を尊重し，学位授与方針などの策定の参考として示された（中央教育審議会，2008, p.11）。

　「学士力」では，21 世紀型スキルにも共通する外国語に関連するスキルは「汎用的技能」の一部とされ，「知的活動でも職業生活や社会生活でも必要な技能」として定義された（中央教育審議会, 2008）。

　「学士力」の方針が示された背景として，中央教育審議会（2008）では，①大学にはグローバルな知識基盤社会に対応できる「21 世紀型市民」を育成するという公的な使命があること，②大学の国際ランキングなど学部教育の学習成果を可視化する国際的な流れに対応する必要があること，③少子化，人口減少が進行する流れのなかで大学は全入時代を迎えており教育の質保証が「経済社会」から要請されていること，④教育の質を維持，向上させるために大学間の協同的な取り組みが求められていることの 4 点があげられている（p.1）。

　次項では，このうち③の「経済社会」からの要請に着目し，大学英語教育への社会的要請と課題点を議論する。

1.1.2　大学英語教育への社会的要請と課題

　本項では「学士力」として大学に寄せられる社会的要請を実業界の観点から論じるとともに，大学を含む英語教育の方針がそうした要請に応える形で変遷していることを示す。さらに，大学教育には学習指導要領のような明確なガイドラインや強制力をもつ指針が存在せず，大学英語教育においてもアクティブ・ラーニング型教授法のモデル化が模索されていることを指摘したい。

　先述したように「学士力」というビジョンが生まれた背景には 4 つの理由があり，そのなかの 1 つが「経済社会」からの要請であるとされるが，具体的には次のように示されている。

> 　第三に，少子化，人口減少の趨勢の中，学士課程の入口では，いわゆる大学全入時代を迎え，教育の質を保証するシステムの再構築が迫られる一方，出口では，経済社会から，職業人としての基礎能力の育成，さらには創造的な人材の育成が強く要請されている。
>
> （中央教育審議会, 2008, p.1）

　他の 3 点と比較してこの箇所ではやや異例ともいえる強めの表現が用いられていることから，知識基盤社会に対応できる大卒人材の育成は，諸外国と同様

に日本でも，産業界や経済界から強い要請を受けた方針であることが推察できよう。とくに英語に関しては，近年，上場企業を中心に大卒者の採用方針や入社後の昇進条件として具体的な英語能力の要件を公表している例が少なくない。大企業のこうした方針が全国的に知れわたるきっかけとなったのは2011年の次の報道だろう。

> 薬国内最大手の武田薬品工業が，2013年4月入社の新卒採用から，英語力を測る学力テスト TOEIC（990点満点）で730点以上の取得を義務づけることが22日，明らかになった。通訳業務や海外赴任を前提とする採用を除いて，国内大手企業が新卒採用で TOEIC の基準点を設けるのは極めて珍しく，他の大手企業の採用活動にも影響を与えそうだ。
>
> （読売新聞，2011年1月23日）

　これ以降，新卒採用や人事考課の参考として TOEIC スコアなど何らかの基準を公表する企業は増加の傾向にあり，主に大卒のホワイトカラー職種を対象とした英語学習の支援制度の充実をはかっている。また，2010年代には楽天やファーストリテイリング，ホンダなど国内の大企業が社内公用語を英語に切り替えることを公表し，グローバル化対応に注力する姿勢を鮮明化させた（汪，2018）。また，日本経済団体連合会（2014）は学習指導要領の改訂に合わせて英語教育の抜本的改革を求め，「教員免許を持たない有能な外部人材や民間事業者の活用に関するガイドライン」の提言にまで踏み込んだ（p.11）。ただしこの提言は，文部科学省の2014年度事業である「小・中・高等学校を通じた英語教育強化事業」（文部科学省，2013a）を参照しながら行われ，同事業では ALT（Assistant Language Teacher；外国語指導助手）の活用などは含まれているものの，原則として現行の教育職員免許法内での提案にとどめられたままである。

　実業界におけるこうした英語コミュニケーション能力重視の状況に対する是非や現実的な必要性については議論の余地はある。実際，寺沢（2013）は「英語を仕事で必要とする人は，就労者全体でおそらく1割程度，幅を持たせて見つもっても数%〜40%程度」（p.82）とし，国民全員を対象とする学校英語教育がコミュニケーション能力に特化する方針に異議を唱えている。とはいえ，次に見るように，2000年代前半から文部科学省によってすすめられてきた英語の

実践的コミュニケーション能力育成を重視する方針は，グローバル化に対応できる人材に対する産業界からの高い需要という強力なうしろ盾を得ていると考えて間違いない。

　文部科学省が打ち出す英語教育に関わる政策は，社会的要請に応える形で変遷を続けてきた。なかでも 2003 年に公表された「『英語が使える日本人』の育成のための行動計画」（文部科学省，2003；以下，行動計画）は，実践的なコミュニケーション能力の育成を英語教育上の重要な基本方針として打ち出したものだった。行動計画では「国民全体に求められる英語力」として，「中学校・高等学校を卒業したら英語でコミュニケーションができる」，「大学を卒業したら仕事で英語が使える」という目標が示され（p.1），これらを基本方針として，初等教育における英語の教科化などの学習指導要領の改訂や中等教育におけるSuper English Language High School の設定などの実証プロジェクトが次々と打ち出された。

　こうした英語コミュニケーション能力を重視する方針は，後に大学入試において 4 技能（リーディング，リスニング，ライティング，スピーキング）を測定する民間の英語試験を活用するという段階に至り，大きな波紋を呼ぶことになる。2013 年 4 月，自民党の教育再生実行本部は「成長戦略に資するグローバル人材育成部会提言」のなかで「英語教育の抜本的改革」を訴えた（教育再生実行本部，2013）。「大学において，従来の入試を見直し，実用的な英語力を測るTOEFL などの一定以上の成績を受験資格及び卒業要件とする」と，具体的な民間の英語試験の活用に言及したこの提言は，大学入試センター試験に代わる新たなテストに外部の検定試験を活用する案の起点となった。この提言を受けて，2013 年 6 月，政府の教育再生実行会議は高大連携の推進につながる大学入試改革の議論に着手した。当時は暫定的に「達成度テスト（発展レベル）」と仮称され，その後同年 10 月に出された提言（教育再生実行会議，2013a）では，新たな共通テストの導入と「TOEFL 等の語学検定試験やジュニアマイスター顕彰制度，職業分野の資格検定試験等も学力水準の達成度の判定と同等に扱われるよう大学の取組を促す」ことが盛り込まれた。また，文部科学省の中央教育審議会も同時期に大学入試改革を議論しており，2014 年 12 月に「民間の資格・検定試験の活用により，『読む』『聞く』だけではなく『書く』『話す』も含めた英

語の能力をバランスよく評価する」ことを答申として提出した（中央教育審議会, 2014）。この答申を受けて設置された有識者会議は「四技能を重視する観点から，民間の資格・検定試験の知見を積極的に活用すること」（文部科学省, 2016, p.32）という文言を含む最終報告書をまとめ，具体的な制度設計のために設置された検討・準備グループでの議論を経て，2017 年 7 月，大学入試センター試験に代わり 2020 年度から実施される新たな「大学入学共通テスト（以下，共通テスト）」の方針のなかで民間の英語試験を導入することが公表されたのである（文部科学省, 2017）。

　しかしながら，民間の英語試験の受験データを「大学入試英語成績提供システム」で一元的に集約し，大学入試に活用するというこの案は，試験実施地域が都市部にかたよっており受験機会の地域格差が生じること，受験生に経済的な負担を強いること，設計の異なる試験結果の互換性などを懸念する高等学校教員，大学教員，研究者などから強い反発を引き起こした（阿部, 2017; 鳥飼, 2018; 南風原, 2018）。文部科学省は，複数の異なる民間英語試験の結果を同一の尺度に変換するため，欧州評議会が策定する CEFR（Common European Framework of Reference for Languages；ヨーロッパ言語共通参照枠）を基準として採用していたが（文部科学省, 2018, p.29），羽藤（2018）はそれぞれの試験の結果が CEFR のどのレベルに対応するかは安定しておらず，妥当性，信頼性に強い疑問を投げかけている。また，大学によって民間の英語試験活用の方針が分かれた（教育新聞, 2019）ほか，代表的な民間の英語試験の 1 つである TOEIC がシステムへの参加を取り下げる（国際ビジネスコミュニケーション協会, 2019）など，共通テスト実施を目前に混乱が続いた。

　とくに，国立大学の対応が大きく分かれたことは，教育政策と大学との関係性を考えるうえで象徴的なできごとだったといえる。すべての国立大学法人を正会員とする（2019 年度現在）一般社団法人である国立大学協会は，2017 年に示した基本方針（国立大学協会, 2017）に基づき，「国立大学共通の指針」として 2024 年度以降は民間試験を活用することをガイドライン化した（国立大学協会, 2018）。しかしながら，2021 年実施の一般選抜（一般入試）において学部入試を実施する国立大学全 82 校のうち東京大学，京都大学など 65 校が英語の民間試験の活用を見送ることを公表した（日本経済新聞, 2019）。この結果，2019

年11月，2020年度の共通テストから民間英語試験を導入するという当初案は
見送られ，2024年度からの導入を目指して引き続き検討されることが公表され
た（文部科学省, 2019b）。

　4技能型試験を大学入試に導入すべきかどうか，民間英語試験を活用すべき
かどうかを論じることは本書の目的ではない。しかしながら，国立大学全体で
英語という教科の入試方式をめぐる改革で足並みがそろわなかったという現象
は，さきに見た英語教育に対する社会的要請や教育政策と大学英語教育との関
係を考えるうえで象徴的なできごとであるといえよう。

　小学校，中学校，高等学校では行動計画に基づいて約15年，さらにさかのぼ
るならば「生きる力」がうたわれてから約20年にわたって，英語教育に関する
様々な施策が実行に移され，具現化されてきた。その一方で，学習指導要領に
相当する明確なガイドラインが存在しない大学の英語教育はどうだろうか。行
動計画では，大学英語教育についても目標を定めているが，それは「大学を卒
業したら仕事で英語が使える」という抽象度の高い記述にとどまっており，各
大学が理念やディプロマ・ポリシーに基づき独自に目標を設定することが想定
されている。文部科学省は国内の大学のグローバル化を促進する様々な支援制
度を創設してきたが，限られた大学を対象とした期限つきの制度であり，その
方針や採択基準などをめぐっては批判も多いことから，全国的な大学英語教育，
なかでも正課の英語授業に与える影響は限定的と言わざるを得ない。例えば吉
田（2014）は，「留学生30万人計画」を目標に掲げて2009～2013年度まで実
施された支援制度「国際化拠点整備事業（グローバル30）」が大学教育に及ぼ
す影響について次のように批判している。

　　これまでは目的に到達するための道筋は，大学の裁量に任されてきた。（略）しかし，
　国家目標とされるこのグローバル人材の育成にあたっては，そうした自由は許されないか
　のようである。今後順調に事業が進むほど，きわめて規格化された人材が育成されるだろう。
　　　　　　　　　　　　　　　　　　　　　　　　　　　　　　　　　　　（吉田, 2014, p.34）

　この背景には，大学で英語を教えることをめぐる長年の論争，すなわち英語
は教養か実用かをめぐる教育観，教養観の対立的議論があるように考えられる

（比嘉, 1994; 江利川, 2008）。しかしながら，大学英語教育の方針については「これからの大学教育等の在り方について（第三次提言）」（教育再生実行会議, 2013b）や「グローバル化に対応した英語教育改革実施計画」（文部科学省, 2013）のように，実用への移行を強く迫る提言や方針が 2010 年代以降に次々と公表されている。こうした背景をふまえると，大学入試に民間の英語試験を活用するという案は，教養か実用かをめぐって大きな進展を見せない大学英語教育の膠着状況を打開する役割が期待されていたといえるだろう。

　英語が，かつてはラテン語が担ったリンガ・フランカ，すなわち共通言語として事実上標準化している事実は今や誰の目にも明らかであり，とくに学術分野では英語が支配的な言語である（Tardy, 2004; Kirchik, Gingras & Larivière, 2012）。日本のほとんどの大学が英語を必修科目化していることもその傍証であるといえるだろう。こうした現状に鑑みれば，英語を教養か実用かという二項対立で捉える構図そのものがもはや時代にそぐわない議論なのである。

　知識基盤社会を見据えた教育，「何を知っているか」から「何を創造できるか」へのパラダイム転換は世界的な潮流である。創造に必要な情報を様々なソースから入手し，多様な他者と交流して意見を交換し，刺激を与え合うための言語。創造したものを発信し，多くの人々と共有するための言語。そうした言語として英語を捉えるとき，それは教養か実用かという枠を超えた，汎用と呼ぶべき役割を担うといえる。なおここで述べている汎用的な言語としての英語は，鈴木（1985）の「国際英語」と通底するものである。鈴木は，英語という言語をアメリカとイギリスを頂点とする特定の国家や文化の占有物と見なす見方を「民族英語」と名づけ，そのような慣習を受容し続ける当時の日本の英語教育関係者を批判した（p.155）。それと同時に，英語をアメリカやイギリスの特権的言語と見なすのではなく，広く地球規模で情報やコミュニケーションを媒介する公共性を備えた言語として見なす「国際英語」という視座を提唱した。学校で行われる英語教育では国際英語の運用能力の育成を目標とすべきであるとし，扱うコンテンツは日本人学習者を中心とした事象を英語で表現する重要性を説き，そのための発信型の英語運用能力の必要性を訴えたのである（pp.190-191）。

　ここで本節の議論をまとめる。2003 年に行動計画が公表されて以来，文部科学省は実践的なコミュニケーション能力の育成を目標とした英語教育の方針を

次々と打ち出してきた。それは，世界的な文脈で見れば高度な言語コミュニケーションを重視する 21 世紀型スキルの育成を，国内の文脈で見ればグローバル競争に対応できる人材を求める社会的な要請に応える側面を含意していたと考えられる。

　その一方で，大学英語教育はどうか。繰り返しになるが，大学には学習指導要領に相当するものが存在しないため，英語教育の改善についても，あくまでも各大学の裁量にゆだねられている。「学士力」という指標も，初年次教育全体には少なからぬ影響を及ぼしているものの，大学の授業として実際に行われる英語教育にとっては努力目標の提示や提言という次元を超えるものではなく，大学のグローバル化を支援する種々の制度も限定的な影響にとどまっている。それでもなお，日本の多くの大学で英語は必修科目であり続け，教えられ続けている。

　山中（2019）は，こうした状況を次のように指摘し，さらにはテクノロジーの発展や学術領域のグローバル化により，既存の大学英語教育の存立基盤，大学英語教員のレーゾン・デートルそのものが問われている状況を指摘した。

　　英語は，いわゆる「語学科目」としてほぼすべての大学で設置されており，しかも必修化されていることが多いため，学生にとっては「ノーチョイス」で履修が予め義務づけられている。現場の英語教員にとっては，自分たちの科目を少しでも多くの学生に取ってもらうようアピールする必要もなく，毎年安定した履修者数が何の努力もなく確保され，クラス規模は維持される。英語教員による英語科目が，各大学で「幅を利かせて」しまっている。

（山中, 2019, pp.73-74）

　行動計画の実施から約 15 年，さらにさかのぼれば「生きる力」がうたわれてから約 20 年が過ぎ去った。初頭，中等教育では，その是非をめぐる議論はありつつも，アクティブ・ラーニング型の英語教授モデルの探究に踏み出している。もはや教養か実用かに拘泥している状況ではない。汎用という視座に根差し，アカデミックな知的生産を支える言語として英語を捉え，知識基盤社会にふさわしい大学英語教育モデルの構築を試みること，それこそが今日の大学英語教育

が直面している喫緊の課題であるといえよう。

1.2　なぜ大学英語教育が機能しないのか?

　大学英語教育がうまくいっていない。これは長年現場を担当してきた筆者の実感である。ここではうまくいっていない，機能していないという状態を，①大学生の多くが自律的に英語力向上に取り組めておらず，モチベーションも十分に喚起されていない状態であること，②実際の英語力を見ても，TOEFL の国際比較（ETS, 2018）が例示するとおり，日本人の客観的な英語力は依然低いままで「英語が使える日本人」の状態からは程遠いこと，③これらの状態を抜本的に改善するために，現行の大学英語教育がほとんど寄与できていないこと，と暫定的に定義づけておくが，その他にも要因は存在するだろうし，これらの複合的要素が互いに作用することで，うまくいっていないと思わせているのが実情であろう。かつて筆者はこの主張を検証するため，大学英語教育がうまくいっていないことを示す先行研究を調査したことがある。しかし当然，英語教育の研究者が，自らの機能不全を率先して明らかにするはずもなく，英語教育が様々にうまくいっていることを部分的に実証する研究しか見つけることができなかった。しかし，いわゆる総体としての大学英語教育が，従来から現在に至るまでうまくいっていないということについて，多くの現役大学生，卒業生に聞くことで答えは自ずと出てくるように思われる。科学的な実証に頼らずとも，個々人の大学生活に英語教育はおそらく響いていない。むしろネガティブに作用しているとすらいえるかもしれない。これは筆者らが展開する独自の英語教育プログラムにおいても同様である（もちろん少しは機能していることを期待したいが）。

　それでも英語教育研究者の多くは，自分たちの英語教育の有効性を主張するだろう。そして彼らが主張すればするほど，一般社会の認識との乖離が進み，英語教育研究者は世間から「浮く」ことになる。好むと好まざるとにかかわらず，こうした構図に陥っていること，どれだけ大学英語教育の有効性を主張しようとも，それが虚しい外野の遠吠えにしか聞こえないことがわからないのである。自身も英語教員であるからこそ，自戒を込めてはっきりと述べておきたい。

　それではなぜうまくいかないのか。その理由についてはこれまで様々なところで語られてきたようであるが，あらためて，現場で実践を担ってきた実感もふまえたうえで，以下3点をその明示的な理由として指摘し，おのおのについて説明するところから論を始めたい。

　学ぶ側にとって，
　①教室空間が「白け」から解放されない
　②英語学習のモチベーションが起こらない
　③自己肯定感が低く「できる」実感が湧かない

　学ぶ側にとってと枕詞をつけたが，それは筆者が学習者にその原因を帰したいわけではないからである。学習者にそうさせてしまうのは当然，指導，運営に立つ側の責任である。

1.2.1　教室空間が「白け」から解放されない

　「白け」は，状況に対してその言語使用が適切性を保持できない（not appropriate）ために起こると考えてよい（鈴木, 2000）。社会言語学的に英語という言語現象を考えるに，日本の大学教育のレジスターでは，未だ英語を使う必然性がない。英語が必要だとどれだけ方々で叫ばれようとも，それが一部の者にとってはそうであっても，「自分には関係ない」と学ぶ側に見透かされてしまっているのである。これまで日本の大学英語教育は，この白けとの闘いに終始してきたといえるかもしれない。つまるところ日本の大学の教室空間のなかでは，学ぶ側にとって英語を使う必然性が実感できないため，英語を使うことがぎこちなくなったり，真面目に取り組むものが馬鹿を見たり，白い目で見られたりするのである。この問題は深刻であり，ここで立ち入って考えてみたい。まずは社会言語学や言語政策からの視点である。

　「昨日，一言でも英語を話した？」と周りの者に聞いてみたらよい。一般的に「話した」と答えが返ってくる場合は筆者の経験上きわめてまれである。さきに引用した寺澤（2015）は，日本版総合的社会調査を典拠に，2006, 2010 年調査時点ですら未だ「過去1年間」に「少しでも」英語を使ったことのない回答者

が58.4％にものぼっていることを示している。もちろん日本社会での英語使用は広まりつつあり，英語をそのままカタカナ語読みすることで日本語として違和感なく使用できるものも増えてきている。こうしたなか，意外にも日本語という言語が相当パワフルであることは案外知られていない。そしてこれが逆に，英語普及のネックになってしまってもいる。

　先人の努力もあり，日本語を用いることができれば，少なくとも日本国内においては言語上の万能感を手にすることができる。当たり前に思われるかもしれないが，これはすべての言語に当てはまる現象ではない。例えば学問の世界では，日本語で高等教育，すなわち大学，大学院教育まで何不自由なく受けられ，博士論文まで日本語で執筆できる。エンターテイメントでも，朝から晩まで，日本語でテレビが放映され，書籍や雑誌は当たり前のように日本語で日本人のために書かれている。外国籍をもつ者が日本国内で就職を希望する場合，日本語母語話者と遜色ない相当高度な日本語能力が当たり前のように要求される。言語社会学者の鈴木孝夫は，日本語には世界のありとあらゆる名著や研究書が翻訳されており，日本語が使えることで，実は世界中の知に最も容易にアクセスできることを説く（鈴木, 2009）。翻訳学問と揶揄される日本のアカデミズムであるが，逆に考えれば，英語，フランス語，ドイツ語，スペイン語をはじめ，これら1つひとつを学ばずとも，日本語ができれば相当程度事足りるのである。無論，最新の知見は英語でしか手に入らないにせよ，日本語を学ぶメリットは，何も日本人と交流するためだけに限らない。

　重要な点は，他の言語も同じだけの「強さ」を，おのおのが母語とする国や地域で持ち合わせているわけではないことである。経済的な要因が大きいが，自国の言語だけでいくら話題性を獲得しようともインパクトが小さすぎるのである。ヨーロッパの多くの国で，2カ国語，3カ国語と平然と皆が話せるのは，母語だけでは経済も，学問も，エンターテイメントさえ賄えないという，実はとても悲しい現実が理由なのである。韓国のアイドルがはじめから海外進出を考え，外国語にも堪能であることが多いのも，言語的に不利だからこその血の滲むような努力の裏返しなのである。皮肉ではあるが，国力，そして言語の力と，外国語の能力は反比例するのである。

　繰り返すが，日本で生活する場合，日本語があまりにも強力なツールであり，

便利すぎるのである。これでは，英語ができなければならないという必然性（urgent needs；田中, 2016）は国内では生じない。同じことが英語を母語とする中産階級以上のアメリカ人の多くにいえる。彼らは外国語をわざわざ学ばずとも，世界中の多くの人々が，頼まずとも，支配して強いずとも，自発的に自分たちの母語を学んでくれる。したがって，英語は日本語以上に強力な言語である。英語を母語とすることは圧倒的に有利であり，その結果，彼らが外国語を学ぶことは，彼らにとって「嗜み」程度のものにしかならない。実際にヒスパニック等のバイリンガル・コミュニティで育った場合を除けば，アメリカ人の外国語運用能力は驚くほど低い。もちろんフランス語やスペイン語，中国語等を学ぶアメリカ人は一定数いるが，日常会話をこなせるだけの運用能力を身につけた第二言語学習者を探すのは至難の業である。ある程度英語が話せる日本人を探すほうがまだましであるように思う。なおその派生とも考えられるが，アメリカ人の大学生の多くは留学に行かない。日本の若者の内向き志向がよく問題になるが，アメリカとてけっして自慢できる状態にはない（OECD, 2014）。

　なお物事には必ず複数の側面がある。一見メリットに思えることも，デメリットにもなる。さきに述べた，日本語がパワフルすぎることが，結果として日本人の英語をできなくさせているという話は，その好例でもある。しかし，その「英語ができない日本人」であるが，必ずしもデメリットばかりをもたらすわけではない。確かに一般的な日本人の多くは英語ができない。苦手意識もある。だから積極的に英語の情報を取りに行かないし，行けない。これは一見もったいないことに思えるが，しかし，英語での情報とて良し悪しがある。もし日本人の多くが英語に相当堪能であったなら，おそらく今頃は，日本人の芸能ゴシップをワイドショーで騒ぎ立てるのと同じだけの量，ハリウッドの低俗なゴシップを皆が口にしているだろう。日本語で情報が発信されなければよく理解できないという実態は逆に海外からの粗悪な情報が流入するのを防ぐ壁を築いている。この壁が機能していなければ，日本は今と比べ物にならないほどアメリカの一挙手一投足に躍らされているだろうし，今以上に西洋の価値観にダイレクトに毒されてしまっているだろう。その証左としての次の八田（2003）の指摘は興味深い。

例えば，「21世紀日本の構想懇談会」が意見を聞いたというシンガポールでは……英語で学ぶ結果，人々の「脱文化化」（deculturalized）が起こり……英語と共に入ってくる軽いポップカルチャーをとおして，退廃気分，自由放任，西洋化が起こり，東洋の価値観喪失が危惧されるようになった。1970年後半以来，行政側は，母語を使うことによって人々を「再アジア化」（to re-Asianize the people）することに着手し，1979年，リー・クアン・ユーは……中国人の再結束をはかるために，The Speak Mandarin Campaign を実施したほどである。……よく知られたことであるが，フランスでは，アメリカ英語の乱入を防ぐために「言語警察」が設置され，フランス語を保護している。

（八田，2003, pp.131-132）

　外国語が苦手であることが，膨大な情報の流入を制限し，自分たちの頭で考え，判断する機会となっていたことを忘れるべきではない。明治維新後も，第二次世界大戦後も，からくも日本は，日本語を捨て英語を国語にせずにすんだ。これが絶対的な不幸ではなかったことは，日本国民なら皆理解できていることではなかろうか。

　次に「白け」についての考察に移ろう。ここでは白けを，教室空間のフィクション性を表した言葉であると解釈する。教育の文脈で英語を考える限りこの問題は宿命的に背負わされるものであり，教室という場が人工的であるということは，英語教育にかかわらずどの分野でも永遠の論点であるとさえいえるだろう。教育は実社会とは異なる。ある取り組みを行うにしても，実社会で失敗は責任問題につながり，経済的損失も出る。一方で教育は失敗が許される。言わば「セーフティネット」が十全に機能しているのが教育機関であり，だからこそ，学習者は安心して困難なことに挑戦することができる。

　一見するととても理想的な環境に見える教育，教室であるが，実はそれは常に白けと隣り合わせの空間であることを忘れてはならない。早い話が，教室は所詮「練習場」でしかなく，すべてがフィクションの場なのである。成績という人参をぶら下げることで，学習者に短期的な緊張感をもたせることはできるかもしれないが，それが本質的な解決につながるとは誰も思わないだろう。また教室には教員がおり，これが場の人工性を一層高める。教員は時に教室空間をコントロールし，成績という評価の裁定者となる。どれだけクラスメートに

アピールできたとしても，教員が気に入らなければよい成績は取れない。様々な趣向をどれだけ凝らそうが，教員は社会言語学的に否応なく権力をもつ（Mehan, 1979; 佐藤, 1996）。教室が日常とは異なる特殊な空間であることは否定のしようがない。

　そして，いくら授業内で「世界に向かって話そう」と言っても，その授業に居合わせる仲間は，いつも日本語で当たり前のように話す，代わり映えのしない顔ばかりである。各クラスに留学生がいたり，日本語がまったく通じない仲間がいるような状況はまだまだまれで，日本語が支配的な教室環境である。これではどうやっても場が白けてしまう。もちろん日本語が強制的に通じない環境をつくり出す努力も懸命にされてきた。オンラインで海外とつなぐ授業を行ったり，初等，中等教育機関であれば ALT を活用する授業などがその典型である。また大学英語教育に絞ってみれば，英語を母語として使う，いわゆる「ネイティブ教員」を雇用していない国内大学を見つけるほうが難しい。ここ数十年を見ても，大学側も様々な努力，工夫を実現させてきたのである。

　ネイティブ教員を相手にすれば，日本語が通じない環境，必然的に英語を使わざるを得ない環境をある程度創出することができる。しかしこれで問題が解決するかといえばそうはいかない。白けの次に問題になるのが「照れ」である（山中, 2011）。

　国民性に帰することに議論はあるにせよ，日本人の多くはよく照れる。英語がわからない，通じない，うまく話せない状態に陥ると，笑ってごまかしたり，何も言わず他に矛先が向くまで黙っていたり，よくもわからずに Yes を連発したりする。言語コミュニケーションにおいて重要なことはメッセージをやりとりすることであり，わからなければわかるようにすることである。しかし照れがそれを上回り，その場を取り繕い，やり過ごすことのほうに重きを置かれてしまう。教室空間ならばなおさらのこと，学習者からしたら，生活に困るわけでもなければお金を取られるわけでもない。それはたんなる授業の1コマであり，あえて影響があるといえば，英語の成績が少し悪くなる程度のことである。

　照れはコミュニケーションの悪循環を招く。1人で照れていればまだいいが，相手の照れをからかい，馴れ合うことで，相手も照れるようになる。笑ってごまかすことは文化の一部なのかもしれないが，英語教育でこれをされると教員

としては実に困る。やってみようと挑戦したい学生の気をそぐし，とにかく雰囲気が悪くなる。しばらく黙っていれば次の人が指されるというのも，教室ならではの現象であり，積極性や自主性も育たなければ，コミュニケーションを何とか成立させるという成功体験を積むこともできない。こうなってしまうと，英語の授業はただ時間が過ぎるのを待つような，こなすだけの忍耐空間となり，これではどれだけ時間を費やそうとも無駄である。大学で英語教育を受けても力がつかない，と学習者が感じるのも無理からぬことである。

1.2.2　英語学習のモチベーションが起こらない

　次に述べる点は，英語学習に対する動機づけの問題である。とりわけ大学英語教育は，他の段階における英語教育に比べ，学習者のモチベーションが生じにくいことを議論しておきたい。日本の子どもや若者たちにとって，英語学習を促す主要な動機づけの1つが大学入試であることは言うまでもないだろう。ところがこれが大学入学後に続かない。どれだけ就職で役に立つ，大学院入試で役に立つとはやしたててみたところで，それは大学入試のモチベーションほどやる気を喚起しないのである。

　動機づけに関する研究では，自己決定性（自律性）によって，無動機づけから，外発的動機づけ，内発的動機づけに至る各段階が指摘されている（Ryan & Deci, 2000）。本理論に従うならば，いかに学習者に内発的動機づけをもたせ，自律的学習者（autonomous learner；田中, 2009, p.63; 山中, 2015）に仕立て上げるかということが英語教育の鍵となる。というのも，英語能力のパフォーマンスには個人差がどうしても出るが，能力の如何にかかわらず，高いモチベーションを誰もが保てることは，授業運営の観点からも好都合である。また適切な動機づけを学習者全員がもつことで，教室空間の白けが解消する可能性も期待できる。

　内発的動機づけの考え方は，(自律的な) 自己決定が様々なパフォーマンスに好影響を与えるという自己決定理論（self-determination theory）として発展したが，これは英語教育にとっても示唆的である。卑近なレベルで拡大解釈すれば，モチベーションがないよりはあったほうがよいし，あったとしても，外在的なモチベーションよりも内在的なモチベーションのほうがよいことを意味し，

成績や試験スコアを人参としてぶら下げているようでは，本質的な動機づけとしては不十分であることを含意していると読み取れる。TOEICの点数が就職活動に影響するからというのも，典型的な外発的動機づけでしかない。一方，仮に大学入試が機能しているとするならば，それはおそらくたんなる点取りの状態から，学習者が自分の夢や自己実現を志望大学の合格に託し，その手段としての英語学習にコミットできるからであろう。大学英語教育の目的が，入試という，道具的な動機づけに敵わないというのも情けない話であるが，実情であるから仕方がない。

　学習者にとって，英語学習に対するモチベーションも沸かなければ実際のコミットメントもない，しかも実社会で英語が必要だと直接に感じられる機会もなきに等しければ，真面目にやるほうが空気を読んでいないことになる。他方，こうした逆境ともいえる環境のなかでモチベーションを維持するには相当な努力が必要になる。事態は厄介極まりないのである。しかも高校までの英語学習と異なる点の1つは，もはや大学英語として形式的に学ぶ知識項目が用意されていないことである。新たな文法項目があるわけでもなければ，初めて見る構文もない。これが，フランス語，ドイツ語，スペイン語，中国語等の初修語といわれる語種との違いである。新たに習う外国語であれば，新奇性から関心ももてるだろうし，初学の段階では上達も感じやすい。しかし大学英語はそうはいかない。ある程度能力的に成熟した状態で，さらなる高みを目指すことは容易ではなく，忍耐も必要である。強い動機づけに支えられなければ続かないだろうし，ただ適当にこなすだけならばほとんど力もつかないだろう。日本の大学生の平均的な英語レベルは，世界的なレベルから見れば，一部初級を含むものの，いわゆる中級以上であると考えて差し支えないと思われるが，この中途半端な英語力もモチベーションの維持にとっては悪材料であった。そして，この中級以降の英語学習者のモチベーションの希薄化を救うアプローチこそ，コンテンツ・ベースと言われる一連の教授法群であったことは大いに強調しておきたい。

　コンテンツ・ベースとは，無味乾燥な機械的な言語訓練を施して習得を促す代わりに，学習者にとって有意味だと思われるコンテンツを話題・教材として，そのなかに英語能力を伸張させる仕掛けを施す教授法である。例えば，リーディ

ング教材として地球環境問題をトピックにすることで，学習者は地球環境問題について英語をとおして学ぶことができるため，内容に興味が湧きモチベーションも高められるという構図である。英語教育の観点からは，そのリーディングのなかに，習得させたい構文や語彙を入れ込むことができ，言わば一石二鳥の教授法ともいえる。実際，現在の大学英語教育には，このコンテンツ・ベースの考え方が幅広く取り入れられており，学習者の興味を喚起する様々なトピックが教材として持ち込まれている。昨今注目される CLIL（Content and Language Integrated Learning；内容言語統合型学習）も基本的にはこの延長線上にあり，学習者のモチベーション向上に一定貢献していることは確かであろう。

　しかし，このコンテンツ・ベースの手法をあえて批判するならば，次のようにはいえないだろうか。なぜコンテンツ・ベースの教授法は，コンテンツを取り上げるのか，その理由の主たるものが，学習者のモチベーションを喚起し，それを保つためにあるとするならば，それは根本的におかしいと言わざるを得ない。動機が不純であるとさえいえる。本来，言語は何であれ大学の授業科目において特定の内容を扱う場合，本当にその内容を教授する必要がある。つまり特定の内容を取り扱うのであれば，その内容の専門家が講義を担当するべきであり，とくに詳しくも専門性もない英語教員が，たまたま教科書の題材にその話題があるからといって，あたかも専門家面して教える立場にいてよいのだろうか。本気で学習者がコンテンツ・ベースで取り扱った内容に興味をもち，研究のレベルで深めたいと思った場合，英語教員は適切にその学習者をガイドできるのだろうか。はなはだ心もとない，それが率直な回答である。例えば筆者らが英語教育を実践する現場は，ライフサイエンス系の理系学部であり，文社系をバックグラウンドとする筆者らにとって専門外もいいところである。サイエンスの学生が通常持ち得る基礎的な知見についてすら不十分である。そんな学生を相手に，科学英語と称してコンテンツ・ベースの授業をすることは，学生に対する欺瞞であり，滑稽ですらあるといえるだろう。

　このような状況に大学英語教員が陥った場合，およそ取れる手段は2つある。1つは教科書に書いてある以上のことについては一切内容に関する質問を受けつけないこと，もう1つは，自分がある程度答えることができる専門性に寄せたコンテンツのみを取り扱うコンテンツ・ベースの授業をすることである。

　前者については情けない話に思えるが，これが多くの大学英語教育の実情である。教員のみが教材の解答にアクセスできるという特権を大いに行使し，壮大な授業ごっこが行われる。そこでは，たとえ学習者が内容に興味をもって深めたいと思っても，それ以上にふれることが禁じられているため，肝心な内容への興味も次第に薄れざるを得ない。よほど奇特な学習者でない限り，このやり方で深いレベルのモチベーションに達することは難しい。結果，教材をこなすだけの努力が行われ，学習者は教科書にある設問の解答をテスト用に暗記して終わりである。扱った内容は将来の茶飲話に役立つか，忘れ去られるのが落ちである。

　そして後者については，筆者の実感からしてさらに悲惨であるように思われる。現状の大学英語教員の専攻は大半が英文学や言語学周辺である。したがって彼らが専門性を発揮できる箇所も，同じく英文学であり，言語学の周辺となる。さすがに微に入り細に入った特定の文学作品や，言語学の重箱の隅をつつくようなことはしない常識は持ち合わせているにせよ，ある程度専攻外の学生にも理解でき，かつ興味をもってもらえそうなコンテンツというと，英語の多様性であったり，異文化理解であったり，言語習得理論であったりする。するとこういった内容を扱うコンテンツ・ベースが複数乱立することになり，これは不毛でしかない。もちろん，一部の文学部系，外国語学部系，心理学部系の学生ならば多少のモチベーションも湧くであろうが，それ以外の専攻の学生であれば「お腹いっぱい」であろう。これではコンテンツの押しつけであり，頼まれてもいないお節介である。実はこの現象は世界中の EFL（English as Foreign Language）クラスでみられる現象であり，何も日本の大学英語教育に限ったことではない。世界中の英語学習者が，多様な背景をもちながらも，皆が皆, world Englishes なり，crosscultural understandings なり，language acquision を学ぶのである。これを滑稽と言わず，何を言うのだろうか。

　ここまで議論することで，次の論点を考えてみたい。それは，受動的に与えられたコンテンツで，すべての学習者が等しく興味がもてるのかどうかという根本的な疑義である。答えは否であろう。つまり，コンテンツ・ベースの教授法の場合，そのコンテンツを「自分事」として捉え，自身のパーソナルなレベルにまで落とし込んでコミットできる可能性はきわめて低い。無味乾燥とした，

何の脈略もない機械的な言語訓練よりはましかもしれないが，根本的なモチベーションを喚起できていないと見るべきだろう。その原因は学習者にあるのではなく，先述したとおり，不純な動機でコンテンツを人参として持ち込んだ英語教育の側にあると考えるべきなのである。大学英語教育を受ける学習者にとって深い動機づけが成されない限り，英語教育はうまくいかない。小手先の工夫だけでは，根本的な事態は改善されないのである。

　プロジェクト発信型英語プログラムはこの問題を真摯に捉え，コミュニケーションを利用するのではない，コミュニケーションとしての大学英語教育を考えた（鈴木ら, 1997）。そこに込めた意図は後章でふれる。

　ここでコンテンツ・ベースの脆弱性について，英語教員論としてより抜本的に議論しておきたいことがある。さきに述べたとおり，英語教員がこのアプローチを行う限り，自身の専門領域で授業するか，専門外であればそれ以上ふれないことを述べた。しかし，昨今のグローバル化も影響し，英語教員以外のかなりの数の大学教員が，海外で博士号を取ったり，海外の研究所に一定期間在籍するなど，とくに理系の分野ではこれらが当たり前になりつつある。海外の大学で教鞭を取った経験をもつ大学教員も少なくない。そうであるならば，なぜ彼らに自身の専門分野を，工学であり，医学であり，経済学であり，国際関係学を，そのまま英語で教えるよう大学当局は体制を変更しないのだろうか。もちろん，現状でも専門英語という位置づけで，これら専門分野の教員が，英語でコンテンツを教える授業は増えており，既にこうした動きは始まっている。しかし筆者が意味することは，より本格的に，こうした英語も使える専門分野担当教員が，所属する学部の英語教育をすべて担ってしまえば，より各学部教学の専門性にマッチした英語教育が展開できるはずである。当該の専門分野に不慣れな英語教員にその学部の基礎的な英語教育を任せておいてよいのか，素朴な疑問をもってもおかしくないし，もつべきである。

　しかし現状，（英語教員にとっては幸いにも）そうはなっていない。各大学の英語教員が担当する英語科目は健在であり，立派に英語の教員によって，自身のまるで専門外の学生を対象に，基礎的な英語能力の涵養が担われている。なぜこの構図が変わらないのか，理由はいくつか考えられるが，本来のあるべき姿を純粋に議論した結果というよりは，英語教育の政治性ゆえの帰結だと筆者

は考えている。タブーを承知でその理由の一端を述べるならば，英語外の専門分野担当教員にとって，英語はたんなる語学科目であり，それを担当するべきは語学教員（語学屋）の役割だという階級意識にも似たものがある。露骨にこのようなことを主張する専門教員はいないが，あえて述べておきたい。自分たちは専門の教員であって，高度な専門科目を担当する任にあり，語学など担当させられるほど落ちぶれていないと語学教育を一段下に見る態度である。ただし，筆者らは何もここで専門教員を批判するつもりはない。これはそう思われても仕方がないような学位，研究業績，行政能力しか持ち得なかった語学教員にもその原因があった。また，自分で自分を貶めるような行為，例えば翻訳や通訳の安請け合いを進んで買って出る等，専門教員の「便利屋」に甘んずる英語教員のメンタリティにも問題があった。「でもしか」という言葉があるが，英語「でも」教えよう，英語「しか」教えられない，と謙遜するつもりが，字義どおり捉えられてしまった皮肉な結果だともいえる。もちろん，昨今の英語教員は，積極的に博士学位を取ったり，研究レベルも向上しつつあるように思われる。しかし，例えば理系分野が今日突きつけられている研究のグローバル競争に比べれば，まだまだぬるま湯だと批判されても仕方ないのが実情だろう。事実，一体日本国内の何人の英語教育研究者が，第一線の理系分野の研究者に引けを取らない研究業績を持ち得るだろうか。筆者にもその自信がないことは正直に告白しておく。

　イギリス文学の研究者は，自分は文学の専門家だからといって語学科目を進んで担おうとはしない。心理学分野の研究者は，言語習得理論を実践に活かせる立場にあっても専門科目のみを担当しようとする。教育学で異文化間コミュニケーションを専門とし，常に英語で授業を実施する研究者も，自分は語学の教員ではないと言い張る。このような一種異様な線引きが本気で行われるのである。なお「専門 vs. 語学」の構図は日本の大学に多くみられる現象であり，先述した「実用 vs. 教養」の構図に似ている。具体的な言及は避けるが，専門教員と，語学や教養の教員が執務する，いわゆる個人研究室がそれぞれ異なるキャンパスにある国立・私立大学を複数あげることは難しいことではない。言わばこうした構図が，語学教員や教養を担う教員に劣等感を植えつけ，それゆえ，専門教員との溝はさらに深まるばかりである。悪循環でしかない。

　もちろん，表向きにはここまでむきだしに語られることはないし，筆者もあからさまにこうした差別を受けた経験をもつわけではない。その代わり，専門教員からよく語られる口上として，「自分は英語教育の専門的なやり方を知っているわけではなく，英語の先生のようにうまくはできない」といった返答がある。英語教員の専門性を尊重した敬意に満ちた発言に聞こえるし，実際そうだと思う一方で，筆者にはそれが痛烈な皮肉に聞こえる。というのも，それならば英語教員における専門性とは何かという根本的な疑義を，筆者自身が感じざるを得ないからである。現状，大学英語教育に携わる教員の専門領域は実に多様である。「雑多」とさえいってよいかもしれない。例えば得意とする研究分野を見ても，誰もが皆，英語教授法や TESOL（Teaching English to Speakers of Other Languages），第二言語習得論というわけではない。文学，教育学，心理学，教育工学，メディア論など，研究領域と教育領域が必ずしも一致しない者も確実に存在する。つまり，尊重される専門性が仮にあったとしても，実際のところ，修士以上の学位をもち，ポジションの空きと英語の実力さえあれば，そういった専門性とはかけ離れたところで一部の採用が行われているということも事実として述べておきたい。もちろん，一定の専門性や教育経験が配慮されて採用が行われていることは言うまでもないが，非常勤講師の採用も含め，それらが徹底されているとはとても思えない。何でもありとまでは言わないが，大学英語教員に一定水準以上の共通した英語教授法の訓練，理論的フレームワークの習得，本人の高度な英語能力が保証されていると想定することは間違っている。皮肉でしかないが，小学校，中学校，高等学校で英語を教えるためには教員免許が必要であるが，大学にはそれがない。先述したとおり，学位は必要であるが，それが英語教育に関係している必要はない。大学英語教員の質は，まさに玉石混交なのである。理想的ではないが，それが実態である。

　このような惨憺たる状況であるから，例えば，留学から帰国した理系研究者が，既存の英語教員に代わり英語を教えても構わない。大差ないとまでは言うつもりはないが，どちらがうまく英語の授業をするか，受ける側の学生に評価してもらったほうがよい。なぜあえてこのように述べるかといえば，専門家であるはずの英語教員が何十年と研究を重ね，それに基づいた授業実践を続けてきたのが今日の大学英語教育である。でははたして，日本の大学生の多くは英

語が使えるようになっているのか，劇的に彼らの英語能力を高める方法論が実践されているのかと問うならば，答えは否であろう。つまり，専門家と称する英語教員が成果を上げられていないのであるから，この際担当者を変えたほうがうまくいくかもしれない。あとは専門教員の気が変わるのを待つだけである。このような差し迫った状況にもかかわらず，なぜか安泰だと錯覚し，危機意識をもたない大学英語教員のいかに多いことか。筆者はこの現状に戦慄さえ覚える。

　しかも，昨今の大学のポスト不足の問題で，いよいよ専門分野の研究者らの気も変わるかもしれない。大学には今，長い年月をかけて博士号を取得しても，安定したポジションにありつけない研究者があふれている。そういった研究者たちが，英語教員としてまずはポストを獲得し，その後の専門分野の教員への転身を目指そうとしてもまったく不思議ではない。あるいは英語教員のまま，最低限の英語授業だけをこなし，研究はまったく異なる分野に取り組み続けるやり方もあるだろう。言わば英語教員というポストを踏み台に，もしくは隠れ蓑にするのである。戦略的なやり方であると思うし，実際そのような意図をもつ仮面英語教員も一定数間違いなく存在するであろう。またそこまで露骨にやらなくとも，専門分野の教員が英語の授業もできるとして教育歴に英語が加わることは，戦略的に自身のエンプロイアビリティー（雇用可能性）を高めることにつながる。要は潰しが利きやすくなるのである。例えば論文はすべて英語で年5本以上，毎年国際学会で発表し，しかも英語の授業経験があるとなると，それは英語教員としても，専門分野の教員としても魅力があることになる。箔をつけるため，英語教育に乗り出す異分野の教員が今後ますます増えることは大いに考えられる。

　なお忘れずに付け加えておくが，異分野出身を非難するつもりはない。どんなことにも多様性があることは望ましく，ダイバーシティは時代の要請でもある。ましてや行き詰まりを呈しつつある大学英語教育である。異分野から新しい風を吹き込み，大学英語教育の活性化に取り組んでもらうことはむしろ歓迎すべきことである。問題なのは，それらの教員がどこまで本気で大学英語教育にコミットするかどうかである。たんに飯を食うため，持ちコマ数を消化するためだけに英語教育に取り組むのなら，そのしわ寄せは学習者が被る。教育の

質にも影響し，一層の悪循環がもたらされる結果にもなりかねない。この点で，やはり英語教員というポジションを踏み台，隠れ蓑と考える者が大学英語教育の大部分を担うことは望ましくなく，個人的にはやめていただきたい。

　もう1点，付加的な論点であるが，さきほど初修語についてふれたため，この延長で教員論の観点からタブーを承知で批判しておきたいことがある。これまで述べてきたように，様々な形で機能不全に陥り，脆弱化しつつある大学英語教育であるが，初修語については一定の成果が上げやすいこともあり，一部の教員が大学英語教育に対して攻撃的な論調を取ることがみられる（例えば，境，2011）。生産的な批判ならば大いに結構であるが，言わば競争相手の弱体化を尻目に，自らの勢力拡大を画策するだけの批判ならば，これもまたやめていただきたい。ここにも言語教育をめぐる政治性が見え隠れし，学習者のためというよりも，自分たちのポジショニング争いに終始する真の姿が垣間見えるのは情けない。このような小競り合いこそ，専門教員からしたら偏見の対象ともなるだろう。

　なお，初修語の語学教員による英語教育へのネガティブ・キャンペーンに際し，よく語られる言葉に複言語主義（plulingualism）というものがある。これは統合後の欧州が理想として掲げる概念であり，多言語主義（multilingualism）とは異なる社会理論であるが（Council of Europe, 2001, 2007; 吉島，2007），少なくとも日本の言語政策の文脈から考える限りこれらの意味合いは実質的に等しく，英語によるモノリンガリズム（monolinguialism）から解放し，多様な言語による価値観の共生こそが重要で，その手段こそ多言語主義だと述べるのである。大いに結構なことである。さきにも述べたとおり，多様性は重要である。大学英語教員の出自の多様性が賞賛されることと同じように，様々な言語が学ばれ，教えられることは大切であるし，筆者もその動きを否定するつもりはない。

　ただしここで注意すべきは，マクロ的側面，つまり言語政策的観点に基づいた多言語に対する考え方である。これは，日本という国が取るべき多言語政策として，何語を習得することが国家としての戦略性にかなうかという視点を意味する。もちろん，個人としてどのような言語を，どのような形で学ぶかはまったくの自由である。例えばイタリア好きの日本人は多く，イタリア旅行をするためにイタリア語を学ぶ者も少なくない。しかしながら，例えば大学の語学教

育（高田, 2006）や，NHK による，税金を一部で使った公共性の高い語学教育
は，ある程度国策にかなった多言語の考えに従うことに合理性がある。この点
では，経済的にも，文化的にも，日本との関係を考えても，イタリア語を率先
して開講する必要性はない。食文化や歴史遺産，サッカーなど，多少の影響は
あるにせよ，イタリア語をあえて取り上げて習得することが優先度が高いとは
思えない。したがって，NHK が他の外国語があるなかで，イタリア語講座を，
しかもテレビで開講することに対しては賛同できない。

　また英語バッシングを意気揚々と語る一部の初修語教員であるが，彼らの言
語こそどうであろうか。英語をやらない代わりに例えばフランス語，ドイツ語
を，多言語主義の美名のもとに入れ込もうとする魂胆ならばこれもまた時代錯
誤としか言いようがない。イタリア語よりは一定の影響力があることは認める
が，言語政策として，もはや獲得順位が高い目標言語ではなく，年月を経るご
とにその優先度は下がり続けている。

　では日本の言語政策的観点から，英語の他に戦略的に学ぶべき言語は何か。例
えばそれはアイヌ語であり，ロシア語であろう。アイヌ語は滅びつつある貴重
な日本国内の言語として，文化保護の観点から習得する意義，もしくは国家と
しての義務があり，これに税金が投入され，大学その他でアイヌ語を教える体
制が整備されることには合理性がある。日本は 2019 年，法律を改正しアイヌを
正式に先住民族とした。この点に議論があるにせよ，もともとあった彼らの生
活習慣や文化を奪い，それを日本式に変えてしまったのであれば，諸外国と同
じく，それに対する反省と補償，文化の継承に尽力するのは当然の責務である。
それに多くの日本人にとって，アイヌ語を学び身につけることははたして嫌な
ことだろうか。北海道中心に，間違いなくわれわれの文化や歴史に影響を与え
たアイヌ文化である。興味も湧くし，遠く欧州やアフリカ大陸の言語に比べれ
ばはるかに身近に感じられる。

　またロシア語については，日本人が戦略的に使いこなす必要がある。言うま
でもなく，日本とロシアには北方領土をめぐる厳しい領土問題があり，現状は
膠着状態であるどころか，日本は劣勢である。考えてみれば当たり前のことで
あるが，例えば日本のメディアがどれだけ日本語で正当な主張をロシア側にし
ようとも，現行のロシアの政治体制下において，ロシアメディアがその日本語

の主張をわざわざロシア語に翻訳し，ロシア国民に伝えてくれるはずがない。自国にとって不利な情報を，わざわざ国家もメディアも，翻訳の労を惜しんでまで伝えるはずはないのである。そうであるならば，日本人の多くがロシア語に堪能になり，ロシア人の懐に入ってロシア語で交流することで，外交レベルだけではなく，市民レベルで意識を変えていくことは，本来国策として取り組むべき事柄である。ましてや今世紀はインターネットの時代である。日本人の多くが YouTube などをとおしてロシア語で積極的に発信すれば，それは必ず何らかの形でロシア国民に届く。日本のイメージも変わるだろうし，北方領土の問題について，ロシア政府の見解が絶対ではないこと，日本の言い分にも一理あることが伝わる可能性がある。しかし現状はどうだろうか。日本人がロシア語を学びたくとも，そのチャンネルは限定的であり，例えば大学でロシア語を学びたいと思っても，外国語大学などに入学しない限りほぼ不可能である。フランス語やドイツ語よりも，よほど習得に必要性，緊急性があるにもかかわらずである。

　日本人が外国語を身につける理由は，交流を広げるため，世界に友達を増やすため，現地に旅行に行くためなど，そのほとんどが平和・友好を目的として語られる。しかし諸外国を見渡せば，そのようなほのぼのとした動機で外国語が学ばれることはまれでしかない。例えば 20 世紀のアメリカで，日本語教育が注目された時期は少なくとも 2 回あった。これは先述のとおり，個人の好き嫌いということではなく，国策として推奨されたかどうかということである。1度目は言うまでもない，太平洋戦争中である。旧日本軍の暗号や通信がアメリカ側に筒抜けであったことは有名であるが，それはアメリカが日本語を敵国言語として習得し，その堪能さが相当程度であったことを意味する。これは当時のイギリスにもいえることであるが（田山, 2005），アメリカやイギリスの大衆にもマスメディアにも，日本に対し黄禍（yellow peril）という差別的な黄色人種脅威論があった。敵国だからこそ，その言語を学び相手の弱点を探る。日本人の鼻を明かしてやるために相手のことを探る，そのためには翻訳では限界があるから，直接その言語に通じることで多くの一次情報にアクセスし，同時に敵国言語で発信することで相手を自分たちの都合のよいように変えていく，これが外国語を身につける重要な目的の 1 つである。つまり外国語を習得する理

由は，その言語を話す者たちが「味方」だからではなく，「敵」だからこそ身につけるのである。こうした考えは今の日本ではほとんどみられない。

　アメリカで日本語熱が高まったもう1つの時代は，20世紀後半のバブルによって経済が著しく加熱した時期である（筒井, 1999）。これもさきの敵国言語の説明で納得がいく。当時の日本の経済力がアメリカにとってのっぴきならない程度にまで拡大し，日本は経済における明白な競争相手となった。当時の日本バッシングに象徴されるように，日本の経済的台頭は多くのアメリカ人にとって快く思われていなかった。だからこそ日本語を学び，経済的な成功の糸口を探り，必要に応じて連携はするが，あくまでそれは自国の繁栄のために利用するためである。かつてのオーストラリアの日本語教育熱も同様である。当時，経済的なつながりが強かったからこそ，日本語を勉強することは，自国民にとってのビジネスチャンスの拡大を意味した。皆，起点は自国であり自分である。その後日本経済が失速し，今度は中国が台頭することで，オーストラリアにおける日本語熱は急速に冷めていく。もちろん，現在ではサブカルチャーによるモチベーションがそれに取って代わっているが，国策として諸外国で日本語教育が積極的に推進されているわけではない。

　このような意味において，言語政策の観点から，日本が複言語主義を標榜し，戦略的に国民に外国語を習得させるならば，さきのアイヌ語，ロシア語の他には，朝鮮語，中国語，そしてアラビア語がそれに続くだろう。朝鮮語は言うまでもなく，北朝鮮における拉致被害者の問題，そして深刻な軍事的緊張が現に存在し，多くの優秀な朝鮮語話者を様々なレベルで養成することは国益にかなう。中国は，日本の経済において好むと好まざるとにかかわらず主要な位置を占め，また華僑は東南アジアを中心に経済発展の要を担っている。その中国人が話す中国語を理解し，一次情報を手にし，直接様々なレベルの中国語話者と交渉できることは，日本人に益をもたらす。常に通訳を介し，相手の中国語による内輪話を理解できないうちは交渉も有利に運べないだろう。またアラビア語に関しては，今後世界の3分の1を占めることになるイスラム教徒の最大言語として，戦略的に習得しておく価値は高いと思われる。

　こうした議論をとおして強調したいことは，外国語の習得とは，あくまで自国民の利益を最大化させるための戦略的な政策であり，露骨なしたたかさをも

ち，狭猥であってよいということである。日本の常識が世界の非常識とはよく
聞く言い回しであるが，これも典型事例の 1 つかもしれない。つまり，外国語
の習得には真剣かつ深刻な目的があるべきで，適切な有用性が認められるので
なければ，英語のように国策として全国民に教科として強いることは間違って
いる。そして一度当該の言語を習得させると決まったら，それは徹底的に高い
レベルで習得されなければならない。繰り返すが，個人が好き勝手に外国語を
学ぶのは構わない。しかし，教育課程に特定の外国語を選んで組み込み，税金
を投じて計画的に習わせるのであれば，話はまったく別である。日本人の一体
何人が，アメリカ人を負かし，アメリカの上に立つことを目的に英語を学んで
いるだろうか。

　さらに付け加えるならば，語種の選択は世界情勢，または日本の立ち位置の
観点から常に見直されなければならない。日本語学習熱がバブル期以降下火に
なったことは，諸外国政府やその経済団体が，日本の経済的有用性を「用なし」
だと判断したことがその理由である。日本も同じように，今世紀経済の要が中
国からインドへ移りつつあるなか，戦略的に習得する言語も，中国語からヒン
ドゥー語にシフトする判断も視野に入れるべきだろう。あるいは，現状圧倒的
な話者数を誇るスペイン語の習得に力を入れるべきかもしれない。また爆発的
に人口が増えつつある，アフリカ大陸の旧フランス語圏の植民地では，フラン
ス語が今も公用語として用いられ，話者数自体も増えている。今後アフリカ諸
国との戦略的関係を築くためにも，再度国策としてフランス語教育に力を入れ
る必要があるのかもしれない。ただし，その際のフランス語はパリジャンフレ
ンチではなく，アフリカ大陸で話されるフランス語である。

　さらにもう 1 点，外国語の習得が目指される別の目的についても指摘してお
きたい。宗教である。日本でも世界でも，外国語教育に強い大学は宗教系の大
学である場合が多い。その筆頭として日本では上智大学があげられるだろうし，
アメリカでは例えば Brigham Young University をあげることができる（The
Chronicle of Higher Education, 2019）。宗教と外国語の関係とは，言うまでもな
く布教のための戦略的な手段である。異国の地へ出向き，自らが信仰する教え
を広める，相手が既に違う宗教を信じていれば，それを自らのものに改宗させ
る，そのためには相手に自国の言語を習わせるようではいけない。自らが積極

的に現地の外国語を理解し話し，積極的にコミュニケーションを取ることで布教の可能性を探る。人類の歴史において繰り返し行われてきたことである。ここで重要なことは，明示的であるなしにかかわらず，布教を意図した場合の外国語能力の期待される習得レベルである。改宗させるとは並大抵の行為ではない。相手が信じているものよりも自らが信じているもののほうが優れていることを相手に納得させ，信じてきたものを捨てさせなければならない。相手の心のなかに深く分け入り，その人生に決定的な影響を与えられなければ，相手はわざわざ改宗などしない。つまり，日常会話程度の外国語能力であったり，ビジネスで不自由しない程度の外国語能力では話にならないのである。だからこそ，そのための教育機関では，外国語教育に熱心になるだけでなく，独自の教授法が開発されたり，高いレベルの語学教員養成プログラムが発達する。創価大学が他大学に先んじてロシアとの交流を進めていること，天理大学が外国語学校を出発点としていること，先述の Brigham Young University が他大学に比して破格の値段で留学できることも，海外布教という観点から考えれば何ら驚くにあたらない。

　ここまでの議論をとおして，外国語学習を身につけるという行為に対し，その動機づけも含め日本は再考するべき時に来ていることをあらためて強調したい。敵国言語にせよ，贖罪の文化保護にせよ，改宗ための布教にせよ，本気で言語を獲得しにかかるとは，実はこうした穏やかならざる強い理由がある場合が多い。そしてこうした理由による動機づけが学習者を駆り立て，確実な習得をもたらすのである。繰り返すが上辺だけの美しい理由だけで，学習者に強いモチベーションは起こらない。

　言語経済学が明らかにするように，外国語習得はコストである（金水, 2011）。時間も金銭も必要で，避けて通れるものならそれに越したことはない。理由は明白で,その分のコストを別のものにかけられるからである。かつて人類は,誰にとっても習得の必要がある人工語として，エスペラント語に取り組んだ。しかし理由はともあれ今や完全にその動きは廃れ，今日の実質的なリンガ・フランカは英語である。したがって英語母語話者は圧倒的に有利である。英語の通用性が高い理由は，経済的，軍事的，政治的な複合要因で説明できるし，大学の世界ランキングの多くが，英語を母語とする国に占められるのもそうした理

由が寄与している。事実として今日の日本語は，そこまでの通用性をもっていない。これからのグローバル社会で日本の個々人が生き残っていくためには，何らかの外国語が使えるようなることは不可欠であり，それを否定する者は少ないだろう。残念ながら，わざわざ手間暇かけて，英語母語話者がしなくてもよいことを，日本人はしなければいけない。だからこそ，最も自身にとって有用だと思われる言語を，効率的かつ機能的に習得し，高いレベルで運用できなければ意味がない。

　これらをふまえたうえで，今一度なぜ英語なのか，なぜ英語だけが必修科目として，個々人のモチベーションにかかわらず強いられているのかを問い直す時期に来ている。この構造を見直さない限り，日本人全員がのべつまくなしに英語に高い動機づけで取り組むなど，たんなる絵空事になるだろう。

1.2.3　自己肯定感が低く「できる」実感が湧かない

　3点目にあげる要因は，多くの日本人に当てはまるであろう自己肯定感の低さによってもたらされる問題である。日本人の若者の自己肯定感が他国に比べても著しく低いことは，内閣府の『子供・若者白書』(2019) をはじめ様々な調査で明らかにされており，英語教育に限らず，教育そのものに深刻な影響をもたらしていると筆者は考えている。図 1-2 は『子供・若者白書』から引用した国際比較の一部である。

　なお，誤解なきようさきに申し添えておくが，自己肯定感の高低は，言わば個性でもある。筆者はそれを否定するつもりなどまったくないし，皆が典型的なアメリカ人のように，「俺が世界を変える」と楽観的に大風呂敷を広げるべきだと述べたいわけではない。ただし，これをたんに文化差の問題として「はいそうですか」と終わらせるわけにはいかないとも考えている。

　日本人にとって謙遜は美徳である。どれだけ褒められようと「まだまだです」と返答することは，より高みを目指して努力を怠らない姿勢の表れでもある。やり遂げた成果をいかに賞賛されようとも，関わった協力者の尽力に対する謝意があるからこそ積極的には認めたくない。どれも世界に誇るべき素晴らしい日本の精神性だといえよう。しかし日本人が認識しなければならないことは，これがことグローバルなレベルで行われた際，よほど相手が同じメンタリティや

自分には長所がある

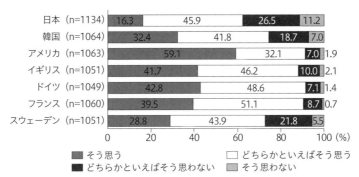

	そう思う	どちらかといえばそう思う	どちらかといえばそう思わない	そう思わない
日本　(n=1134)	16.3	45.9	26.5	11.2
韓国　(n=1064)	32.4	41.8	18.7	7.0
アメリカ　(n=1063)	59.1	32.1	7.0	1.9
イギリス　(n=1051)	41.7	46.2	10.0	2.1
ドイツ　(n=1049)	42.8	48.6	7.1	1.4
フランス　(n=1060)	39.5	51.1	8.7	0.7
スウェーデン　(n=1051)	28.8	43.9	21.8	5.5

■ そう思う　　　　□ どちらかといえばそう思う
■ どちらかといえばそう思わない　■ そう思わない

自分自身に満足している

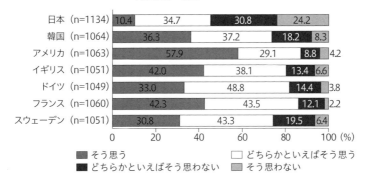

	そう思う	どちらかといえばそう思う	どちらかといえばそう思わない	そう思わない
日本　(n=1134)	10.4	34.7	30.8	24.2
韓国　(n=1064)	36.3	37.2	18.2	8.3
アメリカ　(n=1063)	57.9	29.1	8.8	4.2
イギリス　(n=1051)	42.0	38.1	13.4	6.6
ドイツ　(n=1049)	33.0	48.8	14.4	3.8
フランス　(n=1060)	42.3	43.5	12.1	2.2
スウェーデン　(n=1051)	30.8	43.3	19.5	6.4

■ そう思う　　　　□ どちらかといえばそう思う
■ どちらかといえばそう思わない　■ そう思わない

図 1-2　若者の意識に関する国際比較調査（内閣府, 2019より）

文脈を理解しない限り，真の意図が伝わる可能性はきわめて低いということである。褒めてもそれを否定する，成果を成果と認めないなど，これだけ見ると日本人は実に奇妙に映る。せっかくポジティブな言葉をかけても，ネガティブな言葉で返ってくるのである。これでは日本人にどう声をかけたらよいのかわからず，意思疎通に支障をきたしかねない。

　同じことが日本人の英語使用でも起こる。そしてこれが問題なのである。グローバル社会で英語を使用するということは，日本人のメンタリティがそのまま通用しないことを意味する。この対処方法としては，日本人が，価値観をグローバルなものに一時的に合わせるか，あるいは日本人の価値観を相手にしっ

かり理解させてからコミュニケーションを始めるか，そのどちらかしかない。たとえ何も言わなくとも，相手がこちらの意図を汲み取り，察してくれると淡い期待を抱くことは間違っている。好むと好まざるとにかかわらず，グローバル社会に求められるコミュニケーションの仕方，英語の使い方について，やれと言われたらいつでもできる態度・能力をもち，時と場合に応じ実際にそれらを使える能力が必要である。

　それではグローバル社会に求められるコミュニケーションや英語使用とは一体何か。あえて議論を呼ぶ回答を一言で述べるならば，「ガツガツした」コミュニケーションを英語でできるどうかに尽きる。このガツガツしたという表現に込めた意図は，日本の謙遜を美徳とする文化的価値観からしたらそのように見えるということであり，先述した社会言語学の議論と合わせるならば，パワフルな自国言語をもたない国民による血の滲む努力とも通じるものである。

　どんなものでもよい，各国の政治家が繰り広げる国際交渉を見れば，アメリカ，中国，韓国をはじめ，これらの国の露骨な自国アピール，他国に対する敵対的態度，そしてその堂々たるや日本人なら眉をひそめたくなるような場面に事欠かない。まさに日本人の一般的価値観からしたらガツガツしているように映るだろうし，前に出すぎている印象が否めない。しかしグローバルなレベルで見た場合，実はこれぐらいがちょうどよい（薮中, 2019）。日本の常識が世界の非常識であるもう1つの例である。国際的な会合で日本人だけが質問をしない，意見を言わないことはよく言われることである（西原, 2015）が，このたとえは英語と自己肯定感の関係を捉えるうえでわかりやすい例となる。すなわち「恥ずかしいから発言しない」日本人と，「話したいから手をあげる」諸外国のそれとのコントラストである。注目すべきは英語力の違いではなく，マインドの違いである。とにかく主張，アピールし，自身の存在感を誇示することで，会議に何らかの爪あとを残しておきたい諸外国の価値観と，そこまでガツガツするのはやりすぎであると考え黙ってしまう日本のそれとの違いである。

　ただし，このように捉えるだけだと日本人があまりも愚かに見え，諸外国の人が素晴らしく見えるがこれは間違っている。日本人はただ発言をしないのではなく，発言するからには可能な限り他人や周囲の状況を考慮し，無用な対立を生むことなく有益な発言をしたいと考える。つまりベストアンサーを，別の

言い方をするならば「完璧な発言」をしたいと考えるのである。完璧な発言は思いつきでできるものではなく，熟慮が必要で時間もかかる。だからなかなか発言できない。これに比して諸外国の人はとにかく発言する。「指名されてから考える」とよく笑い話として語られるが，本当にそうではないかと思う経験も筆者は幾度となくしてきた。つまり，内容は何でもよいから発言し主張することにこだわる諸外国の人と，内容にこだわるあまり発言そのものを踏みとどまってしまう日本人との違いである。これはどちらにも一理あるし，どちらが良い悪いといえるものではない。国際会議の実質的な成功という意味からしたら日本人のスタンスのほうが有益であるとさえ思える。

　しかしながら，ここでも日本人は割りを食う。さきに指摘した完璧さに日本人はこだわるがあまり，結果的に身動きが取れなくなってしまうのである。そしてこれは英語という言語に対しても同じことがいえてしまう。鈴木（2011）が蜃気楼効果（p.33）という造語で透徹したことであるが，そもそも完璧とは何かということである。完璧な英語とは何か，それは定義もできなければ実在もない。現に完璧な英語を話す人を探してみたらよい。英語の母語話者がそれに当たると一見思われるかもしれないが，彼らとて間違えるし，社会言語学的な意味で，英語の状況に応じた適切な使用ルール（レジスター，スタイル，コード等）を皆が理解し使えるわけではない。分野によってはまったくお手上げにもなる。これは日本人の日本語使用とて同じである。要するに言語の完璧さなど程度の問題でしかなく，完璧さを求めるだけ徒労に終わる。これに気づいていない日本人は少なくない。

　日本人がコンプレックスを抱きやすい英語の発音とて同じである。母語の発音体系は幼少期に確立し，その発音の仕方は第二言語以降のそれに影響する。代表的な論者にSelinker（1972）がいるが，学習者の言語は中間言語（interlanguage）と称され，実にネガティブに語られた時代があった。母語が干渉（interference）し，第二言語の習得を遅らせ，部分的には不可能にさせる，それを化石化（fossilization）と命名するなど，目標言語とは異なる母語をもつことがあたかもデメリットであるかのような理論化が進んだ。中間言語とは，第二言語学習者が，目標とする言語の母語話者と初学者の間を結ぶ一直線上の中間地点に位置し，当然学習中の身であるため「不完全な」言語を用いる。だからそれを中

間言語としたのである。外国語学習とは，この中間言語を矯正し，抜け出すことであり，そのための方略が研究された。第二言語学習者が犯しやすい言語的間違いを系統的に研究するエラー分析も，かつてはさかんに行われた。一見合理性があるように思える考え方であるが，これは適切ではない。

　なぜ適切ではないのか。一言で答えるなら「母語話者はそんなに偉いのか」ということである。日本では英語のネイティブ・スピーカーに対し，圧倒的な憧れ，さらには崇拝とも取れる姿勢（田中, 2010）を感じることがあるが，これは実に奇妙な現象である。Pinker（1994）が本能という言葉を用いてうまく説明したように，生得的である母語はその地で生活していればおおむね自然に身につけることができる。読み書きを除けば，教育はまったく不要である。これに対し第二言語は母語とは異なり，習得は生得的に起こらない。だから学習が必要である。そして，第一言語を獲得する時期と同時期でない限り，母語と同じように使えるようにはならない。ただそれだけのことである。第二言語として英語を習得した場合，発音は日本語訛りが残るだろうし，文法も例えば冠詞などはそもそも日本語にない概念であり習得が遅れる。つまり，そもそも第二言語話者が母語話者のようになれるはずはなく，叶わぬ夢なのである。蜃気楼でしかないのだ。それにもかかわらず，到達点として母語話者の英語を究極の目標と定め，そこにいつまでも至らない自分を恥じ，時に責め，劣等感を抱き続けることに何の意味があるだろうか。田中（1997）は「足らない」気持ちの乗り越えが英語教育に重要であることを論じており，この指摘は本書にとっても有効である。

　また，そうまでして英語の母語話者に近づく必要などない。例えば日本人のなかには，いわゆる帰国子女など現地で身につけた例を除き，努力して後天的に獲得した英語の発音に対し「見事な British English を話しますね」「そんな流暢な英語どこで身につけたのですか？」と褒められたいと思っている。「きれいな」英語を身につけるためアメリカやイギリスに留学したいと自ら平気で申し出る。これは純粋な努力家気質としての気持ちの反映だろうが，けっして望まれる態度ではない。なぜなら，そこには日本人として育った確固たる自分がなく，意図せずとも自らのアイデンティティの否定があるからである。そしてこれもまた，今日のグローバル社会の趨勢とは異なる。日本以外の英語を母語と

しない国の人々にとって，もちろん一部に英語コンプレックスもみられるが，多くの場合，自らの母語によって「訛った」英語を国際社会で堂々と用いる。むしろ，その訛りに自らの国民性や民族性を反映させ，その英語を聞くことでどこの出身かわかるようにさえする（Agha, 2003; Coupland, 2001; Robinson, 2003; 神谷, 2008）。これは，ネイティブ・スピーカーの英語とは異なる言語変種に対するはっきりとした肯定的態度であり（例えば, Crismore, Ngeow & Soo, 1996），彼らを師と仰ぎ続けることに対する決別ともいえる。日本人訛りの英語発音を自ら積極的に否定し，母語話者以外の英語に対し否定的にしか捉えられない日本人の言語態度（Matsuda, 2003; 花元, 2010; 行森, 2014）とは対照的である。本名（1999, p.143）も社会言語学の視点から，日本人が「ニホン英語を話すことによって，日本人であることを示しながら各国の人々と等距離の関係を築くことができる」と主張し，英語教育の場でもこの考え方を浸透させることの意義を説く。

　そしてもう 1 点，ここにも政治性が垣間見える。それは英語母語話者の優越である。さきの Selinker の中間言語論も，想定したのは英語の言語習得の過程である。つまり，学習者の頂点に英語母語話者が君臨し，英語母語話者への同化こそが言語獲得のゴールであるとの見方は，英語による他文化への干渉ともいえる。ましてや日本人のように，自らを率先して否定する傾向がある場合，この侵略構造は日本人性の破壊につながりかねない。またやや文脈は異なるが，Chomsky が想定する理想的な話者－聴者（ideal speaker-listner）や，母語話者による直観（native intuition）は，すべて自身の使用言語である英語を基準に考えられている。言語はユニバーサルであるから，英語さえわかればあとはパラメーターの違いだと彼は主張するだろうが，Chomsky が提示する実際の例文は原則ほぼすべてが英語である。つまり，言語を研究している者が英語の母語話者である場合，研究はすべて英語で行おうとする。積極的に他の言語に置き換えてみたり，自分にとっての第二言語で言語理論を打ち立てようとはしない。そのほうが安易だからであろうが，これはフェアではない。先述したように，本気で外国語を学んだことのない英語の母語話者たちが，英語の世界的な通用性をこれ幸いとばかりに，すべて英語だけですまそうとする。そんな彼らが言語習得理論をつくり，それが英語教授法になる。そこから教授法や教材も生まれる。

外国語の習得に苦労し，必死で勉強した経験をもつのは英語話者ではない。む
しろ日本人のような，努力しても身につかず，もがき続けている者こそ真の理
論開発，教授法・教材開発にふさわしい。少なくとも筆者は，その矜持を胸に
本書を執筆している。そして筆者自身が高い自己肯定感をもち，意地でも日本
人の，そして日本人大学生の現在の立ち位置を尊重している。間違っても，学
生の英語力を否定したり，貶めるつもりは微塵もない。

　ただし現状，一般的な日本人がもつネガティブなメンタリティである，叶い
もしない完璧さを追い求める傾向（筑紫, 1985; 穴田, 1985）が，結果として自ら
をアピールもできなければ自信ももてない日本人像を世界に垂れ流してしまっ
ている。これは日本人にとって，けっして有利には働かず，今後も悪影響を及
ぼし続けることになるだろう。だからこそ先述のとおり「グローバル社会に求
められるコミュニケーションの仕方や英語の使い方について，やれと言われた
らいつでもできる態度・能力をもち，時と場合に応じ実際にそれらを使う」こ
とが必要になる。理想を言えば，日本人として，日本の価値観，信念に従って，
本来ならば堂々と世界中の人とコミュニケーションをするべきである。例えば，
日本にはもともと，挨拶の際に握手をする習慣はない。理想は，諸外国の人に
対しこうした日本人の習慣を英語で説明し，日本人が積極的に握手をしない理
由を相手に十分理解してもらえることが好ましい。謙遜についても，完璧さに
こだわることも，そのスタンスをいちいち相手に説明し，日本流のやり方を堅
持すべきであろう。しかしそれは現実的ではない。一部の日本人には可能だろ
うが，そもそも，相手を説き伏せるだけの英語力が全員に身についているなら
ば日本の英語教育は成功している。だからこそ，グローバル社会の常識に照ら
し合わせ，英語を話す際は，一時的にでも自分を変え，ガツガツ主張し，他人
の発言をさえぎってでも意見を述べる必要がある。

　このように自らを変えることについては，妥協という批判もあるだろう。し
かし筆者は，これをプラグマティックで現実主義的な対応だと考え賞賛したい。
繰り返すが，良い悪いの価値を問題にはしていない。そして，英語を話す際は
大いに自己肯定感を高め，自信たっぷりに自説を展開する必要がある。できな
いことよりもできることに着目し，自らの英語能力を卑下する必要はない。ま
してや過小評価などしてはいけない。ただし，もともと自己肯定感の低い者が，

英語を話すときにだけ都合よく高められるはずがないという批判もあるだろう。そのとおりかもしれない。だからこそ筆者らは，英語教育をとおした自己肯定感の涵養を目指している。英語教育をとおして揺るぎない自己，自信をもち，己の軸をもって果敢にグローバルなコミュニケーションに挑む，そういった大学生の輩出に貢献したいと考えている。

　本章を通じて，大学英語教育に対する疑義を様々な角度から述べた。しかし筆者がこれらの批判に込めた意図は，たんなる一方的な否定や野党的批判ではない。筆者らもその批判の矢面に立つ覚悟で，問題を真摯に見据え，反省するべきは反省することを主張したいのであり，本書は以降でその対案を述べるためにある。既存の大学英語教員，もしくは大学英語教育界が，AIをはじめとする，もともとはそれを専門としなかった勢力からの英語教育への進出に対し，最後の最後まで抵抗勢力と化し，現代版のラッダイト運動を展開するのではあまりにも虚しい。そうではなく，今後到来する時代をむしろ先読みした新しい英語教育の形を模索してこそ，建設的な議論が始まるように思う。少しでも早く改革に着手し，生き残りが可能な分野にヒト・モノ・カネ・情報を集中させた新しい英語教育を実現するべきである。そうすれば，例えばAIによる英語教育と，人による英語教育の棲み分けも十分可能であろうし，そのための実装とそれに伴う人事政策に着手できる。大学英語教員はこれまでのあり方に固執するべきではない。建設的な意味で大いに自己を否定し，その役割を乗り越えたさきにある，新たな英語教育を真剣に模索するべきである。

第2章
セルフプロモーション教育を英語教育が担う

山中　司

　仮に現状の英語教育が機能不全に陥っているとするならば，このさきたどる道は明確である。生き残るか，途絶えるかの2つしかない。途絶えるならば，このまま放っておくなり，どこかで政策的に終わりにしたらよい。しかし，英語教育を生き残らせようと考えるならば（筆者らは愚直にそのスタンスに立ちたいと考えているが），取るべき道は2つである。1つは外発的な力によって，例えばAIによる抜本的な置き換えや徹底的な民間参入によって，既存の英語教育が駆逐・解体され，否応なく英語教育に機能性を持ち込む方法，もう1つは内発的な力によって，つまり現行の英語教員による真摯な自己改革によって，自らとその内容をつくり変え，活用に耐え得るものに新陳代謝させる方法である。本章はこの後者にあたる内発的な力の可能性について具体例な提案を行うことで，議論を前へと進めてみたい。

2.1　英語科目のリフレーミング

　大学英語教育に限らず，昨今，日本の大学教育そのものが岐路に立たされている。グローバルな大学間競争は激しさを増しており，日本の大学はその競争スピードについていけていない。これはたんに世界大学ランキングの順位の問題にとどまらない。高等教育機関による，未来ある大学生に与える教育機会の質が，諸外国と比較して十分でないおそれがある。多くの日本の大学が，未だ学生を教室へ通わせ，教科書に書いてある内容を一方的に講義し，その内容をテストしている。授業はほぼ日本語で行われ，真面目に取り組んでいればたいがいの科目の単位は取得できる。卒業時のGPA（Grade Point Avarage；評定平

均値）は就職では見向きもされず，入社後の手厚いトレーニングのおかげで，知識がゼロの状態でも採用してもらえる。このような恵まれた環境は他国では考えられず，今後日本の雇用環境も変化せざるを得ないだろう。

1.2.2 で述べたように，これまで世界大学ランキングの上位は英語圏の大学が独占してきた。英語を身につけ，英語で学位を取りたい世界中の優秀な留学生が容易に獲得できるため，ランキングが上位になりやすいことは想像に難くない。日本は英語圏ではない。したがってそれらのランキングに食い込めなかったとしてもこれまでは十分言い訳ができた。しかしここ 10 年で状況は確実に変化している。アジア諸国の大学の躍進がはなはだしいのである。突出しているのはシンガポールと中国であるが，ついに QS Asia University Rankings 2020 で国立マラヤ大学（マレーシア）が東京大学と並んだ（どちらもアジア 13 位）。今後アジア諸地域にとって，日本は留学に行く国ではなく，留学生が来る国になる日もそう遠くないだろう。これは冗談ではなく，ASEAN 諸国の熱気を肌で感じたことがある人には，この勢いが現に相当な脅威であることは十分に理解してもらえるだろう。もちろんランキングがすべてではない。他にも指標はあるし，日本が未だ優位性を保っている部分も多い。しかし，なぜアジア諸国がこれだけ世界ランキングを上げる一方で，日本の大学にはそれができないのか。改革の遅さと，思い切った内容を改革できていないことについては問題があると言わざるを得ない。

英語教育に話を移そう。今や英語ができるようになることには幅広いニーズがあり，英語教育産業は世界的な隆盛をきわめている。YouTube を見れば無料で英語が学べる動画もあまたあり，またきわめて廉価で海外のネイティブ・スピーカーとオンライン英会話が可能な時代である。つまり，わざわざ大学の授業時間を割いてまで英語の授業を行う必要があるか，さらには大学の教員がそれらを担当する必要があるのかということについて，そろそろ問い直す意義は大いにあるだろう。さらにグローバル時代の今日，英語はできて当たり前である。仮に英語が使えない状態であれば，受益者負担で英語を課外で学び，一定の点数の取得を進級の条件に課してもさして構わない時代になりつつある。さきに述べたように，英語を学びたければ巷に教材もチャンスもあふれている。それほど金銭をかける必要もない。あくまで 1 つの考え方だとして断りを入れる

が，日本の英語教育のイノベーションとして，筆者は大学の英語を必修科目か
ら外すことを提案してきた。教えることをやめることで，逆に日本の大学生の
英語能力は上がると考えるからである。要は手取り足取り，頼まれてもいない
のに英語教育を提供することが，逆に大学生に緊張感と自律性を失わせる結果
となり悪循環だと考えている。必修から英語をいきなり外すことについては諸
論あるだろうが，少なくとも大学で英語教育を行うのであれば，たんなる語学
学校の延長ではいけない。大学ならではの，大学教員がするべきことを行わな
ければ意味がない。そうでなければ外注したらよく，大学内部にあえて人件費
も含めたリソースを抱え込む必要はない。

　そこで本節では，大学英語教育改革のための 1 つの方策として「コンテンツ
からコンテクストへ」という提案をする。これは大学教育全体の活性化をも企
図した考えであり，大学英語教育には潜在的にこうした変態を可能にできる素
地があると信じる。

2.1.1　コンテクストとしての英語科目の意義

　1.2 で批判的に論じたように，コンテンツ・ベースで大学英語教育を行う場
合，既存の英語教員が専門家面できる領域は案外少なく，多くの学部，教学と
の直接的な関係性は薄い。そうかといって英語としてその内容を言語的に教え
ようにも，先述のとおり新たに教えられる要素がそもそもなく，わざわざ教え
る意義も見いだしにくい。今のままでは，大学英語教員が英語「を」教えるこ
とも，英語「で」教えることも合理性が見いだしにくく，英語という科目を廃
止するか，位置づけを再定義する必要がある。

　そこで本章が提示するのが，コンテンツとしての英語科目ではなく，英語科
目のコンテクスト化こそが，これからの大学英語教育の 1 つの生き残り策にな
るだろうということである。コンテクストとは井関（2002）が大学における知
の変革をコンセプトとして用い始めた概念であり，プラットフォームと言い換
えても構わない。知の技法として習得や鍛錬が期待されるコミュニケーション
の様々な型，それは学問としての議論の仕方であったり，世界に対する認識の
仕方を学び，そのうえで，自身の関心や哲学に基づいたプロジェクトを立ち上
げ，実践し，コミュニケーションすることがここで言うコンテクストであり，こ

れを英語教育が率先して担うことを提案したい。なお現在，日本の各大学では，方向性として，様々な形でこうした場づくりが担われようとしている。具体的にはそれが研究入門・研究基礎に相当する初年次科目であったり，日本語ライティングのワークショップであったり，とりわけ昨今では，ダイバーシティや異文化理解の入門講義もこれらに相当するかもしれない。筆者は，これらのなかに大学英語教育を位置づけ直し，これらと科目内容を統合することで，コンテンツ科目としての英語ではない，コンテクストとしての英語教育の提供を検討するべきだと主張したい。こうすることで，既存の大学が提供する科目やサービスが有機的に統合，合理化され，効率よい人事も行えるようになる。もちろん，そのためには大学英語教員は，これまでの伝統に執着してはいけない。コンテンツを担う教員からコンテクストを担える教員への業態転換が必要であり，それができる能力があるか，なければ身につけなければならない。

　ただしこれは，何も従来言い古されてきたような，英語「を」教える代わりに英語「で」教えることを説く類のことを言いたいわけではない。もちろんそれらと方向を異にするものではないが，より本質的な構造転換を目論んでいる。というのも，現在の大学教育のなかには，1人ひとりの学生が自分軸を確立し，それを鍛え，育て上げるプラットフォームが備わっていない。ないとは言いすぎであるとしても，十分に機能してはいない。つまり，多くの日本の大学教育は，コンテクストなしのコンテンツの乱れ咲き状態なのである。たとえ1つひとつのコンテンツがどれだけ魅力的で深めるに値するものであっても，それを受け止め，有機的に体系づけるプラットフォームが受ける側に十分備わっていなければ，コンテンツは個々の学習者を素通りするだけである。よほど高い志をもち，自身を客観的にメタ認知できる学生であれば，各コンテンツ間の有機的なつながりに着目し，それらを自律的に消化したうえで自らの領域を立ち上げられるかもしれない。しかしそのような学生はまれで，ほとんどは直面する当座のコンテンツの消化に終始するのみになってしまう。つまり，コンテンツ科目がコンテクストにうまく乗り，そして絡め取られることで，初めて体系的な学びの萌芽となるのであり，この意味でコンテクストの役割はきわめて大きい。大学英語科目を大学での学びのコンテクストとして機能させることは，たんに，基礎系の科目として十把一絡げに処理・統合する改革案ではなく，大学

教育の本質的改革に資するための方針転換なのである。現状，大部分の大学において，必修科目として英語が置かれている授業コマ数は少なくない。これらがすべて，専門科目をはじめとするコンテンツを，自らの血肉と変えるためのコンテクスト科目として機能させるならば，それが与えるインパクトは小さくないはずである。無論英語の授業であるため，最終の成果は英語でまとめることが要求されるが，そのプロセスで日本語が介在することは構わない。ただしグローバル社会における英語の重要性を鑑みた場合，一部を英語で行うことには十分な合理性がある。

　なぜ英語科目のコンテクスト化が重要なのか，さきほどはコンテクストをプラットフォームと言い換えたが，これを「マイプロジェクトを備えたパーソナルな取り組み」と言い換えてみると問題の本質がわかりやすくなる。欧米の教育をステレオタイプ化するつもりはなく，また日本の教育を一方的に貶めるつもりもないが，日本の教育は，学習者個々のプロジェクトを主体として構成されてはいない。これに比べ，欧米の教育の多くは学習者の主体性，興味，関心に基づいたプロジェクト活動を重視する。幼少期から行われるこうした教育は一貫して続き，子どもたちは教育課程をとおして，何らかのプロジェクトに関わりつつ教科教育を受けるのである。この違いは，例えば海外の大学院，具体的にはビジネススクールやポリシースクールでの学びに決定的な影響を与える。経験のある者にはよくわかることだと思われるが，海外のそれらの教育機関は，通常，授業で何かを教えたりはしない。ケーススタディが多く，ディスカッションで授業が進むことが基本である（岡田, 2014）。そして先述のとおり，こうした場でも日本人以外はよく発言する。なぜ彼らが発言できるのかといえば，それは単純な語学力の問題ではない。前章ではそれを自己肯定感や完璧主義を 1 つの論拠にしたが，もう 1 つの論拠をあげてみたい。それは，日本人がプロジェクトをやっていないというものである。

　個々人がかつて，どんなものでも構わない，プロジェクトに主体的に取り組み，メタ的な実践知として昇華できているならば，その経験はディスカッション時の発言内容に活きる。「自分事」であるから活き活きと話せるのである。もちろん日本人でも，様々なビジネスを立ち上げた経験，社会の特定の立場を担ったことで遭遇した経験など，それに相当する実践知があれば，堂々と自身のケー

スを語ることができる。しかし，たんに日本の学校教育を経て大学院に進んだだけでは，何かを語ることは難しい。問題は，英語力の有無ではなく，自分自身のプロジェクトとして主体的に関与し，それについて人に説明したり議論した経験がないため，自身のなかでケースとして語るレベルにまで鍛えられていないのである。無論，経験がまったくないわけではなかろう。しかし，それを自身のプロジェクトとして内省し，コミュニケーションできる場を与えられなかった日本人大学生の多くは，一部の傑出した人材を除いて，それを「自分事」としてうまく語ることはできないだろう。これは能力がないからではなく，単純に経験不足で慣れていないからである。また，「自分事」として認識できていれば，様々なコンテンツからの受信が，自分のプロジェクトに連動し，学びも主体的になる。ところが，そもそものプロジェクトがなければ，その内容を「自分事」として考える機会もなく，先述のとおり内容を素通りさせるだけになる。自身のコンテクスト／プラットフォーム／プロジェクトがあるからこそ，それがコンテンツの有機的な受け皿となり，学びも深まるのである。大学英語教育はここを目指すべきだと考える。英語知識としてはもはや教えることはない。わざわざ授業時間を使ってまで復習をさせても，もともと身についていないのであるから，モチベーションが下がった状態で今さら身につくはずもない。コンテンツ科目への転換が必要である。英語教育が個々人のプロジェクトとして機能し，プラットフォームとして活用されることは，専門科目にとっても有益なはずである。どちらが偉いというものではない。

2.1.2 コンテクスト創出のためのプロジェクト論

ここでさらに，大学英語教育をコンテクスト化することの意義について，プロジェクト論の見地からやや立ち入って論じてみたい。なおプロジェクトとは，たんなるテーマ学習や調べ学習とは質が異なる。自分が本当に興味を抱き，関心があること，人生をかけて取り組みたいと思うこと，人から与えられたものではなく，自分が選び取ったものをテーマに，自ら主体的に取り組むものこそプロジェクトである。興味がありそうなテーマを押しつけられるのとは決定的に異なる。なぜならそれではコンテンツ・ベースの二の舞になるからである。実際，中学や高校の総合学習では，教える側から枠組みとしての大きなテーマや，

プロジェクトのリストのようなものが与えられ，そのなかから生徒が選ぶ場合も多い。しかしこれではプロジェクトとはいえない。あくまで自身の興味・関心がさきにあり，それにしたがった自由なプロジェクト設定でない限り，主体的な学びのエンジンとしては機能せず，結果的にそれも 1 つのコンテンツに成り下がってしまうだろう。これは後述するコミュニケーション論の視点，そして Saussure（1911=1993）による記号の考察からも説明できることである。

　プロジェクトは，昨今では身近に，日常生活としても定着した用語である。一昔前までは，小学校の夏休みの自由研究課題と言っていたものを，夏休み自由研究プロジェクトと呼んだり，企業が行う取り組みをプロジェクトと称することもある。この場合前者は，課題，計画といった意味で用い，後者は，案件といった意味だろう。この他にも，建築や公共政策分野で専門的にプロジェクトと称することがあり，海外では定着している。また身近なところで，友達をつくろうプロジェクトであったり，フルマラソン・プロジェクトのように，チャレンジしてみること，取り組んでみることそのものをプロジェクトと呼ぶこともある。こう見ると，実はプロジェクトの意味論が多岐にわたっていることに気づくが，本章では，広義のプロジェクト論に立つことにする。したがってプロジェクトとは，ビジネス案件として称されるプロジェクトのみならず，身近なプロジェクトや，様々なところで呼ばれるプロジェクトを含め，すべてがプロジェクトであるとしたい。

　プロジェクトは学校教育の分野でも数多く用いられる用語となってきた。総合的な学習（探究）の時間や，情報のプロジェクト学習，社会科のテーマ学習など，こうした機会が多く設けられるようになったことが一因だと思われるが，PBL（Project Based Learning），プロジェクト型授業など，これらをテーマとした研修もさかんに開催されている。こうして普及しよく使われるようになったプロジェクトについて，現行，プロジェクト型の学びは一種の流行りでもあるため，比較的よいイメージが付与されていることも多いだろう。しかしかつてアメリカでは，プロジェクトという教育メソッドが大変な批判にさらされた時代があった。

　20 世紀初頭，アメリカの教育哲学として，プロジェクトという概念を一躍世界に知らしめたのが Kilpatrick（1918）であった。プロジェクトという用語その

ものははるか昔からあったが，これを project method と名づけ，教育方法論として再定義したのが Kilpatrick であった。ところが，この Kilpatrick のプロジェクト論に対しては強い批判が起こる。具体的な例をあげるならば，活動偏重，知識軽視，教科の組織的体系の軽視，放任といった手厳しい論評である（佐藤，2004）。これは Kilpatrick にも非があった。Kilpatrick の project method の学習観は，concomitant learnings（付随学習）と名づけられた彼独特の概念によってより特徴的なものとなるが，この付随学習という考え方が，彼のプロジェクトの学習観に対する脆弱性を象徴することになってしまった。Kilpatrick の定義するプロジェクトでは，その都度の目的に合致した個別具体的かつ必要最低限の知識（mimimal essentials）しか習得されず，それ以外の学びはすべて付随学習に託されてしまった。確かにこれでは，受け手に対して一種の不安を掻き立てるものであったと言わざるを得ず，「学習者はプロジェクトの実践のどこで学べるのか？」という至極単純な疑問に十分答えられていない。このままでは，伝統的な教科教育のほうが，プロジェクトによる学習よりも多くの知識が得られるという想定を否定することはできない。

　確かにこの批判は一部で当たっている。プロジェクトが目的的（teleological）な活動に特化しすぎるがあまり，体系的な知識の習得には至らず，浅薄な，手足だけを動かし，ただこなすだけの傾向が一部のプロジェクトにはある。しかし筆者はこうした見方があくまで一方向的な捉え方であること，誤解に基づいた偏見であることを主張したい。さらにプロジェクトによる教育，プロジェクトによる生活，そしてプロジェクトによる人生を一貫して肯定したい。プロジェクトをすることが，学びにとっても，人生にとってもよいと考えている。生徒にも学生にも，マイプロジェクトに取り組んでもらうことを大いに推奨する。Kilpatrick に向けられたプロジェクトに対する批判は，けっしてプロジェクトの全否定には当たらないことを以降で説明したい。

　プロジェクトをとおして物事に取り組む際，当然だが，最優先事項はプロジェクトの遂行である。プロジェクトを実施し，目的を達成することに集中する。そしてプロジェクトは，個々人が自分の興味のあることに取り組む。本物の，リアルな自分の関心事が保持される限り，そこには真正の，オーセンティックな環境が生まれる。すると授業であるなしにかかわらず，学習者は常にプロジェ

クトのことが気にかかるようになるはずである。しかしそれは強いられるものではなく，自分が欲したことであり，したがってどれだけ考えても苦にはならない。自分の関心とプロジェクトが連動することで，生活の一部がプロジェクトになる。プロジェクトの遂行が，プロジェクトの目的の達成に近づくことが，自分の人生や自分の生活にとっても役立つようになる。これらをふまえプロジェクト型で取り組むことや，プロジェクトを遂行することによるメリットについて，以下立ち入って論じてみたい。

(1) メリット 1：中期目標の自由度がある

　プロジェクトの長所は，1 人ひとりが自分のプロジェクトに自律的かつ自発的に関わるところにある。プロジェクトは遂行するために存在し，どのようにしてそのゴールにたどり着くか，その道筋は個々人の勝手であり，自由に決めることができる。つまりプロジェクトとは，取り組む内容（テーマ）も自由であるが，その取り組み方にも自由な裁量が与えられている。つまり選択の自由度がきわめて高い方法論なのである。これは，プロジェクトに中期目標の自由度が備わっていると言い換えることができる（山中，2011）。ゴールや目標という究極的な到達点に至るまでの，その中間地点の目標や取り組み方については，個人が自由に決めて構わない。得意なことから取り組む者，嫌なことからさきに片付けてしまう者，さらには得意なことだけでプロジェクトを達成しようとする者など，人それぞれ，好きなように取り組んでよい。ここにプロジェクトの自由さがあり，おもしろさがある。自由というのは裏を返せば，自律的に考え戦略的に進めなければ，少しも前に進まないということでもある。

　そしてこの構造はゲームと似ている。ゲームはクリアという明確な目標に向かって，プレイヤーが好きな戦略を立て，中期目標を設定して取り組む。ゲームの要素をゲーム以外のことに応用することをゲーミフィケーションというが，プロジェクトにもゲーミフィケーションの要素がある。ゲームとの類似点を探ることは本題から外れるため詳述は避けるが，ゲームから学ぶべきこと，それはあの熱中の仕組みである。

　さらに別の観点から見れば，これは自己肯定感の醸成にも役立つ（サイトウ，2013）。誰でもそうであるが，自分が苦手なことや，できれば避けたいことばかりを強いられたら，われわれはどんどん惨めになり，情けなくなる。自分がで

きない範疇のことは，どうしても人に助けを求めざるを得ない。一方的に受信者にならざるを得ないのである。こうした受信ばかり行うこと，受け身だけのコミュニケーションを取り続けることは，Barthes（1973=1977）の inter-text や丸山（1983）の「読む」という行為など，コミュニケーションの相互行為についての考察をふまえても，受信者にとってフェアでなく，健全なやりとりとはいえない。プロジェクトでは，ゲームと同じく中期目標を自由に設定し，達成可能なことから取り組むことができる。原理的にはやりたくないこと，不得意なことはやらなくてもよい。少なくとも後回しにできる。するとどうだろうか。われわれは惨めになるどころか，自分ができる点についてあらためて実感することができ，これは自己肯定感を不可逆的に高める。だから取り組み続けたくもなり，熱中もする。

（2）メリット 2：学びの有機化が起こる

　プロジェクト型の 2 つ目のメリットは，プロジェクトの遂行によってもてる技が増え，学びの好循環が起こることである。言い換えるならば，これは学びの有機化である。もてる技が増えるとは，さきのゲーミフィケーションで考えるとわかりやすい。できること，得意なこと，あるいはできそうなこと，やってみたいことに継続的に取り組むことで，さらに技の数を増やしたり，質を高めることが可能となる。そして，使えるようになった新たな知識やスキルは，ただちに目下取り組んでいるプロジェクトに活かすことができるのである。プロジェクトは，学びや取り組みの目的がはっきりするため，何のために，何をしているのかがわかりやすい。もちろん，明確なクリアという状態，すなわち明確なゴールが存在するゲームと，終わりがなく，発展し続ける可能性のあるプロジェクトがそのままイコールと考えるべきではなく，その点は注意する必要がある。しかし，もてる技を増やし，増えた技はただちに使うことができるというコンセプトは，何もスキルだけにとどまらず，人と人とのつながりや，賛同者を増やしていくことについても同じことがいえる。プロジェクト遂行のために仲間を増やしたならば，増えた仲間はただちに自分を助けてくれる。プロジェクトに取り組めば取り組むほど，自分の範囲が広がり，次第に手応えを感じられるようになり，自信もついてくる。こうした好循環を引き起こす仕組みこそプロジェクトである。

（3）メリット3：他者が同志となる

　3点目は，プロジェクトというコンテクストが与えられることによって，周囲の他人，教室であればクラスメートになるが，彼らの意味論が変わってくるという点である。これは筆者がプロジェクト型の教育方法論に携わってきた経験から断言できることであるが，プロジェクトによる教育や実践に成功する要諦の1つは，「全員が」プロジェクトに取り組むことにある。一部には，プロジェクト型の教育や実践が，基礎や一般的なレベルを終了したより高次のもので，一定の基準や条件をクリアした者のみが，一定の期間を経た後に取り組むことが許されるような，言わばプレミア的な実践となっている場合がある。これは正しくない。プロジェクトは「常に」行うものであり，「いきなり」やるべきだと考えている。はじめからうまくやろうとするからいけないのであって，失敗しながら，模索しながら，自分のプロジェクトのやり方や進め方を，プラグマティックに見つけていくことこそ肝要である。

　プロジェクトは当事者に常に本番を強いる。練習しているひまはなく，練習とわかった時点でそれはフィクションとなって白ける。だから猶予は与えない。しかも全員が取り組むわけであるから，周囲の者も同情し，その大変さが共感できる。よって嘲笑し合い競合する仲間から，連帯して助け合う同志へと関係が変わる。例えば言語的なやりとりに着目してみよう。たとえ学習者が英語の発話に不慣れで自信がなくとも，Davidson（1986）の寛容の原則（principle of charity）やSperber & Wilson（1986）の関連性理論（relevance theory）が機能しやすくなる環境が聞き手側に構築されるため，聴衆は発話者の内容が真であることを信じ，様々な言語内外の手がかりから，時には字義上の意味（literal meaning）を改ざんしてまでも辻褄の合う意味を確定しようとするだろう。そして築き上げた互いの信頼関係から，聞き手はGrice（1975）の協調の原理（cooperative principle）の遵守を前提に，あらゆる類推をきかせるだろう。つまり敵対的にではなく，味方として，可能な限り意を汲もうとする環境がそこに醸成されるのである。常に本番であるという一見過酷な環境は，確かに焦りや緊張も生むだろう。しかしその一方で，連帯によって生み出されたあたたかな状況によって，取り組みにインセンティブが加わり，それがモチベーションの向上にもつながる。こうした状況がうまく機能すれば，有意義な学びの機会が

醸成されると考えられるのである。

（4）メリット 4：誰にとってもチャレンジングな場になる

　4つ目はプロジェクト型の評価のメリットである。あくまで理論上であるが，プロジェクト型で学習や実践を行う限り，誰もが 1 位になることができる。裏を返せば，もともとの能力の高低に関わらず，誰も手を抜くことはできない。例えば比較的英語能力の高い学習者にとって，授業が既にもっていた運用能力のリハビリテーションの機会としか見いだせない場合，授業に意義を感じられなくなる。これはテスト論でいう天井効果（ceiling effect）が発生している状態であり，この構図が続く限り彼らが授業に意欲的に取り組むことは難しい。ここで重要なことは，彼らにとって，学習に終わりや天井はなく，取り組む余地が無限に広がっていることを理解させることであり，けっして現状に安住させないことである。理想の姿と現在のそれを見比べ，そのために何をすることが重要で，授業をどう活用することが戦略的に有効であるかを考えさせることで，授業内外の自律的な学びを誘発することができる。一方，英語能力が低い学習者にとっても，現在の立ち位置からの取り組みを保証することで，彼らが無理難題を押しつけられていると感じることはない。

　また，他者との比較による相対的評価（いわゆる通常の成績）は，大学のカリキュラムに準拠する限りどうしても成されてしまう。そして学習者の想定する目標到達の時期が，制度上の評価時期と常に重なるわけではない。しかし自律的学習者であれば，相対的評価は 1 つの情報と理解でき，彼らにとって参考になることはあっても，それがすべてではないことを彼ら自身が承知できるのである。なぜなら，彼らがこだわるのは，自身が立てた理想との距離であり，それに向かって自らを継続的に成長させることである。制度のなかで成される評価は，その時点での特定の指標において成されたフィードバックであり，それは次なる課題を見定めるうえで役に立つ。評価を診断的（diagnostic）に活用できるのである。

　そして，さきに指摘した同志としての連帯意識は，行きすぎた競争関係を解消する。他人の成果を尊重し，相互に応援し合う協働関係が構築可能となるのである。互いの成長を望むという前提が確立されることで，建設的な批判もでき，他人のよい点を積極的に取り入れる態度も醸成される。その結果，教室は，

成績獲得のための出し抜き合いの空間ではなく，互いの成果と成長を皆が期待し合える利他的な空間となるのである。

2.1.3　哲学としてのプロジェクト

　議論をさらに抽象化しよう。既に取り上げたアメリカの教育哲学者であるKilpatrick は，プロジェクトを「社会的環境において展開される専心的目的的活動」(wholehearted purposeful activity in a social environment) と定義し，これを「価値ある生活」(worthy life) の構成単位とした (Kilpatrick, 1918, p.3)。そしてプロジェクトにおける活動とは，「全霊を傾けているということ」(wholesouledness)「継続する傾向性があるということ」(tendency to lead on) そして「多様性があるということ」(variety)，これら3つが条件になると述べた (Beineke, 1998, p.105)。

　フランスの哲学者Sartre は，「人間は……第一に主体的に自らを生きる投企だ」と述べた (Sartre, 1946=1955)。投企とはまさに英語で言うところの projection (project) であり，未来に向かって自らを投げることを意味する。これは実存主義を論じる彼の哲学の核心を成すキーワードの1つであるが，プロジェクトの1つの重要な特徴を述べている。そして Sartre は，"Engagement"（参加せよ）と述べ，彼自身も積極的に社会活動に参加したことはよく知られている。つまりこの世の中に対して，われわれは積極的に自分自身を投げ出し，働きかける必要がある。

　Rorty は，希望としてのより大きな間主観的な合意や，共同社会の連帯を可能にするため，「永遠の非人間的な拘束に従属することではなく，むしろ可謬的で一時的で人間的なプロジェクトに参加すること」(Rorty, 1982=1985, p.369) を強調した。そこには基礎づけられた議論の余地のない空間が広がっているのではない。継続的で未確定であり，だからこそ積極的に他者と会話をし，間違いながらも寛容に連帯を模索する生身の人間こそ重要だと説いた。

　コンテクストとしてのプロジェクトは，たんに教育の活性化のための方法論にとどまらず，自分らしく生きるということ，善く生きるということにつながり得る。これは，言語とコミュニケーションの関係を述べた Davidson が，自身のコミュニケーション論を述べた論文の結語として，" . . . we should realize that we have abandoned not only the ordinary notion of a language, but we have erased the boundary between knowing a language and knowing our way around in the world generally...”（私たちは〔言語学者が抱くような〕言語という概念を捨て去ってしまうだけでなく，言語を知るということと，この世界でうまくやっていくということとの境界線をも消し去ってしまったことに気づくべきなのである；Davidson, 1986, pp.445-446）と言及し，“knowing a language”と“knowing our way around in the world generally”との境界線がはなはだ疑わしいものであることを述べたこととも関連する。言語を知ることが，この世でうまくやっていくことの実践そのものではないかと論じたことは，英語教員にとって実に示唆的ではなかろうか。

　もう1点，プロジェクトはプラグマティズムの哲学と親和性をもつ。誤解をおそれず言うならば，プラグマティズムは妥協を許す。現実と対峙すればそれも当然だからである。この世が理想どおりいくことなどなく，理想と現実との間にある差をただ嘆いても何の役にも立たない（山中, 2019）。例えば，帰国子女を羨やむことは簡単である。「自分もああやって小さいときに外国に住んで英語を身につけたかった。しかし自分の親はそんな仕事でもなければ，そんなお金もなかった。だから自分は日本の学校教育で英語を勉強するしかなく，それが今の自分の英語力だ。自分には環境がなかった……」とどれだけ嘆いてみたところで，英語ができるようになるわけではない。われわれはどんなに優れた人間でも，過去は変えることはできない。できることは，今を，これからを変えることである。そのためには妥協もやむを得ない。妥協という言い方がよくなければ，潔い割り切り，断ち切りが必要である。どう不平を述べようと，われわれは今の自分で勝負するしかない。自身の英語力のなさを考えると悲しくなるかもしれないが，それでもゼロというわけではない。大したことないと自分は思っていても，周囲もそう思っているとは限らない。嘆くことによって，われわれは思考を負の連鎖に陥れてしまう。何とか事態を打開しようと，受信して人から学べば学ぶほど，皮肉にもそれは状況を悪化させ，己の未熟さの認識を強化してしまう。妥協し，無理に求めるのをやめ，負の連鎖を強制的に断ち切って，できることをする。プロジェクトとして等身大の取り組みを行う。そしてスタンスを受信から発信に変える。こうすることで，自分が拠って立てる

領域を拡張することができるし，自分軸の確立にもつながるのである。

　英語科目を，たんなる知識伝授やスキルの訓練の場としてではなく，すべての学びを貫くプロジェクトの場とすることで，英語の授業が学習者個々人の発信基地（ホームベース）となる。コンテンツを持ち寄り，自分の人生と関連する物事に取り組める場となる。そのために，英語の授業のやり方は大きく変えたほうがよい。それに応じて大学英語教員のあり方，役割も大きくシフトすべきである。次節では，コンテクストと化した大学英語教育における，教員のあり方とその理論的枠組みについて議論を進める。

2.2　大学英語教員は「表現の専門家」へ

　20 世紀初頭，Saussure によって嚆矢となった近代言語学は構造主義という思想を生み，その影響は言語学の革新のみにとどまらなかった。音韻論（R. Jakobson）はもとより，文化人類学（C. Lévi-Strauss），文芸論（R. Barthes），心理学（J. Lacan），哲学（M. Foucault）など，学問分野をいくつも越境し，言語学は時代の発展に寄与した（丸山, 1983）。何がこのようなことを可能せしめたのか，その理由の一端が，Saussure が着目した言語の記号性についての考察である。

　周知のとおり，Saussure は言語を含むいかなる記号も，その内容（シニフィエ）と形態（シニフィアン）に分けることができ，その結合の仕方に恣意性を見いだした。この考えは実に多くの含意をもつ。というのも，さきに述べたプロジェクトにもこの記号の概念が適用可能で，その枠組みを用いて考えると，プロジェクト型の教育とは，テーマ，すなわち内容の自由度が与えられているだけでなく，形態，すなわちプロジェクトの表現や伝達の仕方についても自由度が与えられていることが見事に整理できるからである（図 2-1，図 2-2）。

　前者における内容の自由度は，取り組みの「自分事」化，すなわち学習者のオーセンティシティを保持するうえで譲れない点である。そして後者における形態の自由度は，現代で言うメディア論なのである。個々の内容をいかに表出するか，この組み合わせに必然性がなく自由度があるならば，学習者に付託されたアウトプットの教育的鍛錬の場として，英語教育はふさわしい。本節では，

図 2-1　Saussure の記号概念
（Saussure, 1993 より）

図 2-2　プロジェクトの記号論的理解

言語の記号性に今一度着目し，大学英語教員が記号表現の専門家として，学習者に表現という観点から関与できる可能性と，そのための教員論について検討する。

2.2.1　コンテンツの放棄，コンテクストへの集中

　1つずつ見ていこう。記号の内容面であるシニフィエ部分について，大学英語教育がコンテクストとして機能するためには，個々の学習者にその選定について完全にゆだねるべきである。つまり，コンテンツは学習者が決めるということである。そしてこれは，大学英語教員が，もはや内容についての専門家であることを放棄することを意味する。

　前章で，大学英語教員が専門家として関与できる部分はかたよっており，教材でごまかしてみたところでそれには限界があることを指摘した。大学英語教育が生き残りをはかるためには，内容についてのイニシアチブは放棄したほうがよい。つまり，記号論でいうところのシニフィエは学習者が持ち寄り，英語教員はそこでは勝負しない，その代わりにシニフィアン部分にリソースを割き，そこにおいて専門性を発揮できるように業態転換をしていくことが賢明であると考えるのである。シニフィエ部分については，他の学習者と同じく，一初学者として耳を傾ければよい。教えようと思わずに，1つひとつのコンテンツに興味をもち，学生から教えてもらえばそれでよい。またファシリテーションに長けた教員であれば，他の学生のシニフィエとの創発を促すこともできるだろう。いずれにせよ，内容についてはわからないと割り切ればよいのである。英語授業の一番の目的は，学生の英語能力の深化である。教員の権力や能力を誇示する場ではない。学生にとって，コンテクストとしての英語教育に意義があ

れば，授業にも教員にも不満はもたないはずである。教員の面子など考える必要はない。

　次に形態面であるシニフィアンを見てみよう。自由が保証された個々の内容に対し，それをどんな媒体で表現しどう伝えるか，その選択についても学習者個々人の自由意志にゆだねるべきである。英語教員はそこでもアドバイザー程度の役割を果たすのみで，学生に特定のシニフィアンを強いるのはご法度である。ただし，英語教員が表現の専門家として，このシニフィアンの部分で活躍できる余地は大いにあると考えている。今世紀，インターネットの爆発的普及によって，個々人がかつては想像もできなかったような表現形態，発信手段を手に入れることができるようになってきた。つまり，同じ内容を表出するにしても，かつては絵で表すか文字で表すかといった程度の選択肢しかなかったシニフィアン部分が，間違いなく肥大化している。様々な表現メディアは，われわれの発信を制限するのではなく，拡張してくれるのである。くしくもMcLuhan（1964）が "The medium is the message" と看破したように，シニフィエはシニフィアンに規定され，誇張していえば，形式が内容的意味をもち始めたのである。メディア表現が多様で多彩となり，それらをより複合・混合した表現が可能になった今日，シニフィアン，つまり選ばれたメディアそのものにメッセージ性が付与されている。この部分を，学習者が表現の専門家とともに探求することには意義がある。

　一方で，こうしたシニフィアン部分の拡大は，多様化する発信環境の難しさをわれわれに突きつけている。つまり，かつてのようにコミュニケーションにおいて言語が圧倒的に優位であり，またそれしか主たる発信手段として取りようがなければ，とりあえず言語の鍛錬に特化することは適切で有効な教育手法であった。欧米の授業に今でもあるようにスピーチを必修化したり，ライティング教育を徹底させることで，かつてはシニフィアンの訓練とすることができたのである。しかし今やそうはいかない。日進月歩で通信環境は改善され，そのアプリケーションソフトウェアも枚挙にいとまがない。表現の選択肢は無限に広がり，これからの世代は，内容の独創性もさることながら，それをいかに表現するのかについても長けていかなければならなくなる。現状こうしたメディア論，コミュニケーション論に基づいた有効な教育的施策はほとんどみら

れない。一部メディア・リテラシーについてはある程度の教育的普及がみられるが，自らのシニフィエを発信するためのシニフィアンを鍛える教育プログラムは，専門家の不在もあり，未だ明確に打ち出されていないのが現状である。これこそ，コンテクストを担うコミュニケーション教育として，大学英語教育が担って構わない分野であり，表現の専門家としての英語教員の生き残りの可能性が見いだせる部分なのである。

　ただしこの場合の表現の専門家とは，あたかも次から次へと登場する最新のコミュニケーションソフトウェアの解説を大学英語教員が担うことを意味しない。同様に，教員がコミュニケーションにおける表現形態の絶対解を常にもち，それを教え込む役割であることも意味しない。むしろ時代の流れを捨象し，人に伝え表現することの本質を学習者とともに考える。また，氾濫し手に負えなくなったシニフィアンの暴走を止め，個々の学習者がそれらを自らの延長として適切に選択し，血肉化するための編集術をともに考えることをその役割とするのである。これを大学英語教育の本懐としてはどうだろうか。

2.2.2　コミュニケーションという普遍への着目

　なぜ大学英語教員が，従来型の英語教員から表現の専門家として再出発する必要があるのか，そしてなぜ様々な可能性のなかから，表現の専門家となることに意味があるのかにつき，さらに話を進めてみたい。ここにはさきに指摘した，シニフィアンの肥大化という筆者の問題意識がある。

　これからのコミュニケーション環境は，今まで以上にドラスティックに変わり続けていくだろう。AIがますます生活世界に浸透し，アンドロイドとのコミュニケーションも日常化するに違いない。次々と登場する新しいメディアはわれわれのコミュニケーションのあり方を変えていくであろうし，われわれはこうしたメディアの肥大化にこれからも翻弄され続けていくだろう。さきが読みにくいメディア環境の変化のなかで，教育はどう関与し，何を教えるべきなのか，そしてはたして何が教えられるのかという根本的な問題が突きつけられている。

　だからこそ根本に立ち返ったほうがよい。変わりやすい時代だからこそ，変わらないものにこだわると見えてくることもある。そこで着目してみたいのが，

コミュニケーションという人間が成す普遍的行為である。図 2-3 は，Bühler（1934=1982）が示した Organonmodell であるが，コミュニケーションの mother of all models（Hollnagel & Woods, 2005）としてよく知られた Shannon-Weaver model（Shanon & Weaver, 1949；図 2-4）よりも前に，こうした概念化が行われていたことは興味深い。

　後に Jakobson（1976）は Bühler の Organonmodell をベースに 3 要素と 3 機能を新たに付加し，言語コミュニケーションの 6 要素と 6 機能を示したが（図 2-5），付加的な要素は一切無視し，骨組みとしての基本的類似性を考えてみたい。コミュニケーションには発信者（Sender/addresser）があり，それを受け取る受信者（Empfänger/adressee）があり，その間には何らかの記号的やりとりがある 3 項の存在については，ほぼすべてのモデルが Bühler の基盤を実質的に踏襲している（Holenstein, 1974）。

　さきほど肥大化するシニフィアンの問題点についてふれたが，視点を変えて，コミュニケーションという大きなくくりで考えるならば，メディア環境の劇的変化は，たんにメッセージの表出方法の変化にほかならない。つまり，インターネット時代になろうとも，AI が台頭しようとも，発信者と受信者がメッセージを相互にやりとりするという構図そのものが変わるわけではないし，やりとりに記号的所作が介在することも変わらない。昔も今も，表現するという行為は健在であり，これからも健在であろう。時代の変遷により，その時々の表現メ

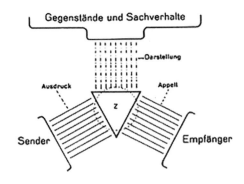

図 2-3　Bühler の Organonmodell（Bühler, 1934=1982 より）

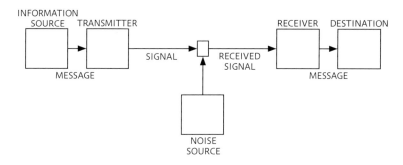

図 2-4 Shannon-Weaver's model of communication（Shannon & Weaver, 1949 より）

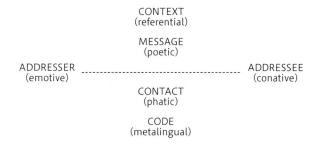

図 2-5 Jakobson による言語の 6 要素と 6 機能（Jakobson, 1976 より）

ディアやその使い方に流行り廃りはあるだろう。しかしながら人間がコミュニケーションをするということ，コミュニケーション「として」の大学英語教育を実践する限り，その基本的枠組みについては時代に応じて変える必要がない。もちろん未来永劫の保証があるわけではないが，既存の英語教授法が時流に左右され，揺り戻しを繰り返す歴史があったことを考えれば（SLA 研究会, 1994），その危うさをもちにくい教育論は，1 つの相対的魅力をもっていると考えられる。また本章が提案した英語科目のコンテンツとコンテクストの考え方であるが，ここに込めたもう 1 つの意図がある。それは，従来型のコンテンツの英語教育に対立する，もしくはそれらを否定するものとしてコンテクストの英語教育を捉えるのではなく，むしろ従来のコンテンツの英語教育の有効性を別の観点から再解釈し，それらを取り込んだ新しい英語教育のあり方を模索したとい

う点である。英語教育のコンテクスト化は，けっして他の英語教授法に対して排他的な関係を示さず，それらと両立し，相補的に機能するアプローチである。言うまでもなく，これまでの英語教育も一部はコンテンツ科目として十分機能するし，高い専門性を備えていることは明らかである。

　コンテクスト科目を担当する大学英語教員も，表現メディアの1つである言語のエキスパートとして，表現に対する専門性をもっている。あとはその守備範囲を，言語から表現へと拡張させればよい。授業という機会をとおして，コミュニケーションもどきをコンテンツ・ベースで行う代わりに，学習者にコンテンツをゆだね，彼らのコミュニケーションを解放させればよいのである。自由なシニフィエとシニフィアンを持ち込める場を教員が保証し，学習者が大いに失敗し，多くの模索をしながら成長できる環境を創出したらよい。

　われわれは人生の至るところで発信者になる。学術の世界，企業，団体，家庭等，社会生活を送るうえでメッセージを発信し，コミュニケーションを行う。どんなメッセージをもつかだけでなく，それをどう発信することが効果的となるか，例えば相手を説得すること，仲間を増やすこと，対立を解消すること，連帯すること，助けを求めること，意見を主張すること，妥協点を見つけることなど，これらを個々人が，遭遇する場面に合わせ，自律的にシニフィエやシニフィアンを選び取ってコミュニケーションに挑まなければならない。その意味で，教育の場がその鍛錬に資することは合理的であるし，大学英語教育がその任を買って出ればよいのである。言うまでもなく，さきにあげたコミュニケーションの場面群に正解はない。だからこそ，人に伝える難しさを授業での経験をとおして理解し，シニフィアンによる伝わり方の違いを体感すること，それをとおして認識の深化をはかることは，その後の発信活動に間違いなく役に立つ。さらに，実践の場をとおして，学習者が自分なりの表現メディアの組み合わせを模索し，構築する一助として，大学英語教員が専門的見地から支援すればよい。無論英語の授業であるから，一部を英語で行うことは最低限の条件となろう。しかし，ここで言語至上主義を強いれば何の意味もない。シニフィアンの自由を積極的に擁護し，言語は有力であっても1つのメディアに相対化させた視点が必要である。この点において，一部の大学英語教育が既に導入しているプレゼンテーション教育やスピーチ教育とは，根本的に理念が異なること

をはっきりと述べておきたい。

　コミュニケーションにおける「表現という原型」を手にすることで，大学英語教員は新たな教育領域を開拓できることを，ここにあらためて宣言したい。

2.2.3　セルフプロモーションの支援という新機軸

　表現の専門家として大学英語教員が再出発し，コンテクストと化した英語科目が果たすべき役割は，個々の学習者のプロジェクトに関するセルフプロモーション／セルフプロダクション教育である。以降は短くセルフプロモーションとまとめて称するが，これらの語が意図するところは，個々人が自分自身をアピールし自分で自分をプロデュースできるようになることについて，この場合は大学教育が，積極的に関与し成果を上げることである。

　VUCA（Volatility/Uncertainty/Complexity/Ambiguity）といわれる今世紀，こうした自己を他と差別化できる能力はますます重視されるだろう。1人ひとりが自らのマーケットバリューを認識し，それを高め，果敢に売り込んでいける能力を涵養すること，そのための自分軸の確立を支援する教育は有益であるに違いない。コンテクストとしての英語教育がその一翼を担い，大学教育全体として体系的に実施できることが，新たな日本の大学教育の価値をつくると信じたい。以降では，大学英語教員が表現の専門家としてセルフプロモーション教育を担う場合，大学英語教育には何ができ，何をすることが好ましいかについて整理したい。

　さきの記号論で用いた概念を使って整理すると，コンテクストとしての大学英語教育には大きく次の3要素が存在すると思われる。

　①シニフィエ部分（プロジェクトの内容面）の教育
　②シニフィアン部分（プロジェクトの発信，伝達メディアの形態面）の教育
　③英語教育としてのレジスター

　まず①の部分に関してであるが，既に説明しているとおり，プロジェクトの内容部分であるシニフィエについては，教員が何かを教えてやろうとすることは放棄したほうがよい。教員がここに権威的に介入することで，学習者のコン

テンツは途端に他人事になり，場が人工的になる。内容については学習者1人
ひとりにゆだね，教員はファシリテーションの役割に徹すべきである。

　コンテンツの指導に関して，無論，専門的見地からの指導はあったほうがよ
い。そうであるならば，学生1人ひとりに能動的に自分の内容に合う専門家を
探させ，指導を仰ぎに行かせればよい。すべて英語教員が「お膳立て」しよう
とするから無理が出てくる。コミュニケーションとしてのプロジェクトを行う
ことに成功していれば，学習者が自らの内容を深め，より発展させたいと思う
ことは自然な成り行きであり，幸いにして大学はそうした専門家が集まってい
る。理想的には，専門科目を担当する教員とのコラボレーションが望ましいが，
大学で十分なリソースが得られない場合，積極的に学生を社会に，街に出すべ
きである。その際の最低限のマナーは研究者でもある英語教員が十分に教えら
れる。コンテスト科目としての役割がここでも担える。

　プロジェクトを遂行するうえで「クラウドの知恵」（wisdom of crowd）
（Surowiecki, 2004）は有効な戦略である。自分1人がすべてに長けている必要
はなく，他人がもつ多様な知恵をプロジェクトの内容に応じて集め，チームと
して率いる能力こそ有意義であり魅力的ですらある。同時にこうした能力は，経
済産業省（2006）が掲げる「社会人基礎力」の「チームで働く力」にも呼応す
る，大学時代に伸張させるべき不可欠な能力の1つであろう。プロジェクト内
容の深化・発展に，自律的な責任をもたせ，そのために必要な助けを求められ
る能力をつけさせること，これは手取り足取り教員が教えることとは違う教育
の手法である。こうした新たな領域の教育の責務に対し，例えば「自分が教え
られないのなら意味がない」「学生の自律的な活動に責任をもつなんてまっぴら
ごめんだ」「自分が専門としない学生の取り組み内容に興味がもてない」といっ
たメンタリティしかもてない教員は，コンテクストと化した新しい大学英語教
育にふさわしくなく，担当するべきではない。他の学生と同じ目線で，自らも
学び探求し，学生から教えてもらうことに真の喜びが見いだせるようでなけれ
ば，実際担当しても長続きしないだろう。

　次に②のシニフィアン部分であるが，この領域は英語教員が主体的に関わる
こと可能で，また表現の専門家として能力を如何なく発揮できる部分である。本
来ならばここで，シニフィエ部分の教授内容の骨子など，その具体策を提示す

るべきなのかもしれないが，既にいくつかのコンセプトは述べており，これ以上あえて抽象レベルを落とすべきではないと考える。つまり，この部分は英語教員個々の人間性を前面に出し，自身の海外体験や失敗談を含む一次情報をむしろ大切にしたプログラムを組んだらよいと考えている。さらには大学，学部，学科単位などで各英語教員が協働してプログラムを構築するのも好ましい。割ける授業コマ数や継続できる期間など，各教育機関によって千差万別であるからこそ，ここにユニークさが生まれ，新たな名物英語教育が至るところで開花することになるだろう。

　一部再掲となるが，シニフィアン部分の表現教育におけるコンセプトについて，以下にまとめておきたい。

- コミュニケーションという根源的行為に着目させ，人に伝えるとはどういうことかを考えさせる。
- 自らが発信基地（ホームベース）となり，発信者として世界に向かって表現し，プロジェクトを遂行する経験（やってみる経験）をもたせる。
- 同じ内容でも，伝え方によってインパクトやアピール，説得力が違うことを理解させる。
- 人を説得し，動かすためのストーリーを考えさせ，それに対するオーディエンスからの率直なフィードバックを与えさらに考えさせる。
- 表現の手法にベスト・アンサーは存在せず，自分なりの，自分が得意とする表現方法を編み出し，確立することの重要性を理解させる。
- 様々なメディアを材料として，自分流にそれらを加工・編集し，自分のものにさせる（血肉化）。
- 失敗をおそれず，新しい表現方法，新しいメディアを使ったコミュニケーションに果敢に挑ませ，その実践知を獲得させる。
- 同志たちのコミュニケーションから学ばせ，彼らの成長にも利他的に関与させる。
- コンテンツを深化・発展させるために専門的見地を自律的に求めさせ，その際のマナーや手法について理解，学ばせる。
- クラウドの知恵を実践させる（チームづくり，リーダーシップの経験，リ

ソースの共有，支援を求める経験等）。

- コミュニケーションの主要メディアである言語を使ったコミュニケーションについて，その利点を理解させ，能力を伸長させるとともに，言語と他メディアを複合させた独自の表現形態を追求させる。

これらのコンセプトに加え，筆者らが従事するプロジェクト発信型英語プログラムが行うように，例えば「アカデミック・フォーマットに準じてプロジェクトを行う」（木村，2020）など，そのコンテクストの方向づけをすることも1つの有効な手法となろう。ただし，学生によるシニフィエとシニフィアンの自由については，絶対的に保証することは言うまでもない。自由を保持しつつも，それを実現する型，スタイルともいえる部分に条件をつけるのである。こうすることで，アカデミック・フォーマットを採用する場合は，より大学教育にふさわしい感覚を学生に与えられるし，その部分に関しては英語教員は「教える」ことができる。また近い将来彼らは，論文執筆や学会発表に従事することになるため，特定のフォーマットを条件づけることは実践的知識の習得にもなる。同じように，起業というフレームを与えたり，大学生活を舞台としたり，何らかの作品の完成を条件づけるなど，置かれた状況に応じて様々なセッティングが可能である。重要なことは，これらのフレームが学生たちの自由な表現やコンテンツの制約となってはならないことである。フレームに合わせて内容や伝え方が調整されることは構わないが，内容や手法にタブーが発生してはもとも子もないからである。繰り返すが，コミュニケーションそのものを学生にさせることが重要で，コミュニケーションの真似事であればこれまでと何ら変わらない。

　最後に，③の部分に相当する英語教育としてのレジスターであるが，この意味については説明を加える必要があるだろう。これは，たとえいくら大学英語教育がコンテクストの役割を担い，本質的に役立つ多くの場を提供できたとしても，それが英語の授業としての体裁（ここでは社会言語学で変数を意味する「レジスター」という語句を用いた）を保てない限り，それは英語教育としての妥当性を著しく損なうことを意味する。コンテクストとしての英語教育が，たとえどれだけそれまでの英語教育とは異なった風景を繰り広げるにせよ，それ

も英語教育として「あり」だと学習者に認識してもらわなければ，今度はそこに正当性が付与されないのである。つまり，学習者にこれまでと同様，もしくはそれ以上に英語ができるようになるという期待と実感をもたせられなかったならば，そこには英語教育としてのレジスターが備わらないことを意味するのである。

　具体的に検討してみよう。言語を1つのメディアとして捉えるならば，それはあくまで相対化された1メディアであり，シニフィアンの一部を占めることは確かでも，すべてのコミュニケーションを言語的に実現しようとすることは間違っている。とはいえ，学習者が，自身のコンテンツの発信やそのコミュニケーションにおいて，意図的に言語をすべて迂回するような戦略を取った場合，それでもこれは英語の授業なのだろうか。例えばすべて映像のみのプレゼンテーションを用意してきたり，写真をひたすらスライドショーで送るだけの発表のような極端な場合もなくはないだろう。あるいは，原稿すべてをコンピュータに読ませた人工音声を使って発表したり，インタビューとその紹介を中心としたプレゼンテーションで肝心な発表者の発話がなかったり，AIによる自動翻訳を多用して原稿をつくったりする場合も十分考えられる。これらについて，どう扱うべきなのか。自由度を許せば当然こうした創造的な行為は散見されるようになるだろうし，学生も人間であるから時に狡猾にもなるだろう。

　こうした批判に対して，次のように回答したい。原則として，コンテクストと化した英語教育のマルチモーダル・マルチメディア化は望ましい。したがってさきにあげたすべての例は，プレゼンテーションとして大いに「あり」だとしたい。というのも，学習者は皆が皆，言語能力に長けているわけではなく，自らの能力に応じて，コミュニケーションにおける言語メディアの使用割合を調節する自由が与えられることには十分な意義がある。また，時として言語以上に，映像／音声メディアや，味覚や嗅覚に訴える表現のほうが効果的であり，結果的に多くのものを「言う」ことができる。この場合の言語使用は脇役的なアクセント（鈴木, 2003）であり，意味内容の伝達の一端を補助することになるが，こうした言語メディアの使用も，やはり立派な言語使用の機会である。言語をあえて用いないコミュニケーションも広義の言語コミュニケーションだと捉えるぐらいの寛容さは必要で，創造的なメディア使用はむしろ，セルフプロモー

ションの観点からは積極的に評価されるべきである。

　とはいえ，確かに何でもありになる危険性は排除しておくべきであり，現実的な視点も持ち合わせることに異論はない。英語の授業であるというレジスターを貫くためにも，発表アブストラクトを英語で用意させたり，プレゼンテーションとは別の形で英語を使って発表について説明させるなど，一定の体裁を保つ工夫はあってよい。ただし，筆者らの過去の実践から振り返ってみても，学生はプレゼンテーションにおける言語の有用性をよくわかっている。言語メディアが説明や発信に一定適しており，その利便性を十分活かしたうえで，他のメディアと混合させることがほとんどである。つまり「言語を最大限排したシニフィアンを工夫せよ」と言語以外のメディア使用をあえて促すことで，学習者に創意工夫や試行錯誤の余地を与え，彼らがコミットできるコミュニケーションの幅を拡張させることもできる。よって英語授業としてのレジスターは十分に担保できる可能性が高く，授業の妥当性は確保されるものと考える。

2.3　英語=ツール論を超えて

　本章の内容をまとめるにあたり，1つの提案をしたい。巷ではよく「英語なんて道具だから通じればそれでよい」「英語はツール（道具）にすぎないのだから気楽に考えるべき」と，英語をたんなる道具として見る向きが高まっているように感じられる（道本・中村, 2013）。この動きに対して，筆者ははっきりとノーを突きつけたい。英語をたんなる外在的な道具としてではなく，自身の肉体の一部として新たに捉え直すことが，日本人の英語に対する認識，能力，態度を変え得る鍵だと考えている。われわれ日本人は，英語=ツール論を超え，より英語を自分たちのもの，自分自身を構成する一部を成す「大切なもの」と捉えるべきである。

　本章はこれまで，コンテクストとしての英語を，そしてその教員は表現の専門家として，大学英語教育に新たな意味合いを導入する可能性を追求してきた。これらは英語をたんなるツールとして矮小化して捉える代わりに，その潜在的可能性を高めることを目的とする試みでもあった。英語は個々人にとってもっと重きが置かれてしかるべきものであり，アイデンティティを成す一部として，

真剣にその位置づけが考え直されるべきである。ただしこれは，日本人が今とは比べ物にならないほど真剣に英語を勉強し，高い英語運用能力を身につけるべきだということを意味しない。心のあり方，別の言葉で言うならば気持ちの角度を変えることこそ肝要である。自身の等身大の英語能力を恥じることなく受け入れ，そのなかでできることを前向きに最大限行う。コンテクストとして自分軸をもち，自身が誇りをもって取り組むプロジェクトを遂行するなかで，英語力も並行して鍛える。そしてその英語力とは自分自身の一部であり，自分を成長させることでもある。個々人における英語の位置づけを変えること，そこに英語教育がうまくいくためのヒントがある可能性をあらためて強調したい。

　では，どのようなロジックで英語がツール論を超えられるのか，超えることで何が成され得るのか。この辺りの考察から始めてみたい。

2.3.1　日本の環境下で英語知識を血肉化させるには

　たんなるツールとして英語を捉えたとしても，そのツールごときに日本人は翻弄されてきた。うまく使えないツールにやきもきし，たんなる道具であるはずのものが使いこなせない。ツールならば本来，用途は明確で，取扱説明書もあり，客観的に対象が把握可能であるはずだ。しかし，英語をそのように捉えることははたしてできるだろうか。こう考えるだけでも，英語のツール論には無理があることがわかる。得体が知れず，底も知れない英語に対し，われわれがその全体像を把握することは不可能なのであり，そもそも曖昧模糊とした対象なのである。

　第1章で指摘した「生ぬるい」環境とも相まって，われわれ日本人はこうした英語に足を取られ続けてきた。社会が英語を必然とする環境に追いやられていないからこそ，捉えどころのない英語を，それでも全体的に（完璧に）捉えようとしてきた。しかしこれでは埒があかない。われわれは心の持ちようを変えなければいけない。全体として英語をモノにすることを諦め，その希望を捨て去り割り切ったうえで，自身の血肉とできる質量の英語を恣意的に切り取れるようになる必要がある。そのためには楽観的な絶望が必要であり，切り取った英語を自身の価値観に統合させなければならない。順を追って見ていこう。

　図2-6に示すのは，サトウら（2015, p.8）が文化心理学の説明スキームとして

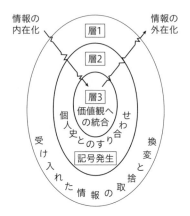

図2-6　発生の3層モデル（サトウら, 2015 より）

用いた発生の3層モデルである。これによると，外からやってくる情報は，何らかの揺らぎを伴いながら内化して，それがまた何らかの変容を伴いつつ外化していくことが示されている。

　このモデルが説明する重要な点は，3層という表現に象徴されているように，外界の情報が個人の内面に到達するためには，各層を越えていかなければならないということである。つまり，たとえ情報が層1に到達しても，層2の箇所，個人史とのすり合わせと反発して記号発生に至らず，結果，内化せずはねつけられることも想定されている。層2にたどり着かなければ当然層3には至らない。層3にたどり着かない限り，個人の価値観への統合はされず，その情報は実質的に捨てられることになる。つまり，われわれは日常様々な情報に接するが，そのすべてが層3まで届いているわけではなく，多くが層1や層2のレベルではねつけられ（サトウ, 2015, p.202），個人の価値観に何らかの影響を与えるまでには至っていないことを示す。

　それではこのモデルを使って，ここまで議論してきた英語について捉え直してみたい。たんに道具としての英語であれば，それは英語を外在化させたままの発想であり，層1にとどまるものである。やらされている，暗記すればよい，どうせ使わないとして英語を学ぶ限りは，促進的記号（サトウ, 2015）とはならず層1や層2の入口ではねつけられるのが関の山である。もう少し学習者が事

態を深刻に捉え，コツコツ真面目に学習することで層2まで英語情報を到達させられたとしても，前章で指摘したとおり，実質的に使用する機会が極端に限られるなどして記号化に失敗すれば，やはりこれもはねつけてしまうのである。英語＝ツール論として外在化させたままでいる限り，ここ止まりになってしまうのである。

　英語をモノにするということが，個人の価値観，すなわち層3のレベルでの実感を伴ったものであることに異を唱える者はおそらくいないだろう。個人の深いレベルで英語が捉えられず，たんに情報や道具として捉えている限りは，「自分事」にならず自分英語（鈴木, 2011）にも my English（田中, 2016）にもならない。とりわけ先述した日本特有の環境下では，容易には層3に到達しないことが考えられるのである。

　明治の知識人である夏目漱石は，自己本位という概念を経験的に獲得し，自らの立脚地を得た（夏目, 1988）。彼にとっては英文学だったが，ロンドンで本場の情報にふれ，その情報が様々な揺らぎを経て，漱石のなかの層2，層3にまで入り込んだと解釈して間違いないだろう。そして様々な自己煩悶，葛藤を相克して，自己本位という独自の価値観に統合された英文学観を確立したのである。ひとたび層3で価値が定まれば，図2-6の右側の矢印にあるように，今度はその情報が様々な揺らぎを伴いながら，層2，層1へと移動し，情報は世界に向かって外化される。これが，コミュニケーションでいう発信にあたる現象である。

　なお漱石のような経験は，けっして珍しいものではない。留学経験者の多くは，これに似たような感覚をそれぞれが経験し，逞しくなって帰ってきたのではないだろうか。たとえどれだけ事前の準備があろうとも，いざ目標とする言語が容赦なく使われる国や地域で生活すると，まったく歯が立たない自身の語学力に愕然とする場合が多い。まさに sink or swim（泳ぐか，はたまた溺れて死ぬか）の過酷な状況のなか，何度も挫けながら自分を見つめずにはいられないことになる。母語でない言語をうまく使えず嘆いてみても，それは至極当然のことであり，周りもそれほど同情してはくれない。仕方がないから，拙いながらもゼロではない自分の語学力を頼りに，少しずつでも前向きにコミュニケーションを取る日々を重ねることになる。そうするとある日，それなりに外

国語をモノにできている自分に気がつく。いったん満更でもない自身の能力に
気づけたならば，後はこちらのものである。

　これはさきの図 2-6 に当てはめて考えてみるならば，留学経験者にとって，留
学先で得た言語情報が，層 1 ではねつけられず，層 2 にて記号化に成功し，層
3 の価値観にまでたどり着いていると考えることができる。留学経験者にとっ
ては，留学先で見聞きした言語情報 1 つひとつが決定的に重要であり，それが
理解できなければ死活問題となる。だからここでの言語情報は，当人にとって
十二分に消化・吸収される必要があり，それだけではなく，今度は自分のもの
として血肉化し，生きた機能的知識として使えるレベルにまで高める必要もあ
る。これは層 3 の価値観への統合が成された状態であり，そこから出ていく情
報は，当人の手垢にまみれた，当人の語彙であり，語りであり，価値そのもの
である。

　日本の英語教育の問題をこの図を用いて考えるならば，外から学び吸収する
情報が層 3 のレベルまで届かずはねつけられ，言わば身になっていないこと，さ
らに層 3 で，英語知識や英語そのものに対する考えが価値観にまで統合されて
いないため，コミュニケーションに対する学習者の態度は億劫のまま，自己肯
定感も低い状態で，白け，照れ続け，発信もままならない。考えられる解決策
として，何とか英語教育のやり方を工夫することで情報の内化を促進させる，つ
まり学んだ英語知識を，層 2，そして層 3 まで到達するよう何らかの対策を取
る方法があるだろう。しかしこの点については何度も言及したとおり，容易に
できる状況にはない。他に取り得る手段はないのだろうか。

　サトウタツヤは，筆者らが取り組むプロジェクト発信型英語プログラムを評
価する 1 人であるが，その理由に，当該の手法が何にも増して「発信」にこだ
わってきたことを指摘する。英語に対する価値観を変えようとどれだけ情報を
注入しようとも，それが意に反して功を奏さないことを理解したうえで，発信，
すなわち情報の外化の行為をまずさせることで，英語に対する価値観の変容を
促す方法を評価したからである。既に議論したとおり，大学英語として新たに
インプットする情報は多くない。この状態でさらなる情報を学習者に与えたと
ころで，内化されずにはねつけられるだけであるし，既習語として，コミュニ
ケーションに必要十分な英語知識は既に学習者に備わっている。つまり大学英

語教育において，これ以上の受信の作業，つまり情報の内化はほぼ機能しないのである。そうであるならば，発想を180度変え，発信からさせたらよい。発信は情報の外化であり，必ず層3からスタートする。もちろん，初期状態はモチベーションが低く，白けや照れが存在するだろう。しかし，発信を前提としたコンテクストの授業を行うことで，学習者は否が応にも発信することを常に求められる。しかもさきに強調したとおり，そこでは全員が，いきなり本番の状態で取り組むことが求められる。卑下してきた自らの英語能力が突きつけられることは愉快ではないだろうが，授業として強いられるわけであるから，学習者はそれに取り組まざるを得ない。すると，それなりに発信できる自分に個々が気づくようになる。さらに，コンテクストの授業では，言語以外の表現メディアを駆使することがむしろ促され，それ以外の様々な好条件もコミュニケーションの成立を助ける。結果，学習者は成功体験をもちやすくなる。こうした経験を好循環に繰り返すことで，情報の外化を行いながら，学習者は層3にある英語の価値観を変えることができるようになる。いったん価値観が変われば，今度は外にある情報の内化も層3まで到達しやすくなり，ここに機能的な学びも発生する。サトウはこの逆転の発想ともいえる，情報の外化をとおして層3の価値観を変える「発信型」という方法論の意義を，自身の理論から筆者に説明したのである。

　ここまでの議論を経て，考えられる示唆をまとめてみたい。日本の特殊な大学英語の環境下において，どれだけ良質なインプットを提供しても，既に生じている負の連鎖を断ち切るだけの力はもちにくい。だからこそ，コンテンツとして知識を与えるのではなく，発信に特化すること，あるいは発信から始めることに，解決の糸口が見いだせるかもしれない。加えて，学習者にとって必要なことは，皮肉にも自身の英語能力をこれ以上向上させることではなく，建設的な意味で自身の英語能力の限界を知ることなのかもしれない。身のほどを知り，己のできる範囲を認識すること，逆にいえばその範囲であれば英語をしっかり使えることが身をもって理解できることこそ，自己の価値観に統合された英語使用の第一歩なのである。筆者はこれを「楽観的絶望」という言葉で称したい。われわれは楽観的に絶望することで，ありもしない蜃気楼を夢想することからわれに返ることができる。できないことをあえて分離することで，今度

は自分の側のできることが切り取られ，立脚地を固めることができるのである。こうすることで，自身が「今，ここ」で手にしている，使用可能な英語知識のレパートリーをはっきりと認識することができる。その知識は自身の深いところで内化された，まごうことなき自身の所有物であり，ましてやたんなるツールなどではないはずだ。これこそ Rorty の言う，自身の感情・欲求・信念が受肉した（incarnated）語彙に違いない（山中, 2008）。楽観的絶望の果てに，自分にとっての英語が把握できること，これは曖昧で得体の知れない英語という現象から，自身が扱える英語の限界内の知識に特化することで，機能的な英語知識の獲得を成し遂げるのである。その方法論として，発信に着目することには意味がある。

2.3.2　英語教育におけるコンテンツとコンテクスト

　本章が論じてきた英語教育のコンテクスト化について，ここでコンテンツの英語教育と比較することであらためてその輪郭を示しておきたい。対比を一覧にまとめたのが表 2-1 である。

　既に述べたとおり，コンテンツとしての英語からコンテクストとしての英語への移行について，たんに英語「で」学ぶことを推奨したり，プレゼンテーション型の手法を取り入れるべきだと表面的なことを主張したいわけではない。本章のねらいは，伝統的に存在したコンテンツとしての英語科目をコンテクストとしての英語教育に再編成することで，英語のクラスが学習者にとっての学びのエンジンとして新たに機能することを企図したものであり，専門科目を含む，コンテンツ系の科目に対する学びの有機化をも促進できると考えた。なお，筆

表 2-1　コンテンツとしての英語教育とコンテクストとしての英語教育の比較

コンテンツとしての英語教育	コンテクストとしての英語教育
科目	プラットフォーム
新たな知識	自らのプロジェクト
他律的（評価基準は外にある）	自律的（自分軸からの出発）
他人とは競争関係	他人は同志／利他的な関わり
外在的に存在（ツールとしての英語）	内在的に存在（価値観に統合された英語）
受信（input）中心	発信（output）中心

者は大学英語教育が，大きくコンテンツからコンテクスト系に科目内容に移行すべきことを主張するが，これは，コンテンツとしての英語科目を一部残すことについて否定するものではない。大学で学ぶに値する，高度な専門的知識としての英語コンテンツが存在して構わないし，この意味でコンテクスト科目との共存があってもよい。ただし，コンテンツが教えられる英語教員は，並外れた専門的知識と英語能力を持ち合わせる必要があり，自他ともに認められたその分野についての深い知識と経験を持ち合わせなければ担当すべきではない。この意味において，大部分の英語教員がいらなくなると述べたのであり，その代わり表現の専門家として，コンテクストの英語教育を担えばそれでよい。これは英語教員の落ちぶれでも何でもなく，新たな意義をもつ教育領域の開拓である。少なくとも筆者は喜んでコンテクストの英語教育を担いたいと思う。英語教員が専門家面できるかどうかは教員のプライドの問題であり，学生にとってはどうでもよい。繰り返すが，学生からすれば役に立つ教育をしてくれる教員こそ価値がある。

　コンテンツとしての英語教育には，何らかの体系的な教授内容が事前に存在し，学習者はそれを習得し，英語能力を強化する。これに対して，コンテクストとしての英語教育は，新たに何かを学ぶことを主軸には据えない。自らの興味関心や問題意識に基づくプロジェクトのプラットフォームとして機能し，学習者がホームベースとして戻って来られる居場所でもある。先述したように，これを大学英語教育が行うべきかどうかは別として，コンテクストとは，専門分野で様々に学ぶコンテンツを収穫して持ち寄り，マイプロジェクトへの応用を披露する場（マーケット・プレイス）であり，そうした場づくり（マーケティング〔maket + ing〕；井関ら, 2008）こそが役割である。この意味で，コンテクストとしての場は，これまで bazaar や plaza という言葉で呼ばれてきた概念とも近い。コンテンツの英語は，誰かがつくった教科内容であるから，評価基準や採点項目は自分の外に存在し，この点で他律的である。クラスメートと到達具合を競い合うこともあり，到達度評価（achievement test）が行われることが通常である。これに対してコンテクストの英語では，学習者個々の立脚地や自分軸からのコミュニケーション活動，発信・表現活動が主体であり，成果は自分が自分をいかに律することができるかに依存する。この点できわめて自律的

であるといえるだろう。クラスメートは，おのおののプロジェクトに挑戦する同志となり，利他的に接することが自身のプロジェクトの展開にも資することになる。評価は診断的（diagnostic）になり，プロジェクト改善のためのフィードバック情報として積極的に活かされる。コンテンツとしての英語はツールとしての英語といってよく，習得すべき対象として外在化されている。したがって授業の手法も受信（input）活動中心となる。一方でコンテクストとしての英語は，学習者の価値観に統合されるため内在化されており，そのための有効な手段として発信（output）に重点が置かれる。

　さて，さきにコンテンツの英語とコンテクストの英語は共存できるし，そうあってよいことを述べた。以降ではこの点について立ち入って考えてみることにしたい。

　英語教育に限らず，コンテンツの教育とコンテクストの教育が，縦糸と横糸が絡め取られるがごとく相互に機能し合うことは大学教育として望ましい。そしてこの場合のコンテンツ科目には，広く学部専門科目一般や，資格取得，リメディアル科目など，特定の知識や技術を身につけるすべての科目を含むことができる。そして，コンテンツ系科目の触媒としてコンテクスト系科目が機能し，モチベーションが相互に乗り入れる有機的な関係が築かれることで，大学での学びは大いに深化する。具体的には，コンテクスト科目で自身のやりたいことを見定め，軸をもってプロジェクトに取り組むからこそ，それに役立つコンテンツ科目は学習者にとって魅力的に映る。コンテンツ科目でもてる技を増やし，それをコンテクスト科目（マーケット）に持ち寄って自身のプロジェクトに応用し，他人に披露する。コミュニケーションの過程で同志から利他的なフィードバックを得ることで，さらなる挑戦が促され，それが次なるコンテンツ科目への熱意に変換されるという具合である。表 2-2 は，大学教育全体を見た場合のコンテンツ系科目とコンテクスト系科目の候補を，あらためてまとめたものである。先述したとおり，英語科目以外でもコンテクスト系科目になり得るし，筆者はこれらが「表現」という科目名のもと，融解し統合されればよいと考えている。これは一方で教員の生き残り策としても機能するし，他方で大学教育そのものの本質的発展に寄与するものである。何も捨てる必要がなく，新たに集めてくる必要もなく，既存のリソースを組み替えることで実現可能な

表2-2 大学教育におけるコンテンツ系科目とコンテクスト系科目の棲み分け

コンテンツ系科目	コンテクスト系科目
英語科目（高度専門科目）	英語科目（コンテクストとしての英語）
学部専門科目	研究基礎などの導入科目
資格取得のための科目	異文化理解などの交流科目
リメディアル科目	日本語（母語）ライティング科目
その他	メディアリテラシー科目
	その他

現実的提案であるように思う。

　2.3 の冒頭，Saussure を引用し，思想としての構造主義が言語学の枠を超え，20世紀の学問の発展に大きな貢献をしたことを述べた。しかし構造主義そのものは，その後のポストモダンの隆盛によって下火になる。構造主義が理論として何を批判されたのか，1つは，Saussure が共時態の言語学のみにこだわり，通時態的側面について過小評価したと見なされたことにある。共時とは，今ここに広がる同時間帯のヨコの関係をさし，通時とは，それに連綿と連なる歴史的側面，すなわちタテの関係を示す。言うまでもなく，言語とはその時々の生きた姿があるとともに，歴史的変遷の宿命を負っている。つまり，言語現象はその時々のスナップショットのような静的なものではなく，常に変化しながら生成し続ける動的なものである。Saussure 言語学はこの動きを捉え損ねているとして，構造主義にも同様の批判が向けられたのである（鈴木・田中，2008）。この教訓から，コンテクストのみに大学教育が特化することは適切ではない。「あれかこれか」と対立的でアンチノミーに両者を捉えるのではなく，「あれもこれも」と役立つものすべてを包摂し，動的かつプラグマティックに活かす全体論的枠組みが必要である。

2.3.3　自分英語のゴールカスタマイズという発想へ

　本節はここまで，英語をたんなるツール（道具）論に貶めるのではなく，言わば英語をもっと大切なものとして，その位置づけを再考する意義について述べてきた。ここであらためて，英語=ツール論の意味づけを整理し，大学教育，そして日本人にとっての英語のあるべき捉え方について，本書の提言としてま

とめてみたい。

　ツール論の考え方は，所詮英語は道具であり，コミュニケーションさえ通じていれば気にする必要がないといったものであり，これは英語の存在感や機能を矮小化した考え方だと捉えたい。ツール論の行き着くさきはおそらく英語不要論であり，既にその萌芽がみられる翻訳アプリなどの台頭によって，外国語の学習はいらなくなり，日本語さえできればそれでよいといった主張につながるだろう。こうした考え方は一部で合理的であり，手段や道具として「やむを得ず用いる」ことには一定の説得力がある。しかしながら，これはあくまで英語をそのように使い倒した者が言えることであり，日本人の多くには到底当てはまるとは思えない。日本人にとっては，たんなる道具であるはずの英語に翻弄され，掴みどころがない状態で苦労している。そのうえでツールと客観視してみたところで，それは負け惜しみの戯論にしか聞こえない。

　ただし断っておきたいのは，筆者は昨今の国内における社会的潮流が英語＝ツール論に代表される考え方に寄っているとして，今度はその振り子を英語万能主義に大きく振り向けたいわけではない。英語の役割を実態以上に矮小化させることについては一貫して反対であるが，そうかといって過剰に位置づけることも間違っている。英語万能主義は日本社会に新たな白けをもたらすだけであろうし，時代の流行り廃りに合わせて英語教育が右往左往してしまっては，これまでの英語教授法研究の二の舞である（山中, 2019）。そうではなく，今こそ自分と英語のあり方についてセルフプロデュースができる新機軸を打ち出してみてはどうだろうか。

　さきに楽観的絶望という考え方を提示した。過剰な期待は蜃気楼であり禁物であるが，英語が切り開いてくれる世界を過小評価するのも違うし，今世紀に生きている限り，英語は確実にわれわれの可能性を広げてくれる。第二言語話者である限り，母語話者のようにはなれないし，なる必要もない。そして母語話者であっても完璧ではない。皆が皆，学術論文を書く必要はないし，その意味で全員がアカデミック・ライティングをできる必要もない。CEFRの言語レベルとて，皆が皆，最高レベルである必要などまったくなく，先述したとおり外国語学習はコストである。国際学会も同じである。プレゼンターにとって主要な目的は，口頭発表やポスター発表をやり切ることであり，コーヒーブレイ

クで会話の中心にいることではない。同時通訳ですら分野によって得意不得意があることを考えれば，われわれは楽観的に絶望し，自身の英語の限界を広げすぎないほうがむしろよい。

　できないことや苦手な分野があることは確かに気になるが，この際ばっさりと割り切るべきである。手放すものについて楽観的に絶望したうえで，では何を（どの分野）をどの程度できるようになりたいのか，今度は到達点を自分で設定（ゴールカスタマイズ）することができるし，そうすることが重要である。大学英語教育とは，その各自がカスタマイズした手の届く目標に向かって，あとはプラグマティックにできることを増やす機会を与え，学習者にできた実感と手応えを得てもらえばよい。繰り返すが，肝心なことは，大学英語教育とは実践の場として機能するとともに，自分自身がゴールとして画定したい英語能力をカスタマイズする場として機能することである。カスタマイズするとは，得体の知れない英語能力という現象から，自分が目標とする英語の部分を切り取り，血肉化させる取り組みだと言い換えてもよい。その際の英語教員は，学習者が自分軸を確立し，彼らの範囲を広げる支援に全力を注ぐべきである。同時に，他者や母語話者と比較することの不毛さを伝える必要がある。個々人が英語を使って活躍する人生の舞台はそれぞれ異なるからである。

　プロジェクト発信型英語プログラム（Project-based English Program；以下PEP）の取り組みの１つ，PEP Boot Camp（資料１；巻末に掲載）は，こうした個々の英語能力におけるゴールカスタマイズの支援をコンセプトとしている。

第**3**章
教えない英語教育へ
「プロジェクト発信型英語プログラム」が目指してきたこと

近藤雪絵

　PEP が重視するのは，徹底的な現実社会への眼差しである。筆者らは，現実社会の事例を，言わば「ネタ」に授業にそれらを導入することで，あたかも授業で扱う内容が社会に準拠しているかのような幻想を与えるつもりはない。第3章で書き記すのは，PEP が考える，現実社会における「他人事」ならぬ「自分事」のプロジェクトの実践と発展，そして他者との関わりを通じた自己の成長である。筆者らが議論の末たどり着いた共通の認識の1つは，もう教えることをやめることであった。そして従来の英語教育の風景として「らしからぬ」実践を次々に成し遂げることであった。もちろん，ここに書き記す実践自体がまだまだ虚構であるとお叱りをいただいて構わない。しかし議論の叩き台にはなるはずである。

3.1　「自分事」を他者に発信することで自己を成長させる PEP

　PEP では現実社会に目を向け，自分の興味・関心を追究するなかでプロジェクトを立ち上げ，実施し，その成果を世界に向けて英語で発信する。そのプロジェクトとは自らが人生をかけて遂行したいと思えるものであることが想定され，自分の興味・関心を追究すること自体がプロジェクトとなる。そして，プロジェクトは教室のなかだけで実施するものではなく，生活の一部ともなるはずである。一例をあげると，新型コロナウイルスの感染が拡大した 2020 年度の春学期には，次のような問題意識が学生のなかで共有された。それは，「外出自粛要請が続くなか，運動不足となり，自分の健康状態や学習意欲にも影響が出始めている。自宅で運動不足を解消するにはどうしたらよいか？」というもの

で，この問題を授業内で共有し，自分のプロジェクトのスタート地点としよう
とする学生が多数みられた。このプロジェクトは，言うまでもなく現実社会で
学生自身が抱える問題を扱っており，教員から与えられたものでも，学生向け
に蓄積・準備されているプロジェクト用のテーマ一覧から選んだものでもない。
すなわち，学生は大学の単位取得を第一の目的とした授業のためのプロジェク
トではなく，生活の質向上と体調の改善という内在的なモチベーションに基づ
いたプロジェクトを行おうとしたのである。本節では，学生が現実社会から見
いだす「自分事」としてのプロジェクトを，他者に発信することでどのように
発展させ，自己成長につなげるかを論じる。

3.1.1 自己の視点で捉えた問題を，他者と共有する

　大学の授業の一環としてプロジェクトを遂行することは，自分のプロジェク
トが強制的に他者の目にさらされることを意味する。人は誰しも，日々個人の
関心事の追究や問題解決のために絶えずプロジェクトを遂行しているといえる
が，それを必ずしも宣言する必要はない。上述のコロナ禍での運動不足解消や
学習意欲の向上に関するプロジェクトの場合であれば，誰にも告げずに効果的
な家庭でのエクササイズや生活習慣改善方法について調べ，密かに実行しても
よいわけである。しかし，大学の授業でプロジェクトとして取り組む場合，そ
の目標や進捗状況は常にクラスメートに報告することが求められる。また，ク
ラスメートと問題意識を共有することにより，個人プロジェクトがグループ・
プロジェクトとして発展することもある。立命館大学 3 年次春学期の必修専門
英語科目である Junior Project 1（JP1）では，毎年グループ・プロジェクトを実
施し，ポスター発表を行うが，ここでも 2020 年度は新型コロナウイルスの感染
拡大から着想を得たプロジェクトが多数みられた。表 3-1 にプロジェクトの
テーマの例と，その背景，目的を示す。

　表 3-1 のプロジェクト内容一覧が示唆するのは，同じ大学の同じクラスの受
講生として同じ社会状況下で学生生活を送ったとしても，それぞれが着目する
問題は様々だということである。また，多くの学生が同様の問題に着目したと
しても，自己の視点で問題を捉える限り，同一のプロジェクトは存在し得ない。
さらに，学生はクラスメートとディスカッションを行うことで，自己の視点だ

表 3-1　新型コロナウイルスの感染拡大に着想を得た JP1 でのプロジェクト例（2020 年度）

1	テーマ	ストレスタイプの診断と解消法
	背景	新型コロナウイルスの感染拡大に伴い，自宅で過ごす時間が増えた2月頃より，SNS に学生によるネガティブな投稿が増えている。長時間家にいることがストレスにつながるようだ。
	目的	自分にあったストレス解消法の発見のため，ストレスを分析し，ストレスタイプを診断するテストを開発する。
2	テーマ	離島におけるドローンによるフードデリバリー
	背景	新型コロナウイルスの感染拡大に伴う外出自粛の要請を受け，フードデリバリーの需要が高まっている。
	目的	離島を中心に，今後のフードデリバリーのあり方を調査する。
3	テーマ	ネバネバ食品の成分と効率的な食べ方
	背景	新型コロナウイルスの感染拡大に伴い，各国で食品や日用品の買い占めの事例が報告されており，日本では納豆の買い占めが話題になった。
	目的	納豆や，オクラなど他のネバネバ食品の成分を調査し，効率よく摂取するための朝食を提案する。
4	テーマ	認知特性を考慮した学習法
	背景	新型コロナウイルスの感染拡大に伴い，これまでとは異なる形式の授業（Web 授業）が実施されている。自分の認知特性を理解することで，自宅学習が効果的に行える可能性がある。
	目的	認知特性と記憶の関連性を調べ，大学生の自宅での学習に認知特性を活用できるかを検討する。
5	テーマ	夏のマスクの機能分析
	背景	新型コロナウイルスの感染拡大に伴い，マスクの重要性が再認識された。しかし，夏は高温多湿となるため，マスクの着用により呼吸による体温調節が妨げられ，熱中症になる可能性がある。
	目的	広く使用されているマスクの機能を分析し，総合的な視点から夏におすすめのマスクを決定する。

けでなく，他者の視点から問題を捉え，観察し，解決への方法を考察できる。後に詳述するが，このように PEP では，常に他者に向けて自分の関心事を発信することで，自己の視点で問題を捉え直し，テーマを深めていく。なお，2020 年度の JP1 の授業はすべて Web 授業で行われた。学生同士が大学の教室で対面することこそなかったが，過年度と同様に質の高いディスカッションを通じたグループ・プロジェクトが実施された。

3.1.2　他者との関係を築き，自己の成長を求める

　クラスメートという他者であり同志でもある存在は，プロジェクトを途中で

投げ出さずに，発展させようという意欲につながり，自分自身をそのなかで成長させたいという動機づけの点で大きな役割を担う。Alderfer（1969）は人間の欲求を①存在（existence），②関係（relatedness），③成長（growth）の 3 つに分類し，ERG 理論として提唱した。次に ERG 理論の 7 つの命題を引用し，図 3-1 に図示する。

命題 1. 存在欲求が満たされていなければいないほど，存在は求められる。

命題 2. 関係欲求が満たされていなければいないほど，存在が求められる。

命題 3. 存在欲求が満たされていればいるほど，関係が求められる。

命題 4. 関係欲求が満たされていなければいないほど，関係は求められる。

命題 5. 成長欲求が満たされていなければいないほど，関係が求められる。

命題 6. 関係欲求が満たされていればいるほど，成長が求められる。

命題 7. 成長欲求は，満たされていればいるほど，求められる。

（Alderfer, 1969, p.148；日本語訳は筆者による）

　ERG 理論における低次から高次への欲求のシフトを，授業で想定される学生の欲求に援用すると，学生はクラス，すなわち受講する授業そのものや教室やクラスメートという自己の存在場所が確保されれば（存在欲求の満足），そのなかで関係を築くことを求め（関係欲求），満足な関係を築くことができれば（関係欲求の満足），自分自身を成長させたいという欲求（成長欲求）が生まれる。一方で，ERG 理論では低次の欲求を満たすことが必ずしも高次の欲求の条件となるのではなく，この 3 つの欲求は同時にも存在し得るものでもある。また，図 3-1 が示すように，必ずしも低次が満たされてから高次にシフトするという一方向の展開ではなく，高次の欲求が満たされない場合は低次の欲求が求められることもある。クラスという居場所があるからクラスメートとの関係を満たしたいという，低次から高次の欲求のシフトもあれば，クラスメートとのつながりが希薄に感じられるため，より居場所を求めるという，高次から低次のシフトもあり得る。

　命題 5 と命題 7 は授業でのプロジェクトの実施と自己の成長を考えるうえで，とくに重要であると思われる。Alderfer（1969）は受け入れ，承認，理解，影響

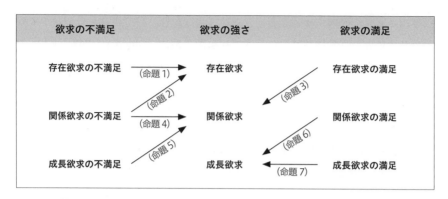

図 3-1　ERG 理論の 7 つの命題（Alderfer, 1969, p.149, Fig.1 をもとに作成；
日本語訳は筆者による）

が関係を構築するプロセスでの要素であり，関わる人と自分の考えや感情を可能な限り共有し合う意思をもつことが関係構築の条件であると述べた（p.146）。これを援用すると，学生はクラスメートと考えやプロジェクトの進捗状況を報告し合うことで互いに理解し，それを認め，意見を交換することで互いに刺激を受ける。さらに自分のプロジェクトを深めていくことにより，より成長したいという思いを抱くのである。

　ここでの成長欲求とは，創造的あるいは生産的な影響を自分自身や周りに与えることに関するすべての欲求をさし（Alderfer, 1969, p.146），「自分の興味・関心をうまく伝えたい」「テーマを掘り下げたい」「リサーチ・スキルを上げたい」「プレゼンテーション・スキルを上げたい」「英語の発音をよくして，よりうまく伝えたい」「よい質問をしたい」といった具体的なことから，「プロジェクトの成果を発信することで世の中を変えたい」といった大きな野望までもが成長欲求によるものだといえる。そして，命題7にあるように，この成長欲求は完全に満たされることはない。自分の存在をクラスのなかに認め，他者との関係を築き，プロジェクトの遂行を通じて成長したという実感を得るほど，学生はさらなる成長を求める。

　ここまで述べたように，現実社会において「自分事」のプロジェクトに取り組む学生は，他者とともにそれを意欲的に発展させる。大学の授業である以上，学生はクラスのなかに自分を位置づけ，授業・教室・クラスメート・教員といっ

た居場所を確保する。しかし，そのなかでどのような関係を築けるかは，学生がいかにクラスメートと発言を交わし，認め合い，影響を与え合うかによる。こうして，学生は他者と十分な関係を築くことによって自己の成長をより求め，成長の実感を得れば得るほど，さらなる成長を求めるようになる。プロジェクト発信型とはけっして何かに取り組み最終成果をプレゼンテーションすることだけを意味するのではない。常に他者に向けて発信することで，他者の眼差しのなかで自分のプロジェクトを発展させ，自己を成長させるのが発信型であるともいえるだろう。

3.2　シラバスの到達目標に見るプロジェクトの発展過程

　大学の科目として PEP を位置づける場合，そこにはカリキュラムに則ったシラバスがあり，共通の到達目標がある。本節では，立命館大学薬学部・生命科学部での PEP の科目のシラバスに定められた到達目標から学生のプロジェクトの発展過程を概観する。そのうえで，いかに学生が自身のプロジェクトを「自分事」とし，「自分事」にするために他者と関わるかを論じる。到達目標はいずれの学年の科目においても①プロジェクトの立ち上げと実施，②プロジェクトの掘り下げとリサーチ・スキルの涵養，③プロジェクトの成果の発信」から成り立っている。

3.2.1　到達目標①プロジェクトの立ち上げと実施

　シラバスの到達目標に記載されている「プロジェクトの立ち上げと実施」に関する項目を表 3-2 に示した。学生は 1 年次春学期の Project 1（P1）で徹底的に自分に問いかけ，自分の興味・関心を掘り下げ，明確にしていく。プロジェクトを始めるからテーマを選ぶという順を取らず，まずは入学して知り合ったばかりのクラスメートに，自分の「好きなこと」を思う存分に伝えることから始める。話題は自分の趣味のスポーツや音楽，特技，出身地，最新のテクノロジー，最近気になったニュースなど多岐にわたる。また，クラスメートの好きなことに耳を傾け，自分がそれについて既知であればコメントし，琴線にふれたり，もっと知りたいと思ったことは質問する。質問することにより相手の「好

表 3-2　プロジェクトの立ち上げと実施に関する到達目標（2020 年度）

学年	学期	授業名	到達目標
1	春	英語 Project 1 (P1)	自分を中心としたプロジェクトの立ち上げと他者への関心 ・自分が現在何に対して興味・関心をもっているかを明確にし，セルフアピールとしてプロジェクトを実施することができる。 ・他者のプロジェクトに関心を抱き，自分なりの意見をもつことができる。
	秋	英語 Project 2 (P2)	発展的なリサーチプロジェクトの立ち上げ ・自身の興味・関心に基づき，前学期のセルフアピールよりも発展的な活動をプロジェクトとして立ち上げることができる。
2	春	英語 Project 3 (P3)	グループ・プロジェクトの立ち上げ ・3 〜 5 名程度のグループを組み，ディスカッションを通じて共通の興味・関心・問題意識をテーマとしたプロジェクトを立ち上げることができる。
	秋	英語 Project 4 (P4)	プロジェクトの立ち上げと実施 ・自身の興味関心に基づいた，構成や着地点の明確なプロジェクトを立ち上げることができる。 ・独自の調査やデータ，資料に基づき，自分の主張やプロジェクトの中身を論理的に補強することができる。

きなこと」に自分も興味をもったことを示し，質問を受けて答えることにより，別の視点で自分の「好きなこと」を再発見する。

　学生は毎週の授業で自分の「好きなこと」を発表し，再考し，時に何かと比較し，分析し，調査を行う。別の視点から捉えた自分のプロジェクトを，また自分の視点で語り直す過程を何度も経ることで，学生は自分のプロジェクトに思う存分自己を投影していく。このため，1 年次春学期の P1，秋学期の Project 2（P2）の授業は，セルフ・アピールと位置づけられているが，時にかなりパーソナルな領域にテーマが深堀りされることもあり，授業が学生の告白・独白会のような雰囲気をもつことさえある。このようなプロセスで，自分の「好きなこと」は自然にプロジェクトのテーマへと発展し，「授業だから学術的な分野からテーマを選ばなければプロジェクになり得ない」や，「学術分野からテーマを選んだほうがより高尚なプロジェクトになる」といった，学生が陥りやすい純粋な誤解は防ぐことができる。ここで強調したいのは，他者のプロジェクトに関心を抱き，そこに自分の意見を加え，相手に伝えることが，今後の自分のプロジェクトの発展にとってもきわめて重要となる点である。前節でも述べたように，プロジェクトの発展と自己の成長には他者の存在が不可欠であるためである。

　2 年次春学期の Project 3（P3）では，興味・関心や問題意識の共通点をもとにグループを形成し，グループ・プロジェクトを行う。また，1 年次では相手

の興味・関心に耳を傾け，寄り添うような立場であったが，2年次ではディベートというフォーマットを通じ，あえて相手の意見に反論し，反駁することを経験する。ディベートでは，たとえ自分がオーディエンス側にいたとしても，最終投票では必ず賛成・反対のどちらかに1票を投じなければならず，すなわち，どちらかの意見に必然的に反対することになる。この経験を通じて，学生は他者の意見に反論することは，けっして他者の興味・関心を否定することではなく，むしろ他者の興味・関心に異なる視点から興味を示し，それに自分なりの知見を加えることであることを学んでいく。

2年次秋学期のProject 4（P4）では，再び個人でプロジェクトを実施するため，学生はP3で学んだ相手の意見に同意したり反論したりする過程を，自分が調査により得た文献やデータに対して行うことになる。これにより，多角的な視点をもち，自分の主張やプロジェクトの中身を論理的に補強することを学んでいく。

3.2.2 到達目標②プロジェクトの掘り下げとリサーチ・スキルの涵養

シラバスの到達目標に記載されている「プロジェクトの掘り下げとリサーチ・スキルの涵養」に関する項目を表3-3に示した。P1で，学生は自分の「好きなこと」を追究するために，インターネット，書籍，新聞，雑誌など様々な媒体から情報を集め，自分なりにまとめ，クラスメートに伝える。学生は質問を受けることで自己の視点と他者の視点の両方で「好きなこと」を見つめ直し，また調査を行い，考察する。次に，クラスメートに「好きなこと」を伝えるときには何をどう伝えれば魅力がより伝わるかを考え，様々な切り口から論じる。「好きなこと」について調べれば調べるほど，自分はそのことについて実はよく知らなかったことに気づき，より知りたいという気持ちが芽生え，また調査を行う。これを繰り返しながら，自分が調査し，集めた膨大な情報に基づいてより効果的なセルフ・アピールを行えるよう，適切な構成を考える。

このようなプロセスを通じて，「好きなこと」が自然にプロジェクトのテーマとなったのと同様に，もっと知りたいという思いからテーマについて調べることや切り口を探すことがリサーチとなる。そして，調べたことをまとめ，自分の知見を加え，伝え方や構成を考え，何が相手にとって説得力をもつかを考え

表3-3　プロジェクトの掘り下げとリサーチスキルの涵養（2020年度）

学年	学期	授業名	到達目標
1	春	英語 Project 1 (P1)	興味・関心の徹底的な掘り下げ ・セルフアピールに必要な情報を幅広いメディアから集め，その内容を簡潔に説明することができる。 ・収集した情報に基づいて効果的なセルフアピールを行えるよう，適切な構成を考えることができる。
	秋	英語 Project 2 (P2)	リサーチスキルの涵養 ・インタビューやアンケート調査を自分自身で実施し，プロジェクトに必要なオリジナルデータを収集，分析することができる。 ・信頼性の高い資料やデータを見つけ出し，二次資料として自身のプロジェクトに活かすことができる。
2	春	英語 Project 3 (P3)	リサーチを通じたプロジェクトの徹底的な掘り下げ ・リサーチを通じてプロジェクトを掘り下げるとともに，他者に対して説得力を向上させるための手法を学び実践することができる。
	秋	英語 Project 4 (P4)	アカデミック・ライティングのフォーマットの習得 ・アカデミック・ライティングに含まれる基本的な構造を理解することができる。 ・アカデミック・ライティングにふさわしい表現で文章や段落を英語で書くことができる。

ることがリサーチ・スキルの醸成につながっていく。換言すれば，リサーチ・スキルとは，他者の目から（それが他者の意見であろうと，文献から得られた情報であろうと）自分のプロジェクトを見て，再び自分の価値レベルで考察し，自分のプロジェクトに反映させることであるともいえる。

　P2では他者の目から自分のプロジェクトを見て考察することをより明示的に行うため，「インタビュー」と「アンケート」を実施し，オリジナル・データを収集し，分析することが必須となっている。自分のプロジェクトに関して意見を求める相手はクラスメートにとどまらず，他学部の学生・教員や家族にインタビューを行う者もいれば，オンラインアンケートを利用してより広くから回答を集める者もいる。こうして得られた意見は参考にするためだけのものではなく，リサーチのための重要なデータとなり得る。学生は独自のデータや文献・資料から得られる二次資料を活用し，他者の目を通じ，自分の主観的な意見を述べるだけではなく，他者を説得し得る手法を学んでいく。

3.2.3　到達目標③プロジェクトの成果の発信

　シラバスの到達目標に記載されている「プロジェクトの成果の発信」に関す

る項目を表3-4に示した。学生は型にはまることなく自らの興味・関心を追究していくが，その最終成果としての発信のフォーマットは規定のものに従う。P1からP4の2年間を通じ，学生はアカデミック・プレゼンテーション，ディベート，パネル・ディスカッション，アカデミック・ペーパー，アブストラクトといった様々な発信のフォーマットについて学ぶ。

　ここで再び重要となるのは，2年次P3のディベートである。1年次には自分の「好きなこと」を懸命に追究していた学生であっても，2年次のP3でディベート行うとなると，ディベートにふさわしいテーマを探そうとすることが往々にして起こるのだ。「自分事」として主体的なプロジェクトを行いたいのだから，フォーマットによってテーマを決めるべきではない。反対に，自分の関心事や問題意識を論じたり伝えたりするのには，様々なフォーマットを採択できるという点を学ぶべきである。したがって，ディベートのテーマは，それが授業内の活動か否かにかかわらず，学生個々の生活のなかで抱く問題意識に見いだせるものである。1年次でとことん「好きなこと」を追究し，クラスメー

表3-4　プロジェクトの成果の発信（2020年度）

学年	学期	授業名	到達目標
1	春	英語 Project 1 (P1)	プロジェクト成果のプレゼンテーション ・プロジェクトの成果を基本的なアカデミック・フォーマットに沿って英語で口頭発表することができる。 ・自身のプロジェクトへの質問に対して英語で応答することができる。 ・他者のプロジェクトに関心をもち，そのことについて英語で質問することができる。
	秋	英語 Project 2 (P2)	基本的なアカデミック・ライティングの形式に基づくプロジェクト成果のプレゼンテーション ・基本的なアカデミック・ライティングの形式に沿ってプロジェクトの成果を英語でまとめることができる。 ・アカデミック・ライティングとしてまとめたプロジェクトの成果を英語でプレゼンテーションすることができる。
2	春	英語 Project 3 (P3)	プロジェクト成果のプレゼンテーション ・グループとしてのプロジェクトの成果を，ディベートやパネル・ディスカッションをはじめとする多様なスタイルで英語で口頭発表することができる。 ・プロジェクトの成果をグループで1つのアカデミック・ペーパーにまとめ上げることができる。
	秋	英語 Project 4 (P4)	・プロジェクトの成果をアカデミック・ライティングとして英語でまとめることができる。 ・アカデミック・ライティングとしてまとめたプロジェクトの成果を英語で口頭発表することができる。

トに伝えたように，2年次でもまずはグループで徹底的に興味・関心・問題意識について話し合うことがさきに来るべきである。このため，P3の授業スケジュールでは，最初の2週間はグループで興味関心をディスカッションすることが中心となり，発表フォーマットを学ぶのは3週目からとなっている。

　もちろん，ディベートのフォーマットを体験的に知るために，シミュレーションとしてテーマを提示することは効果的といえる。しかし，ディベートというフォーマットゆえに選ぶべきテーマがあるのではなく，ディベートは議論のプロセスであり，おのおのの意見を発信するフォーマットの一例であることを学ぶことが肝要である。P3のシラバスの授業計画では，ディベートを行ったわずか数週間後にパネル・ディスカッションを行う予定になっている。これにより，学生は同じテーマであっても，異なるフォーマットで議論できることを体得していくのである。

3.3　社会的自己の発達に見るプロジェクトの発展過程

　本項では，学生の自分主体のプロジェクトが，いかに自身と他者の目を通じて発展するかを，社会的自己の発達に照らし合わせ，論じる。

　人間の自己（The self；自我，自己）はそれ単体で発達するものではなく，社会でのコミュニケーションを通じて形成されるという考え方がある。James（1892）は社会的自己が"Me"（客体）と"I"（主体）で構成されていると捉え，"Me"を「知られる側としての自己」，"I"を「知る側としての自己」と定義した（p.176）。Cooley（1902）はこの主体・客体を通じた社会的な自己を「鏡に映った自己」（looking-glass self）と表現した。Cooley（1902）はRalph Waldo Emersonの詩"Astraea"の一節を借用し（Gordon, 1976），looking-glass selfの概念を次のように端的に表した。

> Each to each a looking-glass（互いにとって互いは鏡）
> Reflects the other that doth pass.（通り過ぎる相手を映し出す。）
>
> （Cooley, 1902, p.152；日本語訳は筆者による）

　われわれは自分自身を直接見ることはできないが，鏡を使って自分がどういう姿形をしているかを伺い知ることができる。これと同様に，「鏡に映った自己」とは，「他者という鏡」をとおして知る自己のことである。このように自己を知る過程は，他者が自分のことをどのように見ているか，そしてどのように評価しているかを想像（imagine）し，自分がそれに対してどのような感情（誇りや屈辱）を抱くかという要素を含んでいる（Cooley, 1964, p.152）。

　Mead（1934）は，自己の形成は社会での自己と他者とのコミュニケーションのなかで行われ，"Me"は「他者の期待をそのまま取り入れた自我の側面」（船津, 2000, p.48）で，"I"は「それに対する自分の反応」（船津, 2000, p.48）であるとした。Mead（1934）の"Me"は，客体として他者から見た自己というよりは，自己が想定した他者の役割を自分のなかに取り入れたものであるともいえる。そして"I"としての反応は，他者が自分をどのように捉えているかを理解したり，社会の枠組みのなかに自分を置いてみたりすることによって，初めて成される「個人の経験における社会状況への反応」（p.177）だとした。われわれが抱く感情は，自己をどこ（他者，社会）に見いだすかによって異なり，他者の自分への評価（の想定）が，自分の態度に反映される。

　上述の社会的自己の発達は子どもの自己の発達の理論であり，そのままプロジェクトの発展に援用することはできないが，他者を通じて自己を知り，他者からのフィードバックを自分のなかに落とし込んで自分のプロジェクトを深め，また自分のものとして発信していく過程は，まさに学生がプロジェクトを発展させる過程であるといえる。さらに，プロジェクトの成果として自己を発信するには，その成果と社会に"Connection"（関係）を構築していくことも重要となるが，"Connection"については後述する。

3.4　プロジェクトをどう評価するか

　プロジェクトを大学の授業で実施する以上，評価が伴う。ここでの評価とは，教員が成績評価を行うために個々の活動に対して行う評価（evaluation）である。各授業の到達目標は表 3-2，表 3-3，表 3-4 に示したとおりであるが，本節ではそのなかの「成果の発信」からプレゼンテーションの評価を例に取り，PEP の

評価の現状と改革過程を概観するとともに，これからのあり方を論じる。

3.4.1 従来型の評価シートには表れないプロジェクトの発展過程

　　表 3-5 に示したのは，最終プレゼンテーションの評価に用いる評価シート（evaluation sheet）とその記入例である。この評価シートは鈴木（2003）の「プレゼンテーションのための評価基準」（p.95）から改良を重ねたものであり，学生の言語能力を個別に測ろうとするものではなく，プロジェクトの遂行と掘り下げ（Preparation, Research, Originality），伝える能力（Delivery），コミュニケーション能力（Q&A）から，プロジェクトの成果としてのプレゼンテーションを評価しようとするものである。

　　この評価シートでは，1 つの活動の評価が 1 つの項目に対応しているわけではない。表 3-6 は P2 のプレゼンテーションに関わる活動例を分割し，まとめたものであるが，例えば Research にはテーマを絞り（活動 1, 2），先行文献の調査を行い（活動 3），データを集めて分析し（活動 4, 5），最終的に自分の意見のサポートとすることを含む。また，Q&A には相手の質問を理解するための言語能力，理解して応じようとする態度，応えるための言語産出能力なども含まれる。すなわち，この評価はプレゼンテーションのパフォーマンスと同時にプロジェクトの遂行自体にも焦点が当てられているがゆえに，1 つの項目ではかろうとするものが多岐にわたる。

　　この評価シートは，大学の授業においてはシートの点数を一定の割合で成績評価に組み込むことで機能しているが，評価基準の提案者である鈴木（2003）自身も，ゼロから始める知的創造の過程であるプロジェクトの成果は，数値の評価基準では測り得ぬものであると述べているように（p.97），改訂の余地がある。

表3-5　P1 最終プレゼンテーションの評価シートと記入例（5 段階評価）

	Preparation	Research	Originality	Delivery	Q&A	Total
Student 1	4	4	4	3	3	18
Student 2	5	5	4	5	4	23
Student 3	3	4	3	3	4	17

5=excellent　4=good　3=so-so　2=poor　1=inadequate

表 3-6　P2 のプレゼンテーションに関わる活動の例

1	興味・関心に基づいたプロジェクトを立ち上げる。
2	プロジェクトのテーマを絞る。
3	先行研究の文献や，プロジェクトに関連する資料を探し，理解し，精査したうえで，自分のプロジェクトに使用する。
4	インタビューやアンケートを行い，独自のデータを集める。
5	集めた独自のデータを分析する。
6	プロジェクトの進捗をクラスメートに報告し，ディスカッションする。
7	プロジェクトの成果をまとめ，プレゼンテーションの構成を練る。
8	プレゼンテーションの準備と練習を行う。
9	プレゼンテーションを実行し，質疑応答でオーディエンスの疑問に答える。
10	質疑応答での意見をもとにプロジェクトについて再考する。

　次に表 3-5 に示した従来型のプレゼンテーション評価が持ち得る問題を 3 点指摘する。まず，数字での評価は短時間で多数のプレゼンテーションを評価するのには合理的であるが，第 2 章で山中が述べたような「診断的」な評価としては不十分だといえる。例えば学生が 3 点 (so-so)，4 点 (good)，5 点 (excellent) という得点とクラスの平均点を受け取ったとして，それが学生の成長に対して有益な情報であろうか？　クラス内での自分の位置を知ることは，自分のプロジェクトの診断的評価を得ることとは別物である。

　表 3-5 の評価シートで Student 1 は Preparation に 4 点，Research に 4 点を得ているが，そもそもプロジェクトの過程としての Preparation と Research を切り分けることは不可能であり，学生にとって，例えば 4 点を 5 点にするためには表 3-6 の活動 1 から 10 の活動のどれをどのように改善すべきかを読み取ることは難しい。もちろん，この評価シートは学生に公表する前提でつくられたものではなく，実際には授業内で教員が丁寧なフィードバックを行っているのであるが，評価をプロジェクトの成果を測るものとして，よりふさわしく，診断的で，学生にとっても有益となるものを開発したいとの思いを，筆者らは抱き続けている。

　もう 1 つの問題点として，いわゆるおもしろくない（手本をなぞったり既知の情報をつなぎ合わせただけの，まるで他人事のような）プロジェクトの発表がよい評価を得るということがある。ここまで述べてきたように，PEP では自

分の興味・関心を深く掘り下げ，自分を中心としたプロジェクトを行うことを
貫き，いかにプレゼンテーションの専門性が上がろうと「自分事」のプロジェ
クトを行うことを重要視しているが，それを Originality という一点で評価する
のは不十分である。どれだけ「自分事」のプロジェクトを行ったかは Preparation,
Research, Originality, Delivery, Q&A, すべての項目に関わるものである。

　しかし一方で，学生がプロジェクトのテーマを「おすすめのプロジェクト用
テーマ一覧」のような既製品とも思えるものから選び，お膳立てされたディス
カッション・ポイントや参考文献からの情報をうまく構成し，きれいなスライ
ドを作成し，よく練習したプレゼンテーションを行ったとすれば，評価シート
において高得点が取得できるだろう。もちろん，このような活動にも相当の労
力が要求され，ある種の学びが得られることには違いないが，現実社会を見つ
め，自分のプロジェクトを人生に関わる「自分事」として遂行し，自分でゼロ
から知的生産を行ったとは言いがたい。つまり，従来型の評価シートと，筆者
らが PEP で重視するポイントには，焦点のずれがあるのだ。

　最後の問題点として，学生が教員の想像を超えるような規定外ともいえる成
果発表を行った場合の評価の難しさがある。例えば，ある学生が最終発表成果
物として動画を作成した際，自分の声ではなく Text-to-Speech の合成音声を使
用したとする。発表の動画を作成するとなると，多くの学生は自分の声でナレー
ションを入れるべきだと捉えるであろう。では，この学生は英語のスピーチの
練習と録音という準備を怠ったとして，Preparation の点数を減点されるべきで
あろうか？　この学生は自分が英語を話すときにどうしてもうまく発音できな
いフレーズがあったため，発表の Delivery を向上させる方略として合成音声を
使用するという結論に至り，相当の労力を費やして最適な Text-to-Speech を選
定し，使用したのかもしれない。または，英語のスピーキングには自信があっ
たうえで，自分の声と合成による声のバリエーションを聴き比べ，自分の動画
のメッセージを伝えるのに最適な声を使い分けたのかもしれない。その場合は
Preparation はむしろ加点されるべきではなかろうか？

　マルチ・メディア，マルチ・モーダルを推奨するプレゼンテーションにおい
て，教員の想定を超えるテクノロジーの利用や，柔軟な発想による規格外と思
えるプレゼンテーションは十分にあり得るものであり，そこに制限を置くこと

は，評価基準によって学生の成長意欲に制限ないし成長の限界を設けることになりかねない。前述したように PEP での成長欲求に天井がないのなら，必要なのは評価項目に合わせたパフォーマンスではなく，むしろ学生の意欲的な取り組みを柔軟に評価できる評価モデルのほうであろう。

3.4.2　プロジェクト発信型英語の評価モデル「PEP-R」の開発

　筆者らは前項で述べたような評価に対するディスカッションを繰り返し，プロジェクトを行う学生自身を中心に据えた発信型英語の評価モデルとして PEP-R（Project-based English Program References）の開発に着手している。PEP-R はプロジェクトにおけるプレゼンテーションやアカデミック・ペーパー等の成果のみを評価するのではなく，「プロジェクトとその成果の発信」を，プロジェクトの発展の過程も含め，包括的に評価するものとして位置づけられている。その評価項目は，前述の社会的自己の発達に照らし合わせたプロジェクトの発展における "I" と "Me" の視点に着想を得て，プロジェクトを行う者の視点である "I"（自身）と "Me"（他者の視点で捉えた自身）に，"Connection"（自身と他者あるいは社会とのつながり）の構築の観点を加え，プロジェクトの成果が自分自身の興味・関心を中心に据えながらも，他者にとっても説得力のあるものであり，さらにプロジェクトの成果の社会的影響をふまえているかを評価する 3 項目を主軸としている。表 3-7 に PEP-R の主要 3 項目とその評価基準を示す。

　"I" は自分の視点でプロジェクトを語ることであり，PEP のコンセプトのコアとなる。"Me" は他者の視点から自身のプロジェクトを客観的に見ることによって興味・関心の明確化や再発見を行い，自分なりの意見やアイデアを深めることである。"Me" の視点で自分自身を見ることは，自身を外部から望遠鏡や顕微鏡で覗き込み，観察することのようであるともいえる。リサーチの場面において，この視点は，自分の論をサポートするためにはどのようなデータや文献を用いればよいかを精査することや，自分が知り得ることや自分の意見に客観性をもたせるためにインタビューやアンケートを行い結果を分析することや，意見に説得力をもたせるために，それらのリサーチ結果をどのように構成すればよいかを考えることなどをさす。また，学生はクラスメートとのディス

表 3-7　PEP-R の主な 3 項目と評価基準

発表者の興味・関心の明確さ （"Me" の視点）	自分なりの意見 （"I" の視点）	社会との関わりをふまえた自分の意見 （"Connection" の構築）
発表者の興味・関心の対象が何であるかが明確に示されている。	自分なりの意見はあり、独創性及び説得力がある。	プロジェクトの影響や意義を理解したうえで，今後の発展や成長の可能性が強く感じられ，実際に他者を動かし得る説得力をもつ。
発表者の興味・関心の対象が何であるかがほぼ理解できる。	自分なりの意見があり、独創性がみられる。	プロジェクトが社会に及ぼし得る影響への配慮がみられる。プロジェクトの意義を理解したうえで，今後の発展や成長の可能性が多少感じられる。
発表者の興味・関心についての情報はあるが，情報が断片的あるいは不明瞭である。	自分なりの意見はあるが，ありきたりな意見にとどまっている。	プロジェクトが社会に及ぼし得る影響への配慮が部分的にみられる。プロジェクトの意義を一般化しようとしている。
発表者が何に興味・関心をもっているのかがぼんやりとしかわからない。	意見らしきものはあるが，誰の意見なのかが不明瞭である。	プロジェクトが社会に及ぼし得る影響への配慮がほとんどみられない。プロジェクトのもつ意義を一般化しようとする意志がほとんどみられない。
発表者が何に興味・関心をもっているのかがほとんどわからない。	意見といえるものがみられない。	プロジェクトが社会に及ぼし得る影響への配慮がみられない。プロジェクトのもつ意義を一般化しようとする意志がみられない。

カッションにより新たな気づきを得て，それをもとにプロジェクトを見直し，自分の興味・関心をより深め，明確なものとする（"Me" の視点）。このプロセスを経て，学生は自身の意見をより独創性や説得力をもつものとし，最終的にはプロジェクトを自分のものとして発信する（"I" としての反応）。

　最後に "Connection" の構築は，自分がプロジェクトから得たもの（意見・アイデア・発見・示唆・知見など）が，いかにプレゼンテーションの聞き手，社会，自分の所属するコミュニティや研究分野に関わり，影響を持ち得るかを考え，それを聞き手にも伝えることである。自分のプロジェクトの影響や意義を理解したうえで，聞き手に今後の発展や成長の可能性を強く感じさせ，プレゼンテーションにより成果を発信することで実際に他者を動かし得る説得力をもつものにするには，"I" と "Me" の視点を行き来し，テーマを深堀りしていくプロセスが必須である。反対に「プロジェクト用テーマ一覧」から適当に借りてきたテーマでは到底不十分であろう。何より，借り物のプロジェクトのテーマをインターネットの検索にかけ，上位に出てきた資料をいくつか並べたようなプレゼンテーションでは，それを行う本人が，自分のプロジェクトが社会へ

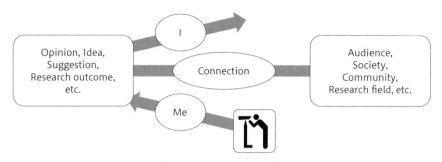

図 3-2　PEP-R のイメージ図

の影響力を持ち得ると実感することはできないであろう。プロジェクトを「自分事」にしながら発展させるとは，自己の視点と他者の視点を何度も行き来しながら，テーマを深堀りし，社会との関係を構築していくことであるともいえる。

　ここまで論じてきた PEP-R の主要 3 項目と"I"と"Me"の視点，"Connection"の構築のイメージを図 3-2 に示した。このように，自分を中心に置いて，他者との関わりのなかでプロジェクトを発展させ，それを自分の属する世界につなげていくという過程から生まれた成果を，PEP-R は評価しようとしているのである。

3.5　教員の役割と学生とのコラボレーション

　ここまで，1 〜 2 年次の授業を取り上げ，学生のプロジェクトの発展とその評価について論じてきた。本節では，3 年次の専門英語科目における専門性のより高まる領域でのプロジェクトを取り上げ，そのなかでの教員の役割と教員と学生とのコラボレーションについて論じる。

3.5.1　専門英語科目でのティーム・ティーチング

　立命館大学薬学部・生命科学部の 3 年次には専門英語科目の位置づけで Junior Project 1（JP1；春学期・必修科目）と Junior Project 2（JP2；秋学期・選択科目）が開講されている。これらのクラスで，学生は興味をもつ専門領域のテー

マでプロジェクトを立ち上げ，その成果を様々な形式（ポスター発表，ムービー・クリップ，アブストラクトなど）で発信する。山中（2016）が実施した学生が行うプロジェクトのタイプの調査によると，1 年次に開講される P1 では9 割以上が「調べ学習型」のプロジェクトを行っているが，JP1 では「調べ学習型」は 1 割にとどまり，「調査・編集型」と「実践・実験型」とが 7 割，「リサーチ型」が 2 割であった。山中（2016）は「調べ学習型」をプロジェクト発展の初期段階とし，プロジェクトが専門知識を取り入れながら世界を広げる方向に発展したものを「調査・編集型」と「実践・実験型」，自己を深める方向に発展したものを「リサーチ型」と分類した。この類型を図 3-3 に示す。

　学生のプロジェクトの発展が図 3-3 のいずれの方向を取ったとしても，専門知識を取り入れ，自分で理解し，解釈したうえで（"Me" の視点），プロジェクトに使えるものとし，自分が所属する世界に関連づけたり（"Connection" の構築）深めて発信（"Me" の視点を経たうえでの，"I" としての反応）したりする過程での助言や指導は，このプロジェクトが母語で行われていると仮定するならば，やはり専門分野の研究者が行うのが適切であることに異論はないであろう。使用言語が外国語となったからといって，外国語教員がプロジェクトを深める過程で専門的な助言を行うことは，適切であるとはいえない。実際，JP1および JP2 はコンテンツに関する助言と評価の一部を行う専門教員と，クラスの運営と英語の指導を行う英語教員が協働で担当している。ここで問題となる

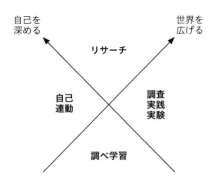

図 3-3　プロジェクト発信型英語プログラムでのテーマ類型
（山中, 2016, p.222 より）

のは，専門教員と英語教員の役割である。内容は専門教員，英語は英語教員といった，単純な切り分けの分担で行うならば，複数の異なる分野の教員が同時に授業を担当する必要はなく，分業をすればよいのである。専門教員，英語教員，そして学生が協働で活動を行える環境があるのならば，おのおのが有機的に絡み合いながら発展する，学際的なコラボレーションを目指せるはずである。

　専門教員と英語教員が協働で行う授業運営は，ティーム・ティーチングとして長い歴史をもつ。ティーム・ティーチングの定義には「2人以上の教員が同じ科目の設計と実施においてコラボレーションをすること」（Easterby-Smith & Olve, 1984, p.1），「2名以上の教員が同じレベルのコラボレーションを通じて科目を計画し実施すること」（Davis, 1995, p.8），「チームの全員がすべてあるいはいくつかの授業に参加し，見学・観察，交流，質問，学習を行うこと」（Buckley, 1999, p.5）などがあり，広義では複数の教員が協働で教育活動を行うことがティーム・ティーチングといえる。Dudley-Evans（2001）は，専門教員と英語教員の協働について English for Specific Academic English の授業を例に取り，専門科目の教員と英語教員が協働し，コラボレーションを経て，実際に同じクラスルームで教えることがティーム・ティーチングであるとした（p.226）。

　Davis（1995）は学際的な融合とティーム・ティーチングの最適化には，高いレベルでのコラボレーションが伴うと論じている。Davis（1995）はコラボレーションの度合いを判断するために，「①計画」，「②内容の統合」，「③指導」，「④評価」という4つのクライテリアを提示し（pp.8-9），ティーム・ティーチングの目標は高いレベルの融合であり，そのためには高いレベルのコラボレーションが要求されるとした。実際，大学の授業はそれぞれ形態も到達目標も異なるため，ティーム・ティーチングの形式を探るよりも，むしろ，コラボレーションの融合の度合いを考えることは有意義であろう。

　これまで大学での専門教員と外国語教員のティーム・ティーチングとしては，次のような成功例が報告されている。

　　外国語教員は専門教員との協働で教材を準備し授業を行う。専門教員はアドバイザーとなり，分野に関する論点を明確にするために議論に参加し，学生の貢献を評価する。

　　　　　　　　　　　　　　　　　　（Dudley-Evans, 2001, p.227；日本語訳は筆者による）

　　専門教員が主教員として内容を取り扱い，外国語教員はサブの教員として言語の専門

　　知識が必要なときに学生を助ける補佐の役割をする。

（Lasagabaster, 2018, p.402；日本語訳は筆者による）

　しかしながら，この種のティーム・ティーチングには，たとえ専門教員がアドバイザーの役割を担おうと，コンテンツに踏み込める専門教員が上に立ち，指導を受ける学生との間を外国語教員が取りもつといった「専門教員＞外国語教員＞学生」のヒエラルキーが存在するように思われ，本当の意味での学際的なコラボレーションであるかは疑問である。

　専門教員と英語教員による学際的なコラボレーションは，PEP においても，まだこれから取り組むべき課題である。前述の JP1, JP2 においては，基本的に専門教員がコンテンツに関するアドバイスを，英語教員は言語における指導をするように役割を明確化してきたが，これまで想定されてきた互いの役割を越えたコラボレーションを行うことで，より効果的な指導を行える可能性はあると思われる。

3.5.2　ティーム・ティーチングから学際的コラボレーションへ

　本章の冒頭で，「教えない英語教育」を掲げた。教えることをやめるという結論に至った筆者らは，どこへ向かおうとしているのか。本項では，ティーム・ティーチングの先にある学際的コラボレーションについて，前述の社会的自己の観点から論じ，「医療」という他分野のコラボレーションから学びを得る。

（1）学生を中心とした学際的コラボレーション

　ここでは PEP-R を用いた JP2 の学生のプレゼンテーションの評価を分析した近藤（2020）の報告をもとに，専門性が高まる 3 年次のプロジェクト発信型英語の科目において，専門分野の教員，英語教員，そして学生がどのようにコラボレーションし，専門性の高いプロジェクトを行う学生の発信力向上に貢献することができるかを論じる。

　2016 年に実施された JP2 では，学内の専門教員に加え，他大学の英語教員（英語母語話者）と企業に勤める社会人を 10 名ずつ招き，学生のプレゼンテーションの評価を行った。評価は表 3-7 に示した PEP-R の 3 項目に，評価者がプレゼ

ンテーションから得た印象を尋ねる「発表者のプレゼンテーションに感銘を受けたか」と「発表者から自身が感じられたか」を5段階で評価する2項目を加え，合計5項目で行われた。その結果，専門教員はプレゼンテーションに自分なりの意見がみられるほど，英語教員は自分の意見に社会との関わりがみられるほど，それぞれ感銘を受ける傾向がみられた。専門性の高いテーマでの発信は，その専門分野に詳しいオーディエンスを対象に行うセミナーや学会での発表がまず想定されるが，この結果より，専門分野のプロフェッショナルに感銘を与えるには，先行研究や独自のデータを客観的に観察し，分析と解釈を行ったうえで（"Me"の視点），自分なりの意見や知見を取り入れた独創性の高さをアピールする（"Me"の視点をふまえたうえでの，"I"としての反応）ことが重要であるといえる。その一方で，専門分野外のプロフェッショナルに感銘を与えるには，プロジェクトの社会的影響をふまえ，自分の得た成果が社会とつながりをもち，今後も発展していく（"Connection"の構築）ことをアピールすることが重要となる。

　プロジェクトを行う者の関心の明確さ（"Me"），他者を説得し得る自分なりの意見（"I"），成果の社会的影響（"Connection"）はおのおのが単体ではなく相乗的に刺激し合うことにより，プロジェクト自体が独自のものとして有機的に発展することが期待される。プロジェクトを行う者の"I"の視点は，プロジェクトを遂行する本人にしか持ち得ないものである。したがって，理想的な協働とは，学生自身が中心に立ったうえで，専門教員が"Me"の視点で関心を明確にする点で，英語教員はプロジェクトの成果が社会にどう影響し得るかという"Connection"の構築を考察する点で助言をし，学生がそれらの助言を自分のなかに落とし込み，自分のものとして"I"の視点で発信することである。これは，言わば，3者協働の形である。それは，教員間での協働で内容を教授するのではなく，学生が中心に立ち，専門教員や英語教員をその周りに据え，あたかもプロペラを回すように教員の助言を駆使しながら，飛び上がるようなイメージである。ここで，教員は，学生の"I"の視点，"Me"の視点，"Connection"の構築という循環を円滑に行えるようなサポートをすることも重要な役割となるであろう。

（2）チーム医療に学ぶ学際的コラボレーション

　学際的なコラボレーションとして他分野に目を向けると，その最たる例は医療現場におけるチーム医療であろう。ここでは人の生命がかかる医療現場での学際的コラボレーションを，人の人生がかかる教育現場に活かすべく，学びを得たい。チーム医療とは「医療に従事する多種多様な医療スタッフが，おのおのの高い専門性を前提に，目的と情報を共有し，業務を分担しつつも互いに連携・補完し合い，患者の状況に的確に対応した医療を提供すること」（厚生労働省, 2010）と定義されている。共通の目標に向かって，他分野の専門家が連携して患者／学生の状況に応じた治療／教育を実施するという点で，チーム医療とティーム・ティーチングは同様の性格をもつといえる。

　社会学者の細田（2002）は，チーム医療には①専門性志向，②患者志向，③職種構成志向，④協働志向の4つの志向性があるとした。

①専門性志向：医療従事者が高度で専門的な知識と技術を持ち，自らの専門分野で専門性を発揮すること。

②患者志向：医療従事者の都合よりも患者の問題解決が最優先され，意思決定には患者の意見が尊重されること。

③職種構成志向：チームメンバーとして必要な職種が病院に公式に雇用されていること。

④協働志向：複数の職種が対等な立場で互いに尊敬しあい，協力して業務を行うこと。

（細田, 2002, pp.4-5）

　「患者」を「学生」，「医療」を「教育」に置き換え，英語教員の視点から述べると，「専門性志向」については，もちろん英語教員は高度な知識と技術をもつ専門家であるべきである。仮に人文科学を専門とする英語教員が，学生が生命科学分野に所属することを理由に，生命科学を英語で教授しようとするならば，その英語教員は「専門性志向」を失うことを意味する。自分がどの分野の学生を担当しようと，自分の専門性の軸を持ち続けることは，大学教員としての責任ともいえよう。「患者（学生）志向」については言うまでもなく，教育において学際的コラボレーションがあるならば，学生がその中心に来るべきである。これまで論じてきた「自分事」のプロジェクトを行うことは，まさに学生の問題

解決が最優先された学習形態であるといえる。「職種構成志向」と「協働志向」については，英語教員が専門家として認識されたうえで，チームに所属し，多職種と対等な関係で協働を行うことを意味する。専門性を喪失すれば，学際的チームのなかで多職種と協働するのは難しいだろう。そのため，英語教員は専門性を明確にし，研鑽していく責任がある。また，大学という組織におけるチームとは学生を含み，多職種とは英語教員・専門教員といった授業担当教員だけでなく，大学全体の構成員とその職種をさす。教育を教員だけで行うのではなく，大学全体で学生を育てているという意識を，チームに所属する全員が忘れてはならない。

　細田（2001, 2002）は上述の志向性は互いに相反する緊張関係があり，両立が困難である一方で，相補的関係があり併存し得ると述べている。表 3-8 および表 3-9 に，対になる 2 つの志向性について，その緊張関係と相補的関係をまとめる。

　この緊張関係と相補的関係は，複数の異なる専門分野の教育者が関わる教育現場でも大いにみられるものである。

表3-8　チーム医療における「専門性志向」と「患者志向」の緊張関係と相補的関係
（細田, 2001, pp.94-96; 細田, 2002, pp.5-7 をもとに作成）

	「専門性志向」＞「患者志向」	「専門性志向」＜「患者志向」
緊張関係	専門的技術を活かしたい，専門的な仕事だけをしたいという態度が強調されれば，専門家による医療内容が患者の利益になっているかを吟味する視点が抜け落ちる。	患者の気持ちを汲み取ったり主張を優先することが，ただ患者の要求（demands）を代弁するものにとどまれば，患者の医療上の必要（needs）の配慮不足につながる。
相補的関係	患者の必要（needs）を把握して患者にとって望ましい医療を目指すためには，自己の専門性だけではなく，多職種の専門性も考慮できるという専門性の陶冶が不可欠。	

表3-9　チーム医療における「職種構成志向」と「協働志向」の緊張関係と相補的関係
（細田, 2001, pp.94-96; 細田, 2002, pp.5-7 をもとに作成）

	「職種構成志向」＞「協働志向」	「職種構成志向」＜「協働志向」
緊張関係	病院に正式に雇用されていたとしても，他の医療従事者からメンバーと認められていなかったり，極端な場合は存在さえ知られていないこともある。	他職種の人と協力して業務を遂行していても，それは自分の職務を超えたものであり，ボランティアで行っていると考える医療従事者もいる。
相補的関係	職種として組織上で公式のポストが確保されることや，チームメンバーとして承認されることが複数職種の協働行為を支える基盤となる。メンバーが「在る」ことと協働を「する」ことは，どちらが欠けても成り立たない。	

　まず「専門性志向」と「患者（学生）志向」の関係を英語教育に援用して考えてみよう。専門性志向が学生志向より重視された場合，教員の専門性を打ち出した授業が学生の学びたいことと合致しないことが起こり得る。反対に，学生が学びたいことを優先すると，ディプロマ・ポリシーに掲げた力を育成できなかったり，学生が要求することが，専門的観点からは効果的ではないという可能性も十分に生じ得る。例えば，学生は生命科学分野のキャリアに役立つ英語力を身につけたいと考える一方で，英語教員は自分の専門である英米文化論を扱いたいと考えるかもしれない。これは一見，教員の「専門性志向」が強く出すぎたためのようであるが，教員は文化という教養こそがキャリアで役に立つという学生の将来的なニーズをふまえ，1〜2年生のうちに他国の文化を学ぶべきだと考えたのかもしれない。別の例をあげれば，教員が論文の読み方・書き方やアカデミック・プレゼンテーションを教えようとする一方で，学生は日常会話の練習を希望するかもしれない。こういった状況において，「専門性志向」の高い教育が提供されるべき場合もあれば，学生が何をしたいかを第一に考えるべき場合もある。この判断を教員が各自個々に行う状態こそが，学際的コラボレーションが不在の状態であるといえる。鍵となるのは，専門教員，英語教員，学生，職員など教育に関わる者が，状況に応じて最適なチーム編成で協力関係をもてる環境があることであり，これがコラボレーションの融合の度合いの向上につながると考えられる。

　ここで考えなければならないのが「職種構成志向」と「協働志向」の関係である。蒲生（2008）はチームにおける個人の責任が，他のメンバーに対するコミットメント・信頼というチームを築くうえでの基礎となり，個人の責任とは「与えられた責任」だけでなく，「自ら創出した責任」という性質をもつと述べている。学際的チームにおける有機的なコラボレーションとは，自らの専門をチームのなかに位置づけ，与えれられたものをこなすだけでなく，そのときに必要なものをチームがそれぞれに考え，自らの責任を創出できることであるともいえる。

　さらに，医療ではなく，PEPという教育の場においては，学生もそういった責任を担い，とくに自分のプロジェクトに関しては「専門志向」をアピールする側に立つという視点も必要だろう。しかしここで「協働志向」が強く出すぎ

ると，教員は職務以外のことをボランティアで請け負っていると感じたり，学生の場合は授業で求められている以上のことをやらされていると感じたりするかもしれない。教員の職務については制度上の問題が関わるためここでは議論しないが，学生に関しては「やらされている」状態ではなく「自らの責任でやっている」状態をつくり出すことが肝要である。モチベーションの度合いが異なるクラスでこのような状態をつくり出すことは容易ではないが，シラバスで到達目標を掲げたとしても，そこに到達するための自由度を上げることが 1 つの解決策となるだろう。

3.6 Junior Project 2 という実験劇場

　JP2 は前述のとおり 3 年次の秋学期に開講される選択科目である。P1 から JP1 に至る必修科目に比べて受講生数は少なくなるが，プロジェクトに対するモチベーションが高い学生が毎年集まっている。また，教員にとっても，JP2 は実験的イノベーションを試みる科目でもあり，言わばプログラムに関わる者全員にとって「実験劇場」のような役目も果たす。「実験劇場」とはもともと演劇界で使われる言葉で，国史大辞典では次のように説明されている。

> 既成の演劇に対して，新しい表現意欲をもって，実験的に上演活動を行う劇場（劇団）の意。特に商業主義演劇に対して，興行上の採算を度外視して，新しい劇表現を求めて公演活動を行うものをいう。演劇史の上で，新しい流派がおこるときは，必ず実験劇場的活動によって新境地を開拓していくのである。
>
> （国史大辞典Web 版, n.d.）

　「実験」というからには新しい／まだ十分に検証されていないことを「やってみる」ことをさすが，同時に「劇場」でもあるため，その実験は閉ざされた空間で内密にトライアルとして行われるのではなく，客に公開するという責任が伴っている。JP2 においても，もちろん学生を実験台にしたテストをしているわけではない。必須授業の規模で行うにはリスクが高いが，このさき進むべき道であると確信することにまっさきに挑むのが，JP2 の場なのである。

表3-10　JP2（3年次，秋学期開講，選択科目）の到達目標

到達目標
プロジェクトの立ち上げと遂行 ・自分自身の興味・関心・問題意識を出発点に，P1 〜 JP1 の成果をふまえたより専門的，発展的な 　プロジェクトを立ち上げることができる。 ・独自のリサーチやデータ，資料に基づき，自分の主張やプロジェクトの中身をサポートすること 　ができる。
動画コンテンツの制作技術の習得 ・アカデミックな動画コンテンツにふさわしい構成要素と表現技法を認識することができる。 ・プロジェクトを個人ポートフォリオに組み込むことの意義を認識することができる。
成果物の発表 ・プロジェクトの成果をアカデミックな動画コンテンツとして英語で制作することができる。 ・プロジェクトの成果を規定の様式に基づいたアカデミック・ライティングとして英語でまとめる 　ことができる。 ・プロジェクトの成果を英語で発表することができる。

　JP2 のシラバスの到達目標を表 3-10 に示した。学生は JP2 で専門的，発展的なプロジェクトを立ち上げるが，それが自分の興味・関心・問題意識から始まるという点，リサーチを行う点，そしてアカデミックな成果発表を行う点は，これまでの必修科目と変わらない。JP2 が P1 から JP1 までと 1 つ大きく異なるのは，最終成果物の発表を「動画」とし，ポートフォリオを作成する点である。次項から，最終成果物を動画にした経緯や，その他の JP2 での挑戦的な取り組みについて，開講当時を振り返りながら紐解く。

3.6.1　MIT OpenCourseWare の活用（2010 〜 2013 年度）

　JP2 が開講した 2010 年度から 2013 年度までの最初の 3 年間は，学生は動画をつくる側ではなく，動画を見て学ぶ側だった。2010 年はオープン・エデュケーションが世界で爆発的な広がりを見せ始めた時期であり，JP2 ではマサチューセッツ工科大学（MIT）がオンラインで提供する MIT OpenCourseWare のレクチャーを教材の一部として活用していた。MIT OpenCourseWare はすべての授業マテリアルを無料で世界中の学生，教育者，個人の学習者に提供するというミッションのもと，2002 年にパイロット版のサイトが立ち上げられ，2003 年からは正式な公開が始まり，2020 年現在では，およそ 2,400 のコースが公開されている（MIT OpenCourseWare, n.d.）。コースサイトにはレクチャー動画だけでなく，シラバスや教材など，授業を受講するのに必要なものがそろっている。例

えば，現在最も視聴されているコースリストのなかにある Artificial Intelligence（人工知能）のコースでは，レクチャー動画 23 本と動画の音声の書き起こし，課題・問題 5 セット，過年度の試験 4 年分，Teaching Assistant（以下，TA）による過年度の試験の解説動画 7 本が提供されている（Winston, 2010）。

鈴木（2012）は，ライフサイエンスの最先端では多くの専門家がコラボレーションをしながら問題の発見解決に専念しており，学生は JP2 を通じてライフサイエンスが実は多くの分野にまたがる領域であり，多様なプロジェクトが行われていることを体感するのだと述べている（p.98）。2010 年度の JP2 では，活用する MIT OpenCourseWare レクチャーには一切の制限を設けず，学生は MIT が提供するあらゆる分野のすべてのレクチャーから興味のあるものを探し，そのテーマに関わりのある他の文献を加えた Bibliography を作成することから始めた。次に，学生はレクチャーのなかから 1 つを選択し，授業で紹介し，クラス全体のディスカッションを取り仕切るといったセミナー形式の授業を学期の前半に行った。学期の後半では，各自が前半のレクチャーからの学びもヒントにしながら独自のプロジェクトを立ち上げ，ポスターにまとめ，最終的にはポスター・セッションで成果を発信した。ある大学の授業で別の大学のレクチャーや教材を取り扱うことには賛否両論があるかもしれないが，学生が入手できる情報に制限はなく，日本にも訪れつつあるオープン・エデュケーションの波にいち早く乗り，可能性は大学の壁を越えることを学生が体感できるという点において，有意義な取り組みであったといえる。

3.6.2 学生・教員・企業が同じ舞台に立つ PEP Conference の開催（2013 年度）

JP2 では開講当初より，最終発表を全クラス合同のポスター・セッションの形式で実施していた。2012 年度のポスター・セッションの様子が YouTube に動画として残されているが（Ritsumeikan Channel, 2013），ポスター・セッションは JP2 の受講生だけでなく，誰でも参加できるオープンな形式で開催され，受講者以外の学生，英語教員，専門教員，他学部の教員，大学職員など，様々なオーディエンスを相手に学生は懸命にプレゼンテーションを行った。発表には留学生を含む大学院生も多数参加し，国際学会さながらの雰囲気でセッションは行われた。

　筆者らが JP2 のポスター・セッションの改革を行ったのは 2013 年度であった。この年は，これまでのポスター・セッションをさらに拡大し，PEP Conference と名づけた一大イベントを実施した。PEP Conference は学内の大ホールを貸し切り，ホールの同空間内を A 会場，B 会場，C 会場に分け，表 3-11 が示すように，複数のプログラムを同時開催した。A 会場はホールの大部分を占め，JP2 の受講生のポスターはもちろん，春学期に JP1 を履修した学生の優秀プロジェクト，留学プログラム参加者の渡航先でのプロジェクト，TA の取り組みを報告するポスター発表も行われた。大学院生にも参加を呼びかけ，専門的な研究内容が発表された。また，学生だけでなく，教員や外部教育機関も自身のプロジェクトに関するポスターを掲げた。B 会場には大型ディスプレイを設置し，英語教員と外部教育機関のコーディネーターと講師が，PEP の取り組みについてパネル・ディスカッションを行った。PEP station と名づけられた C 会場には学生レポーターと教員が配置され，JP2 の受講生がポスターの見どころなどを伝えるインタビューが行われた。このインタビューやポスター発表の様子は，C 会場より Ustream（動画配信サービス）を通じてライブ配信された。

　PEP Conference というカンファレンスで，学生を含む多職種（研究活動を行う大学院生，教育を行う教員，企業）が真剣に発表を行い，意見を交換し合った。鈴木が「授業の先，学生のこれからの 30 年を考えている」（Ritsumeikan Channel, 2013）と述べているように，学生は授業を通じて行っていることは，けっして授業内だけのシミュレーションではなく，確かにさきにつながる場所がそれぞれにあり，発表自体が本番であり，現実社会であることを掴んだという手応えを筆者らは得た。学生の最終発表の場で，教員がパネル・ディスカッ

表 3-11　PEP Conference（2013）実施内容

会場	A 会場（メイン会場）	B 会場	C 会場
内容	ポスター・セッション	パネル・ディスカッション	PEP Station（情報発信局）
発表者	・JP2 受講生 ・JP1 受講生 ・留学参加学生 ・大学院生 ・TA ・英語教員 ・外部教育機関	・英語教員 ・外部教育機関	・JP2 受講生 ・学生レポーター ・英語教員

ションを行うのは，見方によれば学生の晴れの舞台を奪っているように映った
かもしれないが，本気でプロジェクトに取り組み，意見交換を行い，またそう
することに意味があることを，筆者らは学生の前で身をもって示そうとしたの
である。教育現場にフィクション性があるのならば，それは学生がポスター発
表をしているなかで評価シートを手に持ち採点してまわる教員の存在ではな
いか？　また，そうすることが，実は教員にとってのセーフティネットになって
いるのではないか？　ならば，教員も最終発表の場では，一段高い別の領域か
ら降りて学生の挑戦と同じ場に立ち，自身も評価者ではなくプロジェクトを行
うものとして発表を行いディスカッションに加わればよいのではないか？

　PEP Conference は 90 分という限られた授業時間内に同時に多くのことを行
いすぎたという反省点はあったが，このカンファレンス形式の最終発表会は翌
年より必須授業の JP1 に JP1 Grand Final というイベントとして導入されてい
る。また，JP2 は，その後，PEP Talks という動画発表とプレゼンテーションを
組み合わせた新たなイベントへと舵をきった。PEP Conference は，確かに学生
の発表の場で教員が前に出すぎたという反省もあり，現在は主に教員が他大学
の教員や教育機関とプロジェクト発信型について意見を交わすカンファレンス
に形態を変え，実践は続けられている。

3.6.3　動画コンテンツを見て学ぶ側から発信する側へ（2014 年〜）

　2012 年から 2013 年にかけて，Coursera, edX, Udacity, FutureLearn, JMOOC
等の MOOC（Massive Open Online Course）が次々に開設され，現在ではオー
プン・エデュケーションから得られるコンテンツを自分のプロジェクトに活用
するのは特別なことではなくなり，授業で指定せずとも，学生は自由に大学の
壁を超えたリソースにアクセスする時代となった。そして，学生は動画を配信
する側になった。学生の動画は表 3-10 に示された「ポートフォリオ」に組み込
まれ，プロジェクトの最終成果は大学だけに提出されるのではなく，文字どお
り世界に発信されることを想定している。それ以前から，学生のプレゼンテー
ションの動画は，PEP の YouTube チャンネルで公開していたが（Project-based
English Program, n.d.），オープン・エデュケーションが大学で行ったレクチャー
の録画や教材の公開を主とした OpenCourseWare から，オンラインでの履修を

前提として，それに適した動画の提示や受講形態をもつMOOCに移行したのと同様に，学生の成果の発信が教室で行ったプレゼンテーションの録画の公開から，オンラインで公開することを前提とした動画を含むポートフォリオの公開になることは，自然な動きであるといえよう。JP2での学生の成果は，現在はGoogleサイトを利用したPEP Navi JP2特設サイト内にまとめられている（Project-based English Program, n.d.）。ポートフォリオのフォーマットについては，まだ筆者らも試行錯誤を繰り返している段階であるが，ポートフォリオにより最終成果を発信する形式は，その後留学プログラムでの成果発信にも導入されている。

3.6.4　劇場はフィクションの現場ではない

　学生が「自分事」を追究し，自分の視点でそれを語る限り，教育はフィクションの現場ではない。第2章に教室という空間のフィクション性を「ごっこ」になぞらえた論考があったが，「ごっこ」とは何かの真似をしながら役割を演じる子どもの遊びであり，そこには必ず「手本」が存在する。「手本」に近づけようと演じる限りは，手本を超えず，永遠に「ごっこ」の域を越えない。一方で，「自分事」のプロジェクトには「手本」は存在せず，「手本」があるとすれば，それを視点のさきに見つけることができるのは，自分自身にほかならない。

　本節は「実験劇場」という切り口で，PEPでの意欲的な挑戦について述べてきたが，そもそも劇場で行われるのは芝居であり，芝居自体も壮大なフィクションであるとの見解も存在しよう。筆者にとって，これは「写真はドキュメンタリー，絵はアート」という考え方に似ているように思われる。写真も絵も事実を模したつくりものであり，本物にはなり得ない真似事であろうか？　そして，写真は物事をそのまま映すがゆえ，絵よりドキュメンタリーの度合いが高いのだろうか？　反対に，絵は機械で映すのではなく，自らペンや筆を持って描くので，よりアートであるといえるのだろうか？　もちろん違う。ドキュメンタリーかアートかを決めるのは写真か絵かという形態ではなく，発信者自身である。話を芝居に戻すと，芝居に演じるという側面があるからといって，それが「ごっこ」だとはいえない。たとえ芝居で人工的なものをつくり出したとしても，自己の視点で創作した作品はリアルライフにおける唯一無二の産物である。す

なわち，英語による発信活動に母語でない英語を使うという点から演じる要素が含まれていたとしても，真剣に「自分事」として取り組み自己の視点で語るならば，それはフィクションではなく，現在進行しているリアルライフの営みであり，自分の人生の一部である。このような教育を実現するために，筆者らは上から教えることをやめ，学生と同じ舞台に立った専門家として，これからも挑戦を続けていく。

第4章
教える英語教育との相克と和解
ライティング教育を例に

山下美朋

　日本の英語教育では，これまでライティングは重要視されてきたとはいえず，むしろ軽視されてきたといっても過言ではないだろう。しかし，今，大学入試改革とそれに伴う高等学校新学習指導要領において「論理的に書くこと」がうたわれ，英語ライティングの重要性が高まってきている。本来，「書くこと」は学生の認知的な成長を促す活動としてアカデミックリテラシーの育成と捉え，母語の作文教育と並んで低学年から行われるべきものであるはずだが，我が国ではコミュニカティブスキルの発信＝話すことに重点が置かれた英語教育を重視してきたために，横断的かつ系統だったライティング指導は根本的に欠落している状況にある。また，本著の「英語は教えるものではない」という趣旨に鑑みると，第二言語（英語）ライティングは本来「自立した書き手」を目指すことが重要であるものの，その前提として，まず「教える」ことなくしては始まらない。

　本章では，我が国の英語教育におけるライティング指導の現状と，PEPでのライティングの実践，そしてわれわれ教師が直面している問題について詳述する。

4.1　英語ライティング指導の現状

　現在，筆者が教えているPEPでは，学生が個人の関心に基づいたプロジェクトを行い，その結果を英語で発表する。その提出物を検討すると，英文の基本単位であるパラグラフの意識がない学生が多く，また，話し言葉と書き言葉を混同し"Hello, I will talk about..."などと書く学生もいる。明らかに英語ライ

110

ティングの基本的なルールを学習していない。保田ら（2014）の大学生 400 人
を対象に行ったアンケート調査では，高等学校時代に 2 パラグラフ以上のいわ
ゆるエッセイを英語で書いた経験のある学生はきわめて少なかった。また，筆
者が 2019 年 7 月に立命館大学生命科学部・薬学部の学生 1 〜 2 年生 170 名に
行った調査（図 4-1）でも，高等学校でパラグラフによって英文をまったく書い
たことのない学生が 24.1%，年に英文そのものを数回しか書いていないと答え
た学生と合わせると全体の約 75% はライティング経験がほとんどないという
結果であった。また，年に 1 回でも書いたことのある学生に対して，その際ど
のような指導を受けたかを聞いたところ，「何も指導はなく，ただテーマについ
て『書きなさい』と言われただけ」が 35.3%，「段落構成について何を書くかに
ついて指示された程度」が 18.8% で，全体の半数以上が体系的なライティング
指導を受けていないということがわかった。2014 年の保田らの結果と現在もほ
ぼ変わっていない現状には驚くばかりである。

　では，なぜライティング指導が敬遠されるのか。大きな要因の 1 つは，入試
に「書く」力を問う大学が少ないことがあげられる。また，多くの学生が受験
してきたセンター試験にはライティングはない。その要因として考えられるの
は，ライティング試験は採点の基準を定めるのが難しく，採点者に重い負担を
強いることになる。そのため，入試にライティング試験を導入する大学が少な
いのであろう。

　もう 1 つの要因として，近年のオーラルコミュニケーション重視の教育方針
がある。文部科学省が 10 年ごとに改定している「学習指導要領」にその変遷を

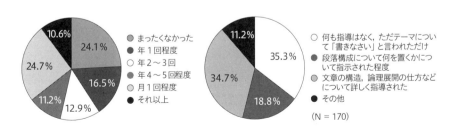

図 4-1　高等学校までの英作文の経験（立命館大学生命科学部・薬学部 1 〜 2 年生を対象とし
た 2019 年 7 月の調査）

見ることができる。基本的に，小中高等学校の教育はこの「学習指導要領」に基づいて指導されている。英語（外国語）に関しては，1989（平成元）年告示の学習指導要領以来「英語が使える日本人」を目指して様々な改革が進んできた。すなわち公立学校へのALTと呼ばれる外国人指導助手の増員，英語教師全員を対象とした研修制度の充実，センター試験へのリスニングテストの導入，そして小学校での英語必修化などである。2014年には，グローバル化に対応すべく英語教育改革実施計画が発表され，4技能をバランスよく教育する方針が打ち出された。しかし，現実の教育においては，4技能のバランスといわれながらもコミュニカティブスキルのリスニング，スピーキング，そして入試に必要なリーディングが優先させており，ライティングが後回しになっている現状がある。

　また，この点に関する教師側の要因として，ライティングをどのように教えてよいのかわからないといった声もあげられている。ライティング活動において行われるべき生徒が書いたものへのフィードバックに当てる時間がない，またできるとしても，やり方がわからないという。これらの教師側の問題が，前述の学生へのアンケート結果（図4-1）の「何も指導はなく，ただテーマについて『書きなさい』と言われただけ」という問題点につながっているのは明白である。

　この結果，大学入学後に英語で書く力，とくに「論理的に書く力」の欠如が指摘される結果となって表れている（Tsuji, 2016; Yasuda, 2006）。日本人大学生が書く英文の問題点として，①パラグラフ概念の欠如（Nishigaki & Leisheman, 2001; Yamashita, 2018），②根拠の弱さ（Yasuda, 2006），③直線的に論理を重ねるのではなく読み手に推論させる論理展開であること（Oi, 2005）などが指摘されており，これらが「論理的な」流れをつくる際の障害となっている。上記のなかでもとくに①のパラグラフ概念の欠如が顕著であり，1行で改行するパラグラフが散見されるのは，明らかに日本語の作文の影響である。Yamashita（2018）では，多くの学生は英文の書き方を習っておらず，たとえ習っていたとしてもその知識を英文に反映できるように実際に書いた経験もない。したがって頼れる知識は日本語の作文の書き方であったということが示唆された。学生が英語でまとまった文章を論理的に書けるようになるためには，適切な指導を

受け，それに基づいて書く訓練を繰り返すことが欠かせない（Rinnert & Kobayashi, 2007）。

しかし，今その指導方法に注目が集まっている。大きな要因は，2018（平成30）年告示の高等学校学習指導要領が，2022年までに段階的に実施されることと，それと並行した形で進められている大学入試改革である。まず新指導要領では，パラグラフとプロセス・ライティングを意識した指導を明確に打ち出しているのである。「英語コミュニケーションⅠ・Ⅱ・Ⅲ」では，1年次は1パラグラフを，そして徐々に複数のパラグラフ，高等学校最終年にはエッセイが書けることをねらいとして，構想段階から推敲に至るプロセスまでを活動としている。教師やクラスメートが他の生徒が書いたものを読んでフィードバックを行うことも重要視しており，今回の改訂でようやく本来あるべきライティング指導が導入されたことになる。

また，今回の改訂で注目すべきは，論理構成に着目した選択科目群「論理・表現Ⅰ・Ⅱ・Ⅲ」が新たに設定された点である。そこでは，「論理の構成や展開を工夫して文章を書いて伝える」とあり，論理の構成や展開を指導するためにモデル文を用いて生徒に理解させ，そのうえで書かせる活動を行うと述べられている。さらには，専門教科としては初めての「エッセイ・ライティングⅠ・Ⅱ」が設定され，ここでは様々な資料から根拠となる情報を探し，論理的な構成・展開をもったエッセイを書く活動を行うこととなった。これらを見る限りでは，いわゆるアカデミック・ライティングの指導方法が具体的に示された改訂となっていると考える。

高等学校の指導要領改訂に伴い，新大学入試制度においても「書くこと」を含む4技能の能力を測る試験が検討されている。民間試験導入の議論は現在はペンディング状態だが，大学入試に「書くこと」が加わることは，今後のライティング指導において大きな影響力をもつことになるのは必至である。

英語ライティング指導への危機感は，高等学校だけの話ではない。大学では学術的かつ専門的なライティングの指導へと速やかに移行していかなくてはならないが，未だに大学に入ってからパラグラフ・ライティングの基礎から始めているため，学生によってはパラグラフの概念が定着しないまま研究論文を書くことにならざるを得ない。近年，日本の研究力の低下が指摘されており

(Wagner & Jonkers, 2017)，論文の引用数では中国をはじめとする他のアジア圏に後れを取っている。文部科学省が研究力強化に向け研究拠点とする大学を指定したが，多くの研究発表の言語が英語であるだけに，「英語で書く」指導の強化は大学においても急務である。中学校，高等学校でパラグラフ・ライティングの指導と訓練を行い，大学からアカデミックな論文指導が始められるようなカリキュラムの早急な実施が望まれる。

このように，日本の英語教育におけるライティング指導は 4 技能の最後に位置づけされていたといっても過言ではない。大学入学までに英語で「書く」指導をほとんど受けてこなかった学生が，英語でまとまった考えを書けと言われても無理であるし，またライティングを重要視する新学習指導要領を前にして「どうやって教えたらいいのか」と教師は戸惑うばかりである。今こそ中学・高等学校そして大学と一貫した英語ライティング指導はどうあるべきかを熟考し，具体的な指導方法を提示し実施していく時なのである。

次節では，大学での英語ライティング指導の実態を説明する前に，その指導に大きく影響を与えている研究と理論の変遷について概説する。

4.2　第二言語ライティング研究と理論

第二言語ライティング（以下，L2 ライティング）は，応用言語学のなかの第二言語習得の研究分野の 1 つとされており，1960 年代にアメリカの高等教育現場から始まった比較的新しい研究分野である。「第二言語ライティング」研究とは，①学習者が第二言語（ここでは目標言語）で書いたテキストを分析すること，②第二言語で書く方法を教えること，そして③その教え方を研究すること (Hyland, 2013) である。その研究の流れは，大きくは 3 つのステージに分けられる。①対照修辞学研究に代表される学習者の書いたテキスト（プロダクト）のあり様を分析する研究，②書いたものだけでは見えない書くプロセスを分析する研究や，ライティングの質への影響要因を明らかにする研究，そして現在は，③書き手を成長する動的主体と捉え，彼らに影響を与える社会的要因をも包含する研究や，書き手の成長を社会心理学的側面から分析しようとする学際的なポスト・プロセス研究へと移行している。本節では，現在のライティング

指導に大きな影響を与えている②と③の理論と研究に絞って紹介する。

4.2.1 ライティングに与える要因やライティングプロセスを見る研究

　1970年代後半から1980年代初頭にかけてのL2ライティング研究は，それまでの最終成果物つまりプロダクトの分析から，プロダクトに与える要因や書き手がどのように書くのかというプロセスを知ろうとする研究が中心となった。L2ライティング（ここでの目標言語は英語とする）の質に影響を与える要因に関して，Sasaki & Hirose（1996）が分析し視覚化している（図4-2）。研究者らによると，L1（First Language；第一言語）またはL2（Second Language；第二言語）の書く力を支えているのは，使用言語に左右されない作文能力（Kraples, 1990）であり，L2ライティングの場合はL2の習熟度とL2のメタ知識（文法や語彙などの知識，ライティング方略），そしてL1でのライティング能力が大きな要因となっているという。同様の研究を行ったSilva（1993）は，L1つまり母語での書く力がL2ライティングへ正の転移をすると主張したが，Cumming（1989），Pennington & So（1993）をはじめとする研究では必ずしも正の転移はみられなかった。少なくとも，L2ライティングはL1の場合よりも，認知的な

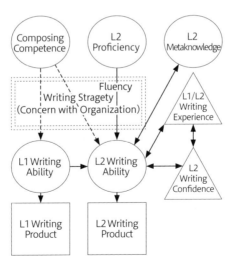

図4-2　第二言語ライティングの説明モデル（Sasaki & Hirose, 1996より）

負荷が高く（Schoonen, van Gelderen & de Glopper, 2003; Tillema, 2012），Kubota
(1998) は L1 の作文力を L2 ライティングに反映させるためには，一定レベル
の L2 の習熟度が必要であると述べている。また，L2 ライティングのメタ知識，
つまり L2 のテキストはどうあるべきか，また L1 と L2 のテキストの相違点を
知っていることが L2 のテキストの質に好影響を与えるとの結果もある（Reid,
1984）。

　また，L1 もしくは L2 の作文経験や，L2 ライティングを行う際の負担感や自
信などの心理的要因も影響要因として大きいと言われている。指導を受けた学
習者はそうでない学習者よりも受けた内容を適切に文章に反映することができ
る（Mohan & Lo, 1985）一方で，指導を受けただけでは文章の質はよくはなら
ず，書いた量や頻度に応じて質は上がるという結果が出ている（Hirose & Sasaki,
2000 他）。Rinnert & Kobayashi（2007）は，日本人学習者の L1 作文か L2 作文
いずれかのトレーニングを受けた学生，L1 と L2 の作文のトレーニングを両方
とも受けた学生，受けなかった学生の 3 グループを比較して，L1 と L2 どちら
のトレーニングも受けた学生が論理構成，読み手を意識した書き方ができてい
たのに対し，受けていなかった学生の L2 テキストは L1 の感想文を模したもの
になっていたのが明らかになった。学習者が受けてきた教育の背景や経験が，ラ
イティングの質に大きく影響していることが確認されたといえよう。

　また，L2 ライティングの心理的な負担感や嫌悪感は，書く自信や自己肯定感
が高くなるほど減るとされ（Klassen, 2002; Pajares, 2003），また Martinez, Kock
& Cass（2011）は，文法やライティングのルールに囚われず自由に書かせた場
合に負担感は軽減され，よりよいテキストになっているなど，書かせるときの
条件が結果の良し悪しを左右するとしている。時間制限のある timed writing は
負荷が高く，流暢性を伸ばしたい場合はジャーナルライティング（日記など）
にするなど，これらの研究は教育への示唆が大きいと思われる。

　その後，ライティングプロセス，とくに書き手の認知的なプロセスを捉えよ
うとする研究がさかんとなる。代表的な研究としてまず Sasaki（2000, 2002）を
あげておきたい。Sasaki（2000, 2002）では，L2 ライティング能力の高い学生と
そうでない学生のライティングプロセスを観察した結果，前者は書き始める前
に全体の構成について考えており，後者よりも短い時間で長いテキストを書い

ていることがわかった。また，L2 ライティングを得意とする学生は書きながら
方向性を変える柔軟さ（strategic competence；Bachman, 1990）を持ち合わせて
おり，書きながら文章の流れを意識しつつ，適切な語彙や表現を選びながら書
き表すことができることもわかった。反対に，ライティング能力の低い学生は，
文法や語彙，内容などを考えるのに時間を要し，それらを日本語でまず考えて
から英語に「翻訳する」ため時間がかかることもわかった（Raimes, 1985; Sasaki,
2000; Victori, 1999; Yamashita, 2013）。

　認知心理学の観点から文章化プロセスを表した研究では，Flower & Hayes
（1981）と Bereiter & Scardamalia（1987）のモデルがあげられる。Flower & Hayes
（1981）の認知プロセスモデル（図 4-3）はライティングの処理過程，課題環境，
書き手の長期記憶から成り立ち，ライティングの処理過程では書き手は「計画」
「文章化」「推敲」を何度も行き来すると記している。「計画」ではアイデア創出，
情報構築，目標設定を行い，「文章化」でアイデアをテキスト化し，「推敲」を
繰り返すとしたのである。これはプロセス・ライティングの理論的背景となっ
ており，現在も基本的にはこの流れで教えるべきとされている。もう 1 つのモ
デルは，Bereiter & Scardamalia（1987）の「知識伝達モデル」（knowledge-telling）
と「知識変形モデル」（knowledge-transforming）である。前者は知っている内

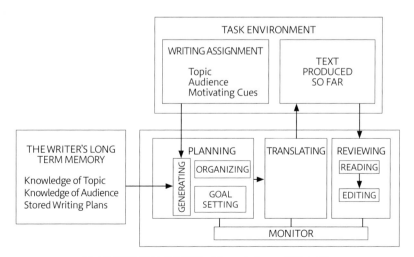

図 4-3 認知プロセスモデル（Flower & Hayes, 1981 より）

容を伝えるだけの未熟な書き手のモデルであり，後者はタスクが提起する問題の解決を目指し，目標設定を行いながら書く，高度な書き手のモデルである。現在ではライティング指導は後者を目指すものとされている。

　これら書き手のプロセスを見る研究からも明らかなように，ライティングは「思考を促す認知的な生産活動」であるといえる。大井（2014）は，spontaneousな「発話」と比較して，「書く」ほうが認知的負荷は高いと述べている。さらに，言語習得における「書く」活動の意義として，Swain（1995）のアウトプット仮説を引き合いに出し，書くことで，①目標言語（L2）の特徴，②目標言語（L2）と母語（L1）との違い，③目標言語（L2）と自分の習得レベルとの差（表現したいことが書けない）など様々な「気づき」をもたらすとも述べている。書くことを通じてこれらに気づき，自分がもっているL2の知識を，時間をかけて「仮説検証」できる利点があると言うのである。加えて，書く過程で，さきの「知識変形モデル」にみられるような，与えられた問題を解決するための論理的思考力（critical thinking）や問題解決能力が得られるとも述べている。これらからライティングは高度な認知活動であるといえよう。

4.2.2　書き手を取り巻く環境をも対象とするポスト・プロセス研究

　1900年後半から2000年代初頭は，ライティング指導に書き手の社会環境や外からの働きかけが大きく影響すると唱えられた時代であった。なかでもJohn Swales（1990）が提唱したESP（English for Specific Purposes；以下，ESP）理論の1つである「ジャンル」（genre）の考え方はその後のライティング指導を大きく変容させた。「ジャンル」とは，特定の読み手がいる集団をdiscourse communityと呼び，その集団が読むテキストは，その集団が意図する目的，論理的特徴，言語的特徴を備えた書き方になっていなければならないとする考え方である。例えば，料理のレシピであれば，discourse communityの読み手は料理をつくる人たちであり，レシピの特徴は，料理をその場でさっとつくれるように短いセンテンスで構成され，命令形が頻繁に使用されている。論文の場合は，研究者が読み手であり，その研究者のcommunityに期待された型（move）で書くべきであるとされ，ここから様々な分野の論文の構成要素を分析するmove分析がさかんになった。このジャンル分析に影響を与えたのは，Halliday

に代表される体系的機能言語学（systematic functional linguistics）であり，言語とその社会的機能の関係を捉え，最も適切な言語選択を行うべきとした考え方である（Halliday & Hasan, 1989; Halliday & Matthiessen, 2013）。Halliday は，社会的なコンテクストのなかでその目的に応じテキストの特徴は定められ，同じ目的をもったテキストは自ずから同じ構造をもつとしたのである。これは，同じ文化的背景をもつ集団構成メンバーがお互いに理解するという目的をもって意味交渉する社会的プロセスであり，書き手にとっては適切な型（move）と語彙選択を必要とする。

　次に，ポスト・プロセス時代の代表的研究としてフィードバック（feedback）に関する研究がある。ライティングのプロセスにおいて，教師や他の学習者から誤りなどを指摘してもらうフィードバックは現在の指導では欠かせないものになっているが，その理論的背景として必ず引き合いに出されるのが，ロシアの心理学者Vygotsky（1978）が提唱した発達の最近接領域（Zone of Proximal Development；以下，ZPD）と，スキャフォールディング（scaffolding; Wood, Bruner & Ross, 1976）という 2 つの概念である。Vygotsky は，学習は他者との関わりのなかで発達するとして，「大人の指導や援助のもとで可能な問題解決の水準と，自主的活動において可能な問題解決の水準との間の食い違いが，子どもの発達の最近接領域を規定します」（ヴィゴツキー／土井・神谷訳, 2003, p.18）と述べている。ここで述べられているスキャフォールディングとは，独力で達成困難な課題を学習者が達成できるように親や教師が手助けすることであり，最終的に困難な課題を達成し学習を 1 人で継続できるように学習者の潜在能力を引き出すための働きかけである。ライティング指導におけるフィードバックはまさにこのスキャフォールディングを施すことであり，学習者が目指すべきテキストを自分で修正しながら書けるようになるまでを支援するのである。

　フィードバック研究では，誰（who）が何に対して（what）どのように（how）行うのかが議論されてきた。非常に多くの研究が成されているが，ここでは教師が与えるフィードバックと学習者同士で与え合うフィードバックについて過去の研究を紹介する。教師のフィードバックは学習者が重要だと捉えるだけでなく，彼らの書き手としての成長に必要である（Hyland, 2010）が，その効果は疑問視されてきた。教師が与えるコメントは曖昧で一貫性がなく，型にはまり

権威主義的（Connors & Lunsford, 1993）であり，多くは学習者を励ますコメントに欠けているといわれたのである。しかし，長期的な効果も報告されている（Ferris, 1997）。とりわけ研究者の関心を集めたのが，ライティング訂正フィードバック（Written Corrective Feedback；以下，WCF）に関する研究であり，教師がテキストに直接書き込んで修正を促したり評価を与えることで，ライティングの能力を発達させることを目的とする。大きくは2つの観点，つまり①文法・語彙・表現などの言語面（local error）と，②内容や構成面（global error）に対する修正がある（Ferris, 2002）。WCFが注目を浴びるようになったのは1980年代以降で，文法の間違いに対する修正が効果的か否かを議論した有名なTruscottとFerrisの論争に始まった。Truscott（1996, 2007）は文法の誤りを修正するのは教師の労力の浪費であり，学習者には効果がないと主張したのに対し，Ferris（1999, 2003）は学習者に合った修正を施すことで第二言語習得につながると主張し，双方は相反する立場で議論したのである。初期の研究は，この論争に端を発し，WCFが文法の正確性を向上させるか否かに注目が集まった。とくに，直接的WCFか間接的WCFのどちらが効果的かに着目した研究が多い。直接的WCFとは，誤りを直接修正することであり，間接的WCFとは，誤りの箇所に下線を引く，または誤りを記号化したシンボルを記入してヒントを与える修正方法である。初期の研究は，研究デザインが一定しておらず決定的な結果は出なかったが，Ferris（1999）はWCFが効果的なのは，学生自らが修正可能なtreatable errors（動詞の時制や形，主語と述語の時制の一致など）に対してであり，untreatable errors（適切な語彙や表現の選択など）では難しいと述べたため，書き手が修正可能な文法事項などに焦点化して行うのがよいのではないかとの示唆が出された。近年は，研究デザインがある程度整えられ，誤りが長期的に見て修正されているかを実験群と比較群で調査する研究が続いている。しかし，結果は限定的である。

　次に，学習者同士で行うフィードバック（ピア・フィードバック；peer feedback）に関する研究は，現在でもさかんに行われている。これについても議論があり，賛成派は社会構築主義の立場から書き手の周りの人間関係との関わりの重要性をうたい，ピア・フィードバックの協働作業への貢献（Villamill & Guerrero, 2019 他）や，第二言語習得への重要性（Storch, 2019）を強調する。

他者に読んでもらうことで読み手が理解しているかを知ることになり，自分の
文章に批判的な視点をもつことができる（Zhang, 1985）利点がある。一方で反
対派は，学習者つまり言語習得段階にいる者同士が評価し合うため，構成や内
容よりは文章レベルの local な誤りの指摘に終始し，コメントも曖昧で役に立つ
ものではないと指摘しており，学習者は教師のフィードバックのほうを好むと
主張している。さらには相手を批判する文化のないアジア圏ではうまく機能し
ないといった研究も多い（Hyland, 2000）。

　最後に，ライティングセンターにおけるチューターと相談者の関係を社会構
築主義の立場から分析している研究の動向についても少しふれておきたい。も
とはアメリカで 1970 年代頃から高等教育機関で始まったライティングセン
ターだが，現在は日本の大学でも増えてきている。外国語を対象とするセンター
は限られてはいるが，運営形態や指導理念は似ており，主にアカデミック・ラ
イティング教授法の指導を受けた大学院生などをチューターとして学部生の口
頭による相談に当たらせている。センターの理念は，「書き手を育てる」指導で
あり（佐渡島・太田, 2013），チューターは書いたものへの修正や添削を行うの
ではなく，相談者がアドバイスを聞いて気づき，自分で書いたものをよりよい
ものにしていく過程を支援する役割を担っている。近年のフィードバック研究
のなかにはチューターと相談者の関係を Vygotsky の Dynamic Assessment（以下，
DA）の観点から分析した研究がある。DA とは人格と認知と行動を含む人間の
すべての性格が変容可能であるという考え方で，結果のみで判断しようとする
測定方法ではなく，学習者の変容を動的に捉え，学習者の学びの過程や，指導
者の支援の質をも対象とする。DA の考え方に基づき，チューターと学習者の
対話から前者の介入のありようを調査したり，介入を類型化する研究が第二言
語習得の分野でも成されてきている（Lantolf, Poehner & Swain, 2018; Mackiewicz
& Thompson, 2018; 山下, 2020）。今後はこのような支援者（教師, チューターを
含む）が書き手である学習者にどのような働きかけをすることが彼らの自律的
な学びを促進するのか，継続的かつ長期的な成長を追う研究が主流となってく
るであろう。

4.3　第二言語ライティング指導と実践

　本節では **4.2** の研究・理論を背景に，大学で行われている一般的なライティング指導とわれわれのプロジェクト発信型プログラム（PEP）の実践を概観する。前者に関しては，ライティングだけに特化した授業を対象とする。筆者は両方の授業を教えた経験があることから両者を比較するが，PEP のライティングへのアプローチは前者と少し様相が違うことがおわかりいただけると思う。

4.3.1　大学で行われているアカデミック・ライティング指導

（1）型に入れるライティング教育：パラグラフからエッセイへ

　現在，ライティングの授業をもっている大学では，初年次にアカデミック・ライティングの必修授業があり，2 年生以降，E メールや研究論文など様々なジャンルのテキストの書き方を教える ESP 教育を提供している。圧倒的に影響を与えているのがこのジャンルの考え方であり，とりわけ初年次のアカデミック・ライティングの授業では，「型」に入れる教育を施していると言っても過言ではない。まずパラグラフの基本構成を教え，様々なパラグラフタイプの論理の型に入れ，エッセイに展開させていく。そして，授業で教えた「型」に習熟させるために，実際に書かせて「型」を身体に染み込ませるのである。

　本書の読者にはあらためて説明の必要はないかもしれないが，パラグラフは，論理的な英文の基本的な構成単位であると教えられる。最初の 1 文はトピック・センテンス（TS）と呼ばれ，そのパラグラフのまとめとなる情報や書き手の主張である。その次にサポーティング・センテンス（SS），つまりトピックセンテンスを支持する情報が置かれる。そして最後の 1 文はコンクルーディング・センテンス（CS）と呼ばれ，パラグラフの内容のまとめや結論である。あらゆる英文はこのパラグラフで構造化されており，パラグラフの塊が，エッセイや論文のセクションを構成しているのである。

　パラグラフの基本構造を学んだ後に，学生は様々なタイプのパラグラフと，個々に特徴的な論理的・修辞的な型や使用すべき語彙を学ぶ。よく取り上げられるパラグラフは次のタイプである。①descriptive paragraph（記述型：人物や場所，物事や状態について 5 感に訴え説明する），②compare/contrast paragraph

（比較対象型：人物，場所，事象などの類似点や相違点を比較する），③classification paragraph（分類型：人物，場所，事象などを分類する），④cause-effect or problem-solution paragraph（原因・結果型または問題・解決型：物事の原因と結果，または問題点に対する解決法を記述する），⑤persuasive/argumentative（議論型：対立軸のある議論を賛成または反対の立場で説得力のある文章を書く）である。

また，ジャンル分析の Swales の考え方を踏襲して一般的なライティングテキストでは elements of a good writing として「よい文章の条件」が書かれていることが多い。①目的が明確で読み手を意識した文章，②読み手の理解を妨げるような遠回しな表現を使わず，述べるべきことがはっきりと書かれた文章，そして③話の流れが論理的つまり一貫性と結束性のある文章である。英文の一貫性と結束性に関しては，Halliday & Hasan（1976）が示した英文の情報順序（既知情報から新規情報に流れる）や，人称代名詞，指示代名詞などで示される文法的結束性や，同義語などを使用した語彙的結束性についても説明することがある。通常，指導方法としては，まず教師がサンプル・パラグラフを提示しながら，各パラグラフの特徴を学生に気づかせるようにして議論し，おのおののパラグラフの論理の型（rhetorical features）と語彙的特徴（lexical features）を教える方法を取る。そして学生は，授業外の課題で学習したパラグラフを実際に書くことでそれぞれの「型」を体得していくのである。

様々なタイプのパラグラフ・ライティングを経験させた後は，エッセイに展開させていく。ここでエッセイとは，introductory paragraph（導入部），通常 2～3 パラグラフからなる body paragraphs（本論），concluding paragraph（結論部）の典型的な 4～5 つのパラグラフエッセイの「型」をさしている。エッセイの指導方法には 2 通りあり，既に書いていたパラグラフに情報を付け加えエッセイにする方法と，最初から書かせる方法があるが，前者のほうが学生は書きやすいようである。既に書いた内容に必要な情報をいかに付加させていくかについては，サポーティング・センテンス以降の論理の展開パターン（情報の付加，対比，詳述，例示など）やデータの引用の仕方を教え，1 行に 2～3 行を書き加えるだけでパラグラフになっていくと指導すれば，「書くことが苦手」という学生でも比較的容易に書けることが，経験上知られている。書く前

に何を書くかを整理してアウトラインから始める書き方よりも負荷が少ない。一度書いたものを読み返して推敲し，必要な情報を追加していくプロセスは学生により多くの考える時間を与えられるとして，多くの海外のテキストがこの方法を採択している。

　そして，大学生のアカデミック・ライティングの最終課題は，「論証文」（argumentative essay）である。論証文とは，対立軸のある議論を行うもので，主張を根拠によって裏づける議論が含まれるため難しく，TOEFL iBT Test などの英語能力試験のプロンプト（課題）になっている。意見文（opinion essay）が書き手の一方的な意見や考えを述べるのに対し，論証文は自分の立場を書きつつ，もう一方の立場の弱さを論破する。典型的な型としては，本論に書き手の主張に反する立場，つまり「反論」（counter argument）を入れる。そしてさらにその立場が論理的にいかに弱いか，自分の主張がいかに正しいかを述べる「反駁，論駁」（refutation）のパラグラフが続く。根拠でもって自分の立場を述べ，さらに反対の立場を論破するまでの論証文を学生に書かせるには，彼らに論理的な思考力が必要であり非常に負荷が高く，習得までには時間を要する活動となる。

（2）プロセス・ライティングとフィードバック活動

　4.2 で述べたが，「書かれたもの」より「書き手そのもの」を見る研究へと移行した 2000 年代に入って，ライティングの教育者や研究者は，書くという過程そのものを評価しようという考え方に変わっていった。ライティング課題を最終プロダクトにしていくまでの過程は，cyclical process of writing と呼ばれ，Idea-generation/Outlining/Drafting/Re-editing の 4 つのサイクルから成っている。まず与えられたプロンプトに対して何を書くかを考える準備段階があり，考えを整理してアウトラインをつくり，それに基づき初稿を書き，教師またはクラスメートなどのフィードバックを得て，最終稿にしていく過程である。また，これは一方向のみでなく Flower & Hayes（1981）の認知プロセスモデル（図 4-3 参照）にあるように，何度も行きつ戻りつして繰り返される。筆者は，書くことは認知的な生産活動であると述べたが，このプロセスを経て何度もテキストを練り直すことで書き手の思考が深まる。まずは与えられたトピックを吟味してアウトラインを作成する。この段階を軽視して書き始めてしまうと後で書き直

さなければならなくなる。そのために教師は，思考を促す様々なツールを用意しておく。例えば，論証文を書かせる際には，イギリスの分析哲学者Stephen Toulmin が提案した議論のモデル Toulmin model（2003）がある。このモデルは，「主張」「根拠（データ）」「論拠」を基本として，「裏づけ」「限定詞」「反証」の6つの要素で構成されている。このようなツールを使い，考えを整理して，そのままエッセイになるようなアウトラインを作成するのが望ましい。

　さらに，教師や学習者同士のフィードバックがプロセス・ライティングにおいて重要な活動であることは 4.2 の理論部分で述べた。しかし実際に行ってみると修正につながる効果的なフィードバックを行うのは難しく，教師の労力をすり減らすだけとの指摘もある。しかし，教師が与えるフィードバックは学生の第二言語習得を促し，学生も価値を置くとされているだけに授業で行っている教師がほとんどであろう。多くの場合は，教師が学生のテキストにコメントを記入する WCF である。何に対して行うのか（例：文法，語彙，表現，論理，内容など），どのように行うのか（例：赤で誤りの箇所を指摘する，修正シンボルを付与する，誤りを指摘するだけでなくメタ言語知識も記入する，など），またどのタイミングで行うのか，は教師の考え方や，その活動の目的に大きく左右される。さらには，細かい文法の修正をし始めるときりがない。筆者が行うのは Ferris（2002）が分類した global error つまり大きな論や話の流れと大きく意味を取り違えてしまいかねない表現の指摘，さらには学生が自分で修正可能な文法などの local error である。何から何まで教師がフィードバックを与えることは学生の自律的な学びを妨げる可能性もあることを知っておかなければならない。

4.3.2　プロジェクト発信型プログラム（PEP）のライティング指導

（1）論理的思考力を醸成するために，型に入れることを急がない

　一般的なアカデミック・ライティングはパラグラフやエッセイの「型」に入れる授業だと書いた。しかし，筆者らの PEP ではこの型に入れることを急がない。ライティングの評価は CAF つまり，complexity（使用語彙や文法の複雑性），accuracy（間違いの数を見る正確性），fluency（量を見る流暢性）が基準とされている（Wolfe-Quintero, Inagaki & Kim, 1998）が，まず1年生配当の Project 1

（P1）では fluency を上げる目的を優先して，英語で書くことに慣れる習慣をつけさせるのである。宮田（2010）は日本の語学教育において「正確さや誤りに過剰に敏感である」ことを指摘しており，久留（2019）は大学入学以前に英文を書いてこなかった学生に自分の関心事を自由に書かせることは，ライティングへの嫌悪感や心理的負担を下げる効果があると述べている。そのため，毎回の課題でプロジェクトの内容をまとめさせるが，初年次は誤りを指摘するよりは，最低限のワード数を指定して好きなように書かせることを優先しているのである。

　「型」に入れることを急がないもう1つの理由は，筆者らのプログラムの大きな軸の1つがリサーチスキルや探究心の涵養にあり，論証のための思考力を醸成することを目的としているためである。ここでリサーチスキルや探究心の涵養と書いたが，文部科学省が予測不可能なグローバル社会で生きる力を生徒に身につけさせるために，今回の新学習指導要領の焦点の1つとしたのが「探究学習」であり，筆者らのプログラムと関係性が深いため，ここで少し説明を加えておきたい。新学習指導要領の本文ではそのプロセスを以下のように示している。

　　生徒は①日常生活や社会に目を向けた時に湧き上がってくる疑問や関心に基づいて，自ら課題を見つけ，②そこにある具体的な問題について情報を収集し，③その情報を整理・分析したり，知識や技能に結びつけたり，考えを出し合ったりしながら問題解決に取り組み，④明らかになった考えや意見などをまとめ・表現し，そこからまた新たな課題を見つけ，さらなる問題の解決を始めるといった学習活動を発展的に繰り返していく。要するに探究とは，物事の本質を自己との関わりで探り見極めようとする一連の知的営みのことである。

（文部科学省, 2019b）

　遅きに失しているのではと思うが，この①から④の探究のプロセスは PEP の学生がプロジェクト遂行の過程で体感するものであり，われわれは既に10年以上も前から着目しているのである。上記の解説は Dewey（1938）の「探究の5段階」①探究の先行的条件（現状の把握）②問題設定（問いを立てる）③問題

解決の決定（仮説の提示）④推論による仮説の検証（仮説の検証）⑤実験と観察による仮説の検証（仮説の検証），とも言い換えられ，これはまさに PEP のプロジェクトが内在する研究のプロセスでもある。1 年生がもつプロジェクトの課題はまだ身の回りの関心事で小規模なものだが，2, 3 年生になると例えば環境問題などの社会問題を科学の知識で解決しようとする大規模なものへと発展する。実際に，実験を行って仮説を検証したり，研究室や大学外の専門家から情報を得て問題を解決しようとする。そしてプロジェクトの成果を発信する際には，自分の意見や考えを相手に説得するための論理的思考や，聞く（読む）人の視点に立つ批判的思考（critical thinking），つまり論証のための思考力を必要とする。自分の伝えたいことをどうしたら伝えられるのかをじっくり考え，整理して，その思考の過程を書き留めるというプロセスを重視する。そのため教師は，最初から論理の型に入れることをせず，学生自身に考える時間を与えるのである。もちろんまったく型を教えないわけではなく，1 年生は春学期が終わるまでに徐々に序論，本論，結論の流れで発表し，書くための知識を習得する。それはまさにアカデミック・ライティングのエッセイの型であり，パラグラフ構造なのである。ここに至るまでには学生は主張（TS）や根拠（SS）などのコンテンツがそろっているので型に入れやすい。そして 1 年生秋学期の Project 2（P2）を終える頃には誰もが曲がりなりにも A4 用紙 3 枚程度のエッセイが書けるようになっているのである。

（2）論文（リサーチペーパー）というジャンルとプロセス・ライティングを学ぶ

　PEP でアカデミック・ライティングをしっかり学ぶのは 2 年生秋学期の Project 4（P4）である。個人の研究プロジェクトを遂行させながら並行して文章にまとめていくため，授業では研究方法と論文の書き方を教える。本授業の理論的背景は，ESP 教育のジャンルの理論とプロセス・ライティングである。ここでは論文というジャンルの修辞的特徴（rhetorical features）と語彙的特徴（lexical features）を教えその「型」に入れて書けるようになることを目指すと同時に，最終プロダクトにしていくまでの 4 つのサイクル cyclical process of writing を踏襲させる。

　まず初回の授業では，研究とは何か？　といった話から，論文とこれまでに書いてきたものとの異なる点をしっかり説明する。とくに，2 年生までの学生

のテキストは，事実と意見が混在しがちであるため，論文の定義をしっかり確認しておく必要がある。石井（2002）は論文を「与えられている事実・意見の引用に基づき，その事実・意見に対する自分の判断の正当性を根拠をあげて主張する文章」と定義している。研究論文は「自分のことを直接書く」作文（エッセイ）とは大きく異なり，「自分の主張を論証で説得する文章」であり両者の違いをしっかり区別させている。次に，数回にわたって，個人プロジェクトのテーマを焦点化する（筆者らはこれを「切り口」と呼んでいる）。マインドマップなどを使ってブレーンストーミングさせ，プロジェクト全体の流れを確定させていくのである。そして，論文が他のジャンルのテキストとは異なる体裁をしていること，多くの科学論文は IMRaD（Introduction Methods Results and Conclusion）で構成されており，セクションごとに修辞的・語彙的特徴があることを学生に気づかせるために，サンプルを見せながら説明するのである。

　このような授業と並行し，学生はプロジェクトを進め，一方でセクションごとにその内容をまとめていく。また，図書館司書を招き，先行文献などの収集方法や，APA スタイルに沿った引用方法を学び，1人約 2,000 ワードのミニ論文を書く。書き終える時点でプロジェクトについて，口頭でも発表することで話し言葉と書き言葉の使い分けも学べるようにしている。このように2年生の時点で研究そのもののプロセスを体感できる授業になっている。もちろんプロジェクトのテーマは，「○○日間，糖質制限食を試して痩せる」といったチャレンジ型など専門性が必ずしも高いものばかりではなく，筆者らもそれを要求していない。学生の興味・関心事を尊重したテーマ設定をしているからこそ，2,000 ワードもの最終成果物ができあがるのだと思われる。

（3）協働作業としてのライティング活動

　PEP で大切にしているのがクラスメート同士で書いたものをチェックし合う協働活動である。1年生時は，大学の学習管理システムの manaba+R に提出された他の学生の課題に対してコメントを入れる活動が主であるが，2年生秋学期の P4 では，ミニ論文のセクションごとにピア・フィードバックを一貫して行っている。ピア・フィードバックは，教師から受けるフィードバックと異なり，評価をされない気軽さやライティングに対する嫌悪感を下げる効果があると同時に，他の学生の書いたものを見て批判的な分析力を養い，自分の書いた

ものを客観視できる利点があると言われている（Biber, Nekrasova & Horn, 2011）。また，社会構築主義の立場から書き手に適切なスキャフォールディングを施すことは，本人1人では難しい課題（この場合は誤りの修正など）を周りの手助けにより可能にする（Wood, Bruner & Ross, 1976）とされており，PEPが目指す他の学生との協働によるシナジー効果をねらう意図もある。ただ，ピア・フィードバックの難しさは，効果が教師の求めるレベルに及ばない可能性がある。その対策として，目的と方法を明確にして学生に伝えること，とくにフィードバックの焦点を絞り込むことが重要だと感じている。具体的には，論文の導入部に①目的が明記されているか，②どのような表現が使用されているかという2点に絞りグループ内で共有する，などである。また，他のピア・フィードバックの活動例として，パラグラフの構成要素をマーカーで色づけさせるグループワークをしたり，ペアで一方が内容を日本語で説明してから，相手に英語の内容を見てもらい，意味の通じない箇所を指摘させる活動などがある。学生のなかには，「クラスメートを批判するのは気が引ける」と積極的になれない者もいるため，「否定しているのではなく修正することにより，よりよいテキストにする作業をともに行っているのがピア・フィードバックの目的である」ときっちりと学生に理解させておかなければ，うまくいかないようである。さらには，ピア・フィードバック活動はやりっぱなしにすることなく，教師によるクラス全体での共有が重要である。授業で数人のテキストを例に学生のフィードバック・コメントを受講者全員と共有する。文法の誤りなどは細かく訂正はしないが，どの学生にも頻繁に見受けられる誤りなどはここで指摘するのがよいと考える。

　もう1つのシナジー効果として筆者が期待しているのは，ライティングセンターでのチューターによるフィードバックである。2017年度から筆者らの生命科学部・薬学部ではSupport for Academic Projects and Papers（以下，SAPP）という小規模なライティング支援を行っており，その支援には院生チューターが対応している。興味深いことに山下（2020）の調査では，チューターへの相談は英語に関するものは少なく，プロジェクトの進め方や方向性，論文の構成に関する相談が多かった。そのため，院生チューターの専門的な知識と研究力，そしてPEPの受講経験が相談者に効果的なスキャフォールディングを提供してい

ることがわかった。また，年齢の近い先輩がプロジェクト遂行の悩みに共感を示してくれるその心理的サポートが，相談者を粘り強くプロジェクト完遂まで導いていることも示唆している。ライティングの目的は「自立した書き手を育てる」（佐渡島・太田，2013）というが，筆者は「自立」というのは1人で書くことではなく，周囲の支援をうまく利用しながら自分で少しずつ，よりよいテキストにしていくことであると考える。この点において，PEP や専門科目の教師，クラスメート，ライティングセンター，そして次に述べる ICT の様々な支援媒体との有機的なシナジー，協働作業が PEP の目指すライティング指導といえよう。

（4）ICT の活用と発信する場の提供

　PEP では ICT ツールの使用を積極的に奨励している。とくにライティング指導で最も煩雑な作業となるフィードバックや剽窃チェックは，Turnitin（1998）などの商用ツールを有効活用すべきだと考えている。まず学生自身にこれらのツールを利用させ，最低限の文法や引用の誤りは自分自身で修正させる。そうすればわれわれ教師はその分の労力を，論理の流れや内容などに注力できるのである。

　最後に PEP では，学生の発信の場として優秀な課題を PEP Journal というプロジェクト発信型英語情報サイト PEP Navi に公開している（http://journal.pep-rg.jp/）。図 4-4 は 2016 年度からの 2019 年度に発行した PEP Journal の表紙である。

　これらの冊子化も行ってはいるが，何より多くの人々の目につくのはネット

図 4-4　PEP Journal（左から 2016 年度版，2017 年度版，2018 年度版，2019 年度版）

上の媒体物である。PEP Journal には各クラスの教師によって選ばれた学生の最終発表の動画とライティングの最終課題を公開している。2016 年度から 2018 年度は P2（1 年生配当）の優秀作品を載せているが，2019 年度は P4（2 年生配当）も加わった。このような公開サイトは他にもある。一方大学内，またはクラス内だけが見られるというクローズドな環境のものが大半だが，PEP では一般に公開しており大学外からのフィードバックも受けつけている。学生にこのような発表の場を提供することが彼らのモチベーションを高めることに寄与していると考えている。

4.4 ライティング教育が抱える問題点への考察

前節までは英語ライティングの理論的背景と現状について述べてきた。本節では，英語教育における様々なライティング指導の問題点をあげ議論する。

4.4.1 「型」に入れる教育の是非について

前節で述べてきたように，アカデミック・ライティングというとまずはパラグラフ，そして 5 パラグラフエッセイ，さらには論文に至っても「型」を学び，その型に入れて書かせる指導をするのが一般的であろう。しかし，はたしてこの「型を教えるライティング指導」は本当に効果的といえるのだろうか。最初から型に入れてしまう教育に対し，「型に入れるのを急がない」PEP の立場からは違和感をもたざるを得ない。というのも，5 パラグラフエッセイに関して，筆者はかつて私立大学の外国語学部 3 年生 200 人のエッセイデータを分析して感じたことがある。彼らは 2 年生時に 1 年間海外の大学に留学しており，30 分もあれば300 〜 350 ワードのエッセイを一気に書き上げるほどの英語力がある。しかし，できあがったエッセイを分析した結果，5 パラグラフの「型」には入っているのだが，内容にまったくおもしろみを感じないのである。深い議論が必要な論証文であっても内容が薄っぺらで十分に議論されていないのである。

同じ印象をもったのは筆者だけではなく，5 パラグラフエッセイの「型」に入れる教育を始めたアメリカの研究者の間でも疑問視されているようである。5 パラグラフフォーマットの形骸化は，とくに小中高の教師を中心にここ 10 年は

ど前から指摘されている。Brannon et al.(2008)は，". . . the five-paragraph theme is an actual 'form' and that 'forming' in writing is simply slotting information into prefabricated formulas rather than a complex process of meaning-making and negotiation between a writer's purposes and audiences' needs."（5パラグラフエッセイによって，たんに情報を用意された型に入れるだけとなってしまい，書くことが，書き手と読み手の間の意味交渉のプロセスでなくなってしまった；p.16）と述べ，Argys（2008）は，"The FPT [five-paragraph theme] formula may assist students with proper formatting of papers, but it appears to fall short of helping them offer a cogent discussion of their thoughts."（5パラグラフは適切な型を生徒に提供しているかもしれないが，彼らの考えに根差した説得力のある議論を提供していないようだ；p.99）と指摘している。もともと5パラグラフフォーマットは，アメリカの大学に入学するために必要とされる適正試験SAT（Scholastic Assessment Test）などのライティングテストで高得点を得るために開発されたと言われている。しかし，SATのライティングテストでも，5パラグラフの型にはまった英文は「考えの発展や一貫性がみられない」などと酷評され，必ずしも高得点を取っているわけではないとの研究結果が出ているのである（Campbell & Latimer, 2012）。

　型に入れる教育はジャンルの理論を導入したESP教育で行われてきた。肯定的な立場の教育者は，モデル（型）を書き慣れていない学生に与えることは，彼らの認知的要求や書くために必要な労力を下げ，書き手がそのテキストのジャンルに習熟していない場合は，型は効果的なスキャフォールディングになる（Swales, 1990 他）と主張する。しかし，自らもジャンルの推進者であるHyland（2019）は，抽象的な型だけに当てはめるその危険性を指摘して「修辞的な型や言語的特徴を教えることは，それそのものが目的ではなく，それらが文脈のなかでどういった意味をもち，どういった働きをしているのか（contextualising the language）を学生に分析させることが目的だ」（p.21）と主張しているのである。また，「型に入れながらもそのテキストはコミュニケーションを志向している，つまり読み手と書き手の意味交渉のプロセスであることを教師こそが意識しておかなくてはならない」（p.18）とも主張している。学生が型のみに当てはめて内容が薄くなっているとしたら，それは型に入れることだけを目標にして

いるのであり，本来のじっくり練った内容を論理的な構成にするための「効果的な英文にする型の役割」からは遠ざかっている。教師は型に入れる指導に安住せず，むしろ型に入れるコンテンツをしっかり考えさせなければならない。多くのアメリカの教師が指摘しているのはまさにこの「型に入れることに終始して，本来あるべきライティング教育の根幹に関わる思考させるプロセスが欠落している」という点である。

　近年はこのような反省から型にこだわらないライティング指南書が出版され，現場教師の実践例が紹介されている。Campbell & Latimer（2012）はその著書『Beyond the five-paragraph essay』のなかで，プロセス・ライティングのサイクルを踏襲しながら，思考を促すための様々な指導例やアクティビティを紹介している。紹介されている指導例の対象は主に高校生までであり L2 学習者に限定されてはいないが，大学現場の L2 学習者にも応用できる試みがある。書籍に紹介された授業のポイントは，①型（フォーム）よりも内容を重視する，②リライトを数回以上繰り返し，その過程で思考を深めさせる，そして③型に入れる書き方に慣れた生徒には，まず型から離れて自由に書かせ，教師はじっと我慢強く彼らがうまくいかない過程に付き合い，適宜必要なフィードバックを与えながら本人らが満足のいくものに仕上げるのを待つ必要があると述べている。

　前節で，PEP では型に入れることを急がないと説明した。初年次の目的が，学生の fluency を上げることと，リサーチスキルに伴う論証の思考力を醸成することであるためだが，まずはじっくり考えさせ，書くべき内容が充実した頃に型に入れていく指導である。授業の目的が異なるといえばそうかもしれないが，大学のライティング授業で「型」に入れることに安住しているとしたら，それよりはまず内容をしっかり考えるプロセスを重視しなければならないと考える。型を教えずに書かせてみて，どのようにまとめるのがよいのか学生に任せてみるのもよいかもしれない。型にこだわらない書き方も含めその指導を再考すべきであり，それを実践するには教師の力量が問われるところであろう。

4.4.2　フィードバックの効果と持続可能性について

　プロセス・ライティングにフィードバックは欠かせない。しかし一方で，そ

のフィードバックを効果的で持続可能なものにしなければならないという問題がある。教師はフィードバックを書くのに多くの時間，労力を使っている。しかし，学生にすれば修正やコメントがぎっしり書き込まれた課題を受け取ると，圧倒されて修正する気力がそがれてしまう可能性もある。せっかく丁寧な WCF を施しても，次回の課題にほとんど反映されていないのを見て，がっかりした経験をもつ教師も多いであろう。フィードバックを効果的で持続可能なものにするためには，どのようにすればよいのだろうか？　さらにはライティング指導の最終目標である「自立した書き手」を育てるためのフィードバックとは，どうあるべきであろうか？

　これまでに学生の積極的な態度を喚起する教師の WCF の重要要素を分析した研究（Ferris, Liu & Senna, 2013）によると，学生がどれだけ学習に関与しているかという学生エンゲージメント（student engagement）が重要であると述べている。学生がよいテキストにしたいという意欲や学びに対する積極性が高いほど，教師のフィードバックを前向きに取り入れようとする態度がみられたのである。筆者が考える「自立した書き手」とは，「最後まで自分のテキストに責任をもてる書き手」「自分の納得できる文章になるまで何度も修正を重ねてよいものにしていく意欲の高い書き手」である。そのような書き手を育成するためには，適切なフィードバックという形での周囲の支援があるか，また，それらが適切であるかという要因が大きく関わってくるのである。

　まず，効果的なフィードバックをするためには，最初の段階でその意義を学生に伝えておく必要がある。フィードバックの目的が何であるのかを明確に示し，ライティング課題の評価項目や学習目標を学生に明示しておく。そのうえで，フィードバックするべき項目を焦点化する。例えば，descriptive essay なら，①五感を使った表現や形容詞が適切に使われているか，②エッセイを論理的な構成で展開できているか，の 2 点のみをフィードバックの対象にするのである。必然的にそのような表現や形容詞が適切に使われ，論理的に展開しているエッセイが高く評価される。

　文法に関しても，すべての誤りを修正するのはナンセンスである。フィードバックをする目的は，学生に自分で文法間違いを修正できる力をつけること，また，そのような書き手を育成することである。そのためには教師がすべての誤

りを指摘する必要はない。すべてを指摘したとしても，学生は往々にしてその間違いを自分で分析することなく，ただ修正するだけでまったく学びにはつながらない。Hyland（2019）は "It seems that students try to use most of the usable feedback they are given."（学生は〔自分が〕使えると感じたフィードバックだけを取り入れる；p.174）と言っている。フィードバックの方法には，誤りの箇所に記号（symbol）を記すという方法もある。海外の研究では手段の1つとして積極的に取り入れており，学生とのコンセンサスは必要だが教師のフィードバックの労力を減らせるため検討の余地はある。しかし筆者は，文法や語彙の修正は，ネット上の文法チェッカーに頼ってしまってもよいと思っている。現在は機械学習とディープラーニングのアルゴリズムを駆使した様々な有益なツールがある（**4.4.3**を参照）。L2 ライティングで重要視すべきは論理的な流れが書けているか，書き手の主張が誰にでもわかるように筋立てて書けているかであるため，これらのツールを活用することで，教師は論理面のコメントに注力することができるであろう。

　また，L2 ライティングにおけるフィードバックは，その与え方によって学生の学びにつながり，教師と学生の関係性にも影響を及ぼすことがあるという点にも留意すべきである。Hyland（2019）では personalized comments を与える必要性を説き，その種類として praise（褒める），criticism（批判），suggestion（提案）の3つをあげている。画一的なコメントを与えるのではなく，その学生のテキストに即した学生の学びを促すようなコメントを与える必要があり，修正箇所を批判する場合は，このようにすればよいという提案も一緒に与える。そして，praise と criticism のバランスをよく考えなければならないと力説している。筆者の授業でも，学生は苦労して書いたものを教師に褒められると，モチベーションが上がるようで，ある学生は「フィードバックで先生によい作文に取り上げられたくて，それを励みに頑張れました」と述べていた。教師は学生の書く力や性格を知って叱咤激励しながら，よりよい学びにつながるような指導を心がけたい。

　大学においては，学生の書く力を支援するためにライティングセンターなどの正課外の支援を充実させることも重要であろう。筆者が所属する学部のライティング支援SAPP でも，優秀な大学院生がチューターとして活躍していること

は前述したが，彼らの強みは理系のプロジェクトの進め方について適切なアドバイスができる点であり，これらは英語教員にはできないことである。PEPでは，3年生は専門寄りのプロジェクトを行い，グループでポスター発表を行う。英語教師が内容面や実験の進め方などについてコメントできるかというと心もとない。チューターと学生（相談者）のセッションを分析した結果（山下, 2020），「専門的な指導を受けられる先輩の存在」が支持され，チューターの院生ならではの専門的な知識が活かされていることが確認できた。基本的なアカデミック・ライティングの指導は教師がするとしても，専門性の高いコンテンツに関しては，専門知識に加え，ライティング指導の知識を兼ね備えたチューターとして優秀な院生にフィードバックをゆだねるのがよいと考えている。また，優秀なチューターを育成するために，チューターに必要なライティング指導法のトレーニングを充実させる必要があるであろう。そのためには大学規模のライティングセンターの設置が急務である。

4.4.3　ライティング教育とICT

　近年，SNSやインターネット関連のICTの活用が英語教育全般に影響を与えている。折しも2020年は新型コロナウイルス対策のため，大学では対面授業からオンライン授業に切り替わり，ICT活用が加速した。2020年度前期は，大学教師はビデオ会議システムを利用した同時双方向型の授業か，学生が動画や資料などを見て学習を進めるオンデマンド型授業，またはその両方のハイブリッド型授業の選択を迫られた。これまで，対面授業で紙の教科書で授業を進めていた教師は，いきなりICTツールを学び，対面時と変わらない教育の質を迫られたのである。

　オンライン授業全体の評価についてはまだ分析結果を待っているが，ライティング授業に関しては，2020年7月25日（土）に大学英語教育学会（JACET）関西支部のライティング指導研究会が「遠隔授業におけるライティング指導」についてのZoomでの意見交換会で，前期の授業を振り返って意見交換を行った。日本全国のライティング指導を行った経験のある教師が50名程度集まり，「オンラインでのライティング指導のメリット・デメリット」を議論したが，筆者の判断によれば総じてライティングはオンライン授業との親和性が高いと思

われた。

　メリットとしてあがっていたのは，①学生の課題を画面で共有し，フィード
バック指導がしやすかったことや，Zoom などのチャット機能に課題やワーク
シートの答えを貼ってもらったことで，対面授業で 1 人ひとり見て回るよりも
効率的だった点である。また，②共有ツールを活用した授業運営も効果的であっ
たようだ。Moodle や Google Classroom を利用して学生の提出物の管理をした
り，Google Drive や Microsoft OneDrive などに課題を提出させ学生同士で
フィードバックさせたりすることができ，教師も大学の学習管理システムで 1
人ずつ課題をダウンロードしてコメントをするよりも作業の効率が上がったと
の声が多かった。その他にも，授業スライドやインターネット上の情報をその
場で検索して学生に見せることができたのは非常に便利だったということであ
る。

　反対にデメリットは，クラス全体の雰囲気が掴みにくい，学生の反応が即時
にわからない，板書に替わる方法がない，単語テストがしにくいなどの点であ
り，ライティング指導だけの問題ではなかったようだ。なお，板書に替わる方
法については，Zoom のホワイトボードや iPad などの他のツールなどとの連動
も会場の参加者の実践から紹介された。このように，ライティング指導はむし
ろ様々な ICT ツールを活用してよりよいテキストにできるうえに，授業運営も
スムーズに行われ，教師の労力を軽減する可能性があることが共通の認識と
なった。

　オンライン上で利用可能なツールとして，論文を書く際には，水本篤氏が開
発した論文作成ツール AWSuM（Academic Word Suggestion Machine: http://
langtest.jp/awsum/）や，筆者が開発したアブストラクト作成支援ツール「あぶ
すと！」（図 4-5）などがある。いずれも ESP の分野で研究が進められてきた
move 分析による論文各セクションの特徴的な語連鎖や，ヒントとなるような表
現を搭載したものである。水本氏の AWSuM は，語を入力すると予測変換機能
により頻出度の高い表現が提供される。また語彙検索をすると，論文のなかで
それがどのように使用されているか，語の前後の単語が表示されるためコロ
ケーションを知ることもできる。筆者が開発した「あぶすと！」は，アブスト
ラクトの move（Introduction, Methods, Results, Discussion/Conclusion）ごと

図 4-5　「あぶすと！」のインターフェイス（http://pep-rg.jp/abst/）

に書きたい表現を拾っていけば Word ファイルにエクスポートしてテンプレートができあがる仕組みになっている。両者ともツールだけで論文やアブストラクトが完成するわけではなく，自分の研究に合わせたコンテンツを加筆しなければならない。

　このようなオンラインツールや Web サイトの利用は今後も確実に増えてくるであろう。しかし，URL を紹介するだけでは学生は利用せず，教師が使い方を指南しなければならない。あくまで学習支援サービスとしての性質を教師がよく理解して，授業の目的に合った利用の仕方を知っておく必要がある。

　しかし一方で，英文ライティングの教師を悩ませているのが機械翻訳である。今や課題の作成に自動翻訳ツールを使わない学生は少ないかもしれない。数年前までは句単位の翻訳しかできなかったこれらのツールも，現在では格段に技術が進み，節単位の翻訳はもちろん語彙の結束性までをも学習して，非常になめらかな英文に翻訳してくれる。筆者は「自分の力で書いてほしい」と今でも学生に言っており，その信念は変わらないが，一方で機械翻訳ツールを敵視するのはもはや時代遅れとも思っており，これからはこのようなツールとうまく付き合っていくのが得策ではないかと考えている。一例として，学習院大学での幸重美津子氏の授業を紹介したい。幸重氏は，ICT 社会における自律した英語ユーザの育成を目的として，積極的に自動翻訳ツールを活用している。そこで，幸重氏がスピーチ原稿を作成させる手順を以下に記す。まず授業では，翻訳に影響を与える日本語の曖昧性を排除するために，制限言語（controlled language）にする必要性とその方法（日本語に主語を入れるなど）を説明する。そして，学生にまず日本語で原案を作文させる。それを制限言語に修正し，論旨を明快にするために接続詞などを加え自動翻訳ツールで英文に一括変換する。英文の内容が適切に翻訳されているのかをチェックして，意図どおりでない箇所のみ再編集してさらに変換させる。そのようにして内容を精査しながら英文原稿を作成させ，できあがった英文原稿の最終確認として日本語に変換（backtranslation）させる。このような非常に興味深い授業である。この授業では，翻訳ツールを用いることで学生に多くの「気づき」を与え，それを学びにつなげている。例えば，うまく翻訳されていない箇所は日本語の作文のほうに問題があるかもしれないと気づく，自分ではうまく訳しきれない表現がこのような英語になるのかと気づく，などである。前述のツールやサイトと同様に，「ものは使おう」である。正しい使い方を教えなければ，学生は論理が整理されていない日本語のまま翻訳ツールで変換させ，そのまま結果をコピー・アンド・ペーストするだけである。そのような日本文を翻訳にかけても，出てくる英文は意味が通らないものである。教師が学生の翻訳ツール使用を見つけて叱責するよりは，学生の学びにつながる正しい使い方を教示するべきであり，それができるかは教師の力量次第であろう。

4.4.4 剽窃にまつわる問題

　アカデミック・ライティングを語るときに，剽窃と引用は外せない項目である。筆者の授業でも，プロジェクトの成果を発表させる際に引用のルールを教えている。しかしそれでも，度々他者の論文などをコピー・アンド・ペーストして，単位を落とす学生がいる。教師の我々も常に目を光らせて，最近では剽窃チェッカーを使って学生の課題に剽窃がないかを入念に調べている。教師が剽窃はあるまじき行為であると口を酸っぱく注意するにもかかわらず，なぜ学生はコピー・アンド・ペーストをするのであろうか？

　剽窃行為について，池田（2020）は，学問の発展の姿を「先人たちの知の蓄積に敬意を払い，その蓄積の上に自らが新たな知見を加える」として，「剽窃は自分があたかも新たな知見を提供したかのように振る舞う卑劣な行為」と述べている。大学での学問や研究ではレポートや論文を書く際に，自分の主張を論

証するために，外からの情報やデータ，先行文献などを引き合いに出す必要が
ある。自分の主張のみではひとりよがりな意見文になってしまうからである。し
かし，さきほどのコピー・アンド・ペーストなどの剽窃は，学問・研究におけ
る重大な不正行為と見なされる。筆者が 2011 年に籍を置いたメルボルン大学
（オーストラリア）では，年度が始まる前の数週間は受講にあたって学生が身に
つけておく心構えや知識を学ぶ Academic Skills Unit（正規授業と異なる準備授
業）があり，そのなかでも Using Sources and Avoiding Plagiarism は受講必須Unit
であった。その授業では plagiarism を "the act of representing as one's own original
work the creative works of another, without　appropriate acknowledgement of the
author or source."（〔剽窃とは〕適切な引用をせずに，他人の創造的な作品を自
分のものとして表す行為である；The University of Melbourne, 2005）と定義し，
以下のような行為が剽窃に相当すると紹介している。

- Copying (or allowing to be copied) text, ideas, concepts, research results, statistical
  tables, computer programs, designs, images or sounds, or any combination of these.
  （他のテキストやデータなどをコピーすること）
- Paraphrasing another person's work with minor changes, but keeping the meaning,
  form and/or progression of ideas of the original.
  （原文をほとんど変更することなくパラフレーズしてしまうこと）
- Piecing together sections of the work of others into a new whole.
  （原文のいくつかの部分をパッチワークのようにつなげて新しくすること）
- Submitting part or all of an assignment twice for separate subjects or marks.
  （同じもの，もしくはその一部を 2 箇所に提出〔投稿〕すること）
- Presenting an assignment as independent work when it has been produced in whole or
  part in collusion with other people, for example another student or a tutor.
  （他の学生やチューターと作成したものを自分のものとして提出すること）

（The University of Melbourne, 2005；日本語訳は筆者による）

　このリストを読むと，筆者自身，学生に「正しい剽窃の説明」をしていたか
どうか非常に怪しくなってくる。「剽窃はだめよ，正しい引用をしなさい」だけ

では学生は「何が剽窃行為に当たるのか」を明確に把握しているとはいえない。事実コピー・アンド・ペーストでも，もとのソースを示せばよいと解釈している学生もいるのではないだろうか。メルボルン大学のAcademic Skills Unitでは①原文そのまま，②原文にクレジットを入れる，③原文を自分の言葉でパラフレーズする（クレジットは入れない）④原文を自分の言葉でパラフレーズして引用元も記す，の4つの例を見せて，どれが正しい引用の仕方なのか，何が剽窃に値するのかを考えさせる練習をさせていた。このように実際に学生がしそうな例を提示して考えさせるハンズオン的な導入が必要であり，教師自身もあらためて正しい引用方法を再度確認しておかなくてはならないだろう。

　もう1つは，大学生が心得ておくべき情報リテラシーの観点からの引用の捉え方である。佐渡島（2014）は大学1年生の日本語アカデミック・ライティングの授業で明らかに剽窃と思われる学生を呼び出して，彼らに剽窃の意識がないことを目の当たりにして以来,情報リテラシー教育の重要性を説いている。いずれの学生もインターネットで関係のありそうなサイトを探して,「よさそうな文面」や「自分の意見に最も近いと判断した文面」をそのまま課題にコピー・アンド・ペーストしていたのである。今や，情報検索におけるインターネットの存在の大きさは否定できない。しかし，佐渡島はネットの情報を学生がそのまま鵜呑みにして「自分の意見にしてしまっている」事実に強く危機感を感じて,「情報を再定義」して自分の意見を構築できる学生を育てようと主張している。これに関して斎藤孝（2003）も同様の指摘をしている。インターネットで集めた情報を切り貼りしてくるレポートが多いことに言及して「これでは自分の頭を使ったことにならない。……ある情報を自分のフィルターを通して咀嚼し，その上で自分の文章にすることが大事なのだ」（pp.33-34）と述べている。両者は，インターネットに記載された文言をそのまま使うのはその行為そのものがいけないのと同時に，まったく自分で考えないことに問題があると指摘しているのである。この事実を突きつけられたとき，今や引用の仕方ではなくて情報との付き合い方を教えなければならないと強く思う。佐渡島（2014）は国語を教える立場から，大学の入試問題は入試会場で持ち込みができないため，引用元を書かずともよい小論文を書かせていることに問題があるとして，これらの小論文課題を使って引用文献やデータを示す方法を提案している。筆者らの

授業でも，一次ソースと二次ソースの違いを示すためにトレンドブログなどから一次ソースを探し，引用箇所をどのように論に組み込むのか考えさせるようにしている。このように，学生の剽窃は，彼らの悪事を暴くだけは解決できない問題を含んでいる。あまたある情報をどう解釈して自分の意見として取り込めばよいのか，そもそもその情報が正しかどうかをどのように検証するのかという点も含めて，情報リテラシーの観点からのアプローチが必要であろう。

4.4.5　ライティングの評価について

　評価は非常に難しい問題である。これはライティングだけに限った話ではないが，教師であれば，誰もが一貫した基準で評価し続ける難しさを経験しているであろう。また，学生から見ればライティングの何が評価されているのかがわかりにくいのではないだろうか。しかし，評価は成績に直結するため，教師にとっても学生にとっても非常に重要である。

　評価を考えるときには，信頼性（reliability）と妥当性（validity）を考慮すべきと言われている。信頼性は，誰がつけても一貫して同じ評価ができることであり，妥当性は評価する対象を正確に評価できているかである。そして，最大の問題は，ライティングの評価は，教師が学生にどういった力を身につけてほしいかということである。つまりそれは授業目標であり，学生にとっては学習目標である。その学習目標を達成させるために何を教え，どのようなプロンプトでどういったエッセイや論文を書かせるのかが決まってくるため，まず評価に対する具体的な考え方がさきにあるべきなのである。現実的には，学習目標に基づいた評価基準（評価表）を作成し，コースの最初に学生に示しておくのが望ましいであろう。そして活動に応じた小目標をつくり，その目標に準じた評価項目をつくる。例えばパラグラフ・ライティングを書かせるのであれば，トピック・センテンスやサポーティング・センテンスなどがあるかどうかだけを評価項目にすれば，評価表もシンプルなものになる。評価表はシンプルなものほど信頼性がぶれない。PEPでは，独自の評価表を作成しようと試みているが，この何を評価したいのか，が教師間でコンセンサスが取れず作成半ばにある。現在，授業のライティング評価は主にプロジェクトの内容をまとめた最終課題を対象としており，それを内容，構成，文法および語彙の3つの観点で評価して

きた。まだ信頼性も妥当性も十分には検証できていない。ここで筆者が違和感をもっているのは、この評価の曖昧さだけでなく、このプログラムが目指している「ライティング力が伸びていることを学生自身が実感できる評価」になっていないのではないか、という点である。これは筆者らのプログラムだけの問題ではないであろう。ライティングの長期的な伸びを見る研究は日本においては非常に少ないため、今後の研究が急がれる。また、ライティングの伸びをどの観点で判断するのかについても、内容、構成、文法および語彙を評価対象とするという枠を出ないため、この点においても議論が必要であろう。

　筆者は近年、長期的な伸びを見るためにはポートフォリオ評価（Weigle, 2002 他）がよいのではないかと考えている。ポートフォリオ評価とは、ライティングプロセスのなかで書かせたものをすべて評価の対象とするという考え方で、学習者自身も自分の評価に参加する。教師は、最後に学生とカンファレンスを行い、書いたものに対して、何を頑張ってきたのか、何を評価してほしいのかなどを話し合う。この評価方法は、教師の指導がどうテキストに反映したかがわかりやすく、また学生も自分の学習に対して責任をもつことができるというメリットがあるが、その逆に実現性が低い、つまりすべての学生に対して行えるものではないといったデメリットがある。時間的かつ人的な負担が大きい（Weigle, 2002）し、学習者中心の評価ができるといっても、逆に個人差をどう公平に評価できるか（久留, 2019）という問題もある。しかし、ポートフォリオ評価はライティングプロセスを評価対象とするという点では自然であるし、書き手の成長を追うという意味で自立した書き手を育てる目標に最も近い評価方法なのではないかと思われる。今後、十分に検討したい。

4.4.6　日本語の作文と英文を比較する必要性

　英語でアカデミックな文章が書けるということは、英文のパラグラフを意識できるかどうかにかかっていると言っても過言ではない。しかし、多くの学生は大学入試以前に十分な英文ライティングの指導を受けてこなかったために、日本語の作文知識に頼った英文を書いている。このような学生がいる事実を鑑みて、英語のライティング授業では日本語文と英文とを比較する対照修辞学的な視点が必要ではないかと強く思う。例えば、多くの学生がパラグラフ＝段落

と解釈しているが，英語のパラグラフと日本語の段落は明らかに異なる。もともとパラグラフとは，古代ギリシャで意味のあるまとまりを示すために生まれたものであり，日本語の段落は，明治以降に視覚的かつ形式的な改行でもって内容のまとまりを区別したものだと言われている（渡辺・島田, 2017）。ここで留意すべきは，日本語の段落が，内容ではなく，あくまで形式的な字下げだった点である。後に木下是雄の『理科系の作文技術』(1981) などによりパラグラフの概念が日本に紹介されたが，木下も両者が異なると断言している。学生が両者を混同しているのはこのような概念の相違を教えてこなかったためである。また，パラグラフは通常ひとつの考えのまとまりを示す概念であるが，学生の英文は，思いのままに書き連ね，あらゆる情報が盛り込まれた非論理的な文章が多い。日本語の作文（とくに感想文）の発想で書くと非論理的になるというのは，日本語が非論理的という意味ではない。しかし，書き手が説明責任をもち，より直線的な論理展開をよしとする英文に対し，日本語作文の発想に依拠した学生の英文は，説明不足であり論理的なまとまりに欠ける場合が多い。最近では，大学の多くの授業で求められるレポートは作文の発想で書くべきではないとして，日本語アカデミック・ライティングの授業で，英語のパラグラフの概念や英語の情報の順序が導入されている（田中・阿部, 2014）。目標言語と母語を別物として捉えるのではなく，双方の類似点や相違点を比較することにより両者の力を育てるべきだとする考え方に基づいた大井 (2008) の実践もある。両言語のテキストを参照しながら教えることが双方にとってよい影響をもたらす教育として，今後大いに進めていくべきであろう。

4.4.7　中高大連携のライティング指導

　最も大きな問題点の1つは，日本の英語ライティングの指導が中学から大学までを見据えた形になっていないという点である。さらにいえば，大学卒業後のキャリア形成を見据えた計画のもとに行われてはいない。本来，ライティングを academic literacy の基本スキルとして捉えれば，まず日本語で，そして英語でも経年的に積み上げる必要があるはずである。しかし英語になると中・高・大の断絶が著しく，中・高は大学入試を目的とした英語教育から離れられていないために，ライティング指導がおろそかになってきた。何より書き手がどう

成長するか（書けるようになるのか），どこまで書けるようにするか，を念頭に置いた指導になっていないのである。Sasaki（2011）は留学経験をとおして大学生のライティング力の伸びを 3 年間追いかけた研究をしているが，佐々木以外に長期的なライティング力を調査した研究はほぼ皆無といってよい。この点においては，海外の研究が参考になる。移民の多いアメリカでは，小学生からのライティングの発達段階や，それに沿った指導法研究開発がさかんで，コロンビア大学ティーチャーズカレッジのグループが作成した Writing Pathways（Calkins, 2015）は，実際に生徒が書いた大量のサンプルを分析し，ライティング力の発達を明示し，それを指導に活かしている。また，青年期の学習者への効果的な指導方法を示唆したレポート Writing Next（Graham & Perin, 2007）は，厳選された 142 の指導法の効果をメタ分析して，効果的な 11 の指導ポイントを紹介している。このような生徒・学生のライティング力の発達を見据えた指導を考え，実践し，効果を検証する研究が日本においても成され，得た知見を教育現場に還元させるべきであろう。

　海外の例のように大規模な調査や実践を行うのはすぐには無理だとしても，中高大の教師が協働して授業を実践することから始めてみてはどうだろうか。中学校の英語教育での例では，大井・田端（2012）があげられる。中学生にパラグラフ，つなぎ言葉，構成を意識させたパラグラフ・ライティング指導を行い，効果を確認したものだが，まずはクラス単位の小規模な実践からでも始めることは意義があると考える。大学の教師は理論には詳しいが，中・高の現場には詳しくない場合が多い。一方で現場の実情に詳しいが，ライティングの指導や理論はわからないという中・高の教師が多い。中・高と大学の教師が，理論に基づいて，それぞれの現場に則した実践を一緒に行い，知見を広く共有する。幸いにも筆者は科学研究費の助成を得て，2020 年度から関東と関西の高等学校で高大連携の実践を始めようとしているところである。本実践に関しては別の機会に詳述したい。

4.4.8　これからのライティング教育と英語教師の役割

　最後に，これからのライティング教育には何が必要か，また，教師はどうあるべきかについて考えてみたい。まず前者においては，中高大の連続した系統

だったライティング指導を行うために，大量ライティングデータの入手による生徒・学生のライティング力の把握が必要であろう。集めたデータを英語の習熟度との関係からレベル分けすることが可能になれば，レベルに合わせた指導や教材作成ができるようになるであろう。このようなプロジェクトは文部科学省主導ではなく，今のライティング教育のあり方に危機感をもつ日本全国の教師の草の根的なネットワークを活用するのが現実的な方策であると考える。そのようなネットワークの構築が急がれる。

　また，大学に在籍している立場からは，大学のシラバスそのものを改革する必要があると思われる。学生の英文が日本語の発想で書かれたとされる研究結果があるにもかかわらず，日本語と英語のライティング指導が大学では別々に成されていることは前述した。両者はリテラシー教育と捉えて初年次から並行して教え，日本語で書くときは日本語らしく，また英語で書くときは英語らしく書ける学生の作文力を育成する必要があると考える。

　さらには，筆者は北米の大学では当たり前になっているライティングセンターの大学への設置は必須であると考えている。ライティングセンターで支援にあたるチューターは，日本語と英語（外国語）のアカデミック・ライティング教育を受け，初年次でのライティング授業を正課外でサポートする必要があると考える。その後は各学部の専門性に合わせて，学部の専門教師，英語教師，そしてできれば専門的知識をもつ英語母語話者を配置し，それぞれが協力して日本語，英語の両言語で論文が書けるまでに支援する体制にすべきだと考えている。その場合，アカデミック・ライティングの基礎的教育や訓練は大学のセンターが責任をもつべきであろう。このような体制の構築を急ぎたい。

　次に，ライティングを教える英語教師はどうあるべきであろうか。筆者は，ライティング教育のみにとどまらず，英語教師はファシリテーターであるべきだと思っている。ファシリテーターとは，会議などの進行役のイメージが強いかもしれないが，ここではライティング教育に関わるすべての人の中心にいて，それらがうまく運ぶように指導を推進していく役割である。アカデミック・ライティングも専門性が高まれば，内容面で，専門の教師のアドバイスが必要になる。筆者のPEPの3年生配当のJP1では，理系の専門教師が内容の指導に入るが，ESP分野での専門英語の指導は英語教師だけでは難しく，専門教師や院生

とのコラボレーションが必須である。さらには，日本語のアカデミック・ライティングとの協働も必要だと考えている。日本語と英語のライティング指導は並行して行われるべきであり，日本語での書き方と英語のそれとを比較して，両者の違いや共通する部分を双方の授業で明示化させるべきであろう。また，英語を教えるのは英語でという文部科学省の方針があるが，考えをまとめるのはやはり母語が適していると思われ，母語での指導をまったく否定してしまうのではなく，必要に応じて行うべきだろう。さらには，中高大の英語教師間のコラボレーションが今後はますます必要になる。将来，大学入試にライティング力を評価する内容が導入されるのは必須であり，もはや大学でパラグラフ・ライティングを教えている時代ではないであろう。中高そして大学につながるライティング教育を，現場の教師との協働で検討されるべきだと考える。専門科目教師，日本語のライティング教師，そして中高の英語教師との協働関係を築き，ともにライティング指導を推進していくためにわれわれ大学の英語教師はファシリテーターとなるべきである。目の前の，そして将来の学生たちのために，ともにライティング指導を考えていく，その中心的な立ち位置での役割が望まれるであろう。

第5章
英語×ICT教育の可能性
CALLを超えたCILLという新たな地平

木村修平

　ICTの積極的な活用はPEPを特長づける重要な要素である。しかし，その活用の範囲は従来のコンピュータを援用した教授法，すなわちComputer-Assisted Language Learning（CALL）の範疇を大きく超えている。学習者自らがプロジェクトの主体となり，その遂行に必要な情報を調べ，進捗をまとめ，他者と意見を交わし，成果を英語で報告する。PEPの全授業に共通するこれら4つの授業タスクすべてにICTは密接に関わっている。

　本章では，ICTを教育のインフラストラクチャとして統合的に活用する教授法を，CALLを超越したComputer-Integrated Language Learning（CILL）として定義し，PEPの授業実践をその代表的事例に位置づける。そのためにまずCALLの歴史を概観し，WarschauerとBaxの概念分類上の対立からその限界を指摘する。さらに，PEP授業に含まれる4つのタスクをそれぞれリサーチ，オーサリング，コラボレーション，アウトプットと名づけ，各タスクとICTとの結びつきを明らかにすることでCILLの輪郭を描出する。最後に，新型コロナウイルスへの対応策として実施されたPEPのオンライン授業の実践などから，CILLの要件を論じる。

5.1　CALLからCILLへ

　コンピュータを利用した英語教育はCALLと呼ばれ，コンピュータが人間の教師を補助する教授法として発展を遂げてきた。しかし，学習者が主体的，能動的に多様な活動に関与する教育が求められる段階において，CALLは方法論上の限界に達したといえる。多様なICTリソースが普及し，誰もが利用できる

現在，それらを活用した新たな英語教授法が求められている。

　本節では CALL の起源を LL（Language Laboratory）に求め，CALL に至るまでの歴史を概観する。また，Warschauer（2004）による CALL の分類が 1990 年代以降の定義をめぐって Bax（2003）と対立した点に CALL という概念の限界を見いだし，それを乗り換える教授法として CILL を提唱する。

5.1.1 LL から CALL へ

　メディアや情報機器を語学教育に利用する教授法の源流は LL に求められる。LL とは，印刷された文字だけでなく視聴覚に訴える様々なメディアを駆使して言語を習得するための施設や環境，教授法をさす。

　LL の起源は第二次世界大戦中のアメリカにある。外国語を運用できる軍人，軍属を育成するため，構造主義言語学と行動主義心理学の影響を受けた短期集中方式で視聴覚に訴えかける外国語教育が行われた（天野, 1966, p.5）。

　1940 年代に LL は軍人の外国語能力を短期間で育成するための手段としてアメリカ全土に広がり，その後，世界各地に波及した。LL では，刺激と反応の学習モデルに基づき，反復練習が行われた。集中して学習言語に慣れるため学習者は個別ブースでヘッドフォンやイヤフォンを着用するという形態が採用されることが多く，また，通常は LL 単独ではなく従来の教授法と組み合わせて行われた（図 5-1）。

　LL で用いられるメディアや機器は学習者に刺激を与えるという目的上，教師側が支配的に管理するという性質を帯びた。メディアの再生機器，ボタンやタッ

図 5-1　1970 年代の LL の風景（CERN, 1970, p.46 より）

チ・ディスプレイといった回答用インターフェイスは，学習者を訓練する機器として設計された（植村, 1988）。

高梨（1975）は日本での LL の本格的な普及期を 1960（昭和 35）年頃に見いだし，その後押しとなった理由の 1 つとして東京オリンピックによる国際化の風潮の高まりを指摘している。

> 昭和三十五年ごろから各校は LL の設備に狂奔するようになる。ちょうど東京オリンピックを控えての英語ブームで，LL の新設が流行となった。……これからの語学教師は，口で教える教師であるばかりでなく，手で機械を扱える技師を兼ねる必要があろう。（高梨, 1975, pp.248-249）

高梨が予見したとおり，LL はコンピュータという新たな「機械」を導入したことで，多様なメディアや情報機器を組み合わせた複雑な教授法，すなわち CALL へと進化していく。

5.1.2　Warschauer による CALL の分類

現在の CALL という呼称の起源はコンピュータが LL に代わるツールとして導入され始めた1970年代に求められる。1970年代以降はCAI（Computer-Assisted Instruction）や CALI（Computer-Aided Language Instruction）という名称が混用されていたが，1980 年代には CALL という名称が定着した（Davies, Otto, & Rüschoff, 2013, pp.20-21）。

Warschauer（2000）は 1970 年代以降の CALL を，技術と英語教授法との対応に基づき，Structural CALL，Communicative CALL，Integrative CALL という 3 つのステージに分類している（表 5-1）。

Structural CALL におけるコンピュータとは，主に巨大な基幹業務用コンピュータ（メインフレーム）を意味した。その主な機能は，パンチカードやカセットテープなどのメディアに記録された音声や映像，あるいは汎用教育支援システム PLATO のようにクイズやゲームなどのコンテンツを学習者用端末に配信し，回答や反応を記録することにあった（Hart, 1981；図 5-2）。

これらは CALL の初期形態と位置づけられるが，専用の端末はきわめて高価

表 5-1　Warschauer による CALL 発展の 3 ステージ（Warschauer, 2000, p.138 に基づき作成）

年代と ステージ	1970 〜 1980 年代 Structural CALL	1980 〜 1990 年代 Communicative CALL	2000 年以降 Integrative CALL
技術	メインフレーム	パソコン	マルチメディアと インターネット
英語教授法	文法訳読, オーディオ・リンガル法	コミュニカティブ・ アプローチ	コンテンツ・ベース
言語観	構造的	認知的	社会認知的
用途	反復練習	学習者中心タスク	真正性の高い活動
ねらい	精確さ	流暢さ	動作主性

図 5-2　PLATO 端末を用いた学習（1972 〜 1974 年頃）
（University of Illinois Archives, n.d. より）

であり，処理能力も低かったため，実験や研究を目的に実施されているという
側面が強かった（Beatty, 2013, pp.25-32）。

　Communicative CALL では，学習者がコンピュータ端末を通じて具体的なタ
スクを行う手法が発達した。一例として，VT100 に代表される個人で購入可能
な情報端末が市場に現れ，ELIZA や PARRY などの対話ボットや商用ゲーム，学
習用ソフトが活用された（Beatty, 2013, pp.32-37）。

5.1.3　統合的な CALL をめぐる Warschauer と Bax の対立

　Warschauer（2000, 2004）は 2000 年以降を Integrative CALL と分類した。
Integrative CALL では，インターネットを含む多様なメディアが統合的に活用
され，妥当性，真正性の高いコンテンツに基づく学習が中心になると定義され
た。Integrative CALL に分類される活動としては，E メールを英語で書く，英語

表 5-2　**Bax による CALL の分類**（Bax, 2003, p.21 に基づき作成）

名称	Restricted CALL	Open CALL	Integrated CALL
タスク	ドリル，クイズ	ゲーム，コンピュータ媒介コミュニケーション（CMC）	CMC，ワープロやメールなど，必要に応じてタスク化
学習者の活動	語句並べ替え，クイズ回答。学習者間の交流は乏しい。	主にコンピュータ操作。時に学習者間の交流が発生。	学習者間で頻繁に交流。コンピュータ操作も行う。
教師の役割	監視者	監視者，進行係	進行係，管理者
CALL 要素の割合	全面的	全面的	全授業に少しずつ
コンピュータの所在	隔離されたコンピュータ教室	隔離されたコンピュータ教室	すべての教室，机の上，鞄のなか

でホームページをつくる，ワープロソフトで英文ペーパーを執筆するというものが当てはまり，様々なメディアを混ぜ合わせることからブレンディッド・ラーニングとも呼ばれる（見上・西堀・中野, 2011, pp.21-23）。

　その一方で，Bax（2003）は Warschauer による CALL の分類そのものを批判した。ステージが年代ごとに恣意的に分類されている点，各ステージの名称が実情と乖離している点などをその理由にあげ，学習者とコンピュータの関わり方を中心に独自の分類を提案した（表 5-2）。

　両者を比較すると，Warschauer の分類が教授法や言語観といった教師側の観点を多く含むのに対して，Bax の分類はコンピュータを用いた言語学習で学習者が行うタスクを中心に構成されている。すなわち，両者は同じ事象を異なる立ち位置から指差して名前をつけているのである。

　興味深いのは，Bax の分類では Warschauer の分類にみられないコンピュータの物理的な設置場所が明示されている点である。これは，教育の場に導入されたテクノロジーが十分に浸透した場合，教師にも学習者にも特別視されない，"normalisation" された状態に至るという Bax（2003）の次の主張を反映するものである。

　　CALL will reach this state when computers (probably very different in shape and size from their current manifestations) are used every day by language students and teachers as an integral part of every lesson, like a pen or a book. . . They will be completely

integrated into all other aspects of classroom life, alongside coursebooks, teachers and
notepads. They will go almost unnoticed.

(Bax, 2003, pp.23-24)

　すなわち，normalisation とはコンピュータが教師と学習者の双方が用いる
ツールとして授業に浸透し，ペンや紙のように用いられる状態をさす。それは，
教師が学習者に対してテクノロジーを支配的に利用するという LL 以来の非対
称な関係性の見直しを迫る視点ともいえる。ただし，Bax はそうした段階に事
例は現状ではほとんどみられないとしている（Bax, 2003, p.24）。

5.1.4　CALL の限界と CILL の提唱

　Integrative CALL と Integrated CALL の相違は CALL という教授法を捉える視
座の違いから生じているが，どちらも CALL という概念の延長線上で分類して
いる点で共通している。

　CALL の CA は Computer-Assisted のアクロニムであり，コンピュータの援用
的な利用を意味する。Integrative CALL と Integrated CALL という用語は，ICT
をこれまでにないほど密接に活用する教授法であることを含意しながら，それ
を CALL という表現につなげている点で，どちらも一種の形容矛盾を引き起こ
しているといえる。

　本章執筆時点で Warschauer は Bax からの批判に応えておらず，研究対象は
ネットワーク空間での言語習得を扱う Network-Based Language Teaching
（NBLT）に移行している（Warschauer & Kern, 2000）。Bax もまた，ヴィゴツキー
的発達理論から normalisation を理論化する研究を発表しているが（Bax, 2011），
normalisation が実現した言語の授業で ICT がどのように活用されるのかという
具体的かつ一般的なモデルを示していない◆1。

　本章では，教師と学習者にとって ICT が授業の基盤的役割を果たす言語教授
法とその実践を Computer-Integrated Language Learning（CILL）という新たな概
念で論じることを提唱する。Computer-Integrated という明示的な表現により，
Integrative CALL や Integrated CALL にみられた字義的混乱が解消される。また，
CILL のより重要な意義は，LL から CALL に発展する過程でみられた，情報機

器に対する教師と学習者の非対称な関係性に基づく教授法を過去のものとして峻別することにある◆2。

　CILL は，汎用化の進んだコンピュータを教師と学習者が授業外でも日常的に利用しているという今日的状況を前提とする。教師と学習者という以前に両者を対等なコンピュータ・ユーザとして捉える。コンピュータ・ユーザ同士が多様な ICT を柔軟に活用しながら言語を教え学ぶ。それが CILL の描く言語教育の像である。

5.2　PEP に見る授業タスクと ICT の関係性

　本節では，立命館大学で実施されている PEP のカリキュラム構成および授業内容に焦点を当て，具体的な授業タスクと ICT スキルやリソースとの関係性を明らかにする。PEP の授業タスクをリサーチ，オーサリング，コラボレーション，アウトプットという 4 つの類型に分類する妥当性を論じ，それぞれに対応する機器やスキルを学習者と教師それぞれの観点から整理することで，CILL の一般モデルの構築を試みる。

5.2.1　プログラム全体の構成

　2008 年 4 月，立命館大学びわこ・くさつキャンパスに生命科学部と薬学部が開設され，両学部の必修英語プログラムとして PEP が導入された。PEP は「プロジェクト英語」と「スキル・ワークショップ」という 2 種類の授業を週に 1 コマずつ受講する構成となっている。

　プロジェクト授業は専任教師や任期制講師，非常勤講師が担当し，スキル・ワークショップ授業は民間の語学教育企業が担当する。両者は独立した授業だが両輪として連動するよう設計されている（図 5-3）。本章が述べる PEP の授業とは，とくに断りのない限りプロジェクト授業をさす。

　スキル・ワークショップ授業とプロジェクト授業の両方において 1 クラスの学生数は 15 〜 25 名程度に設定されている。スキル・ワークショップ授業では，入学直後に受験するプレイスメント・テストに基づいて習熟度別クラス編成が行われるが（近藤・山中, 2014），プロジェクト授業の構成は学部の基礎演習クラスと同一である。

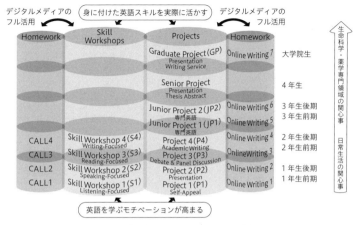

図 5-3　生命科学部，薬学部の PEP の全体像
（2011 年発行の PEP パンフレットを元に作図）

5.2.2　各授業の目標と成果物

　プロジェクト授業全体の目標と成果物を表 5-3 に示す。半期を 1 つの授業単位とし，それぞれに目標が設定され，蓄積的なカリキュラムとなっている。また，プロジェクトのコンテンツは学生が興味・関心に基づいて自由に選択できる。大きな評価の機会として中間発表や最終発表が定点的に設けられている。

　現在，PEP には紙メディアの教科書は存在せず，授業に必要な情報は学生向けの教材サイト PEP Navi◆3 に集約されている◆4。学生自身が興味や関心を抱いている対象をプロジェクトの出発点とし，その掘り下げの過程が授業のコンテンツとなる。プロジェクトの内容は違法性がないことや公序良俗に反していないこと以外にとくに制限はない。

　成績の対象は，出席や課題提出などの平常点に加え，口頭発表やライティング課題など，アカデミック・フォーマットに沿った成果物を評価対象とすることを基本とする。

5.2.3　アカデミック・フォーマットを採用する合理性

　PEP の授業が掲げる目標はアカデミック・スキルの育成を軸としている。これは，PEP が大学で行われる正課の授業であることを考えると至極当然であり，

表5-3　PEPの授業の目標と成果物（立命館大学2019年度生命科学部シラバスに基づき作成）

学年	学期	授業名	目標	成果物
1	春	英語Project 1 (P1)	自身の関心事に関する情報をWebや図書館データベースなどから集めて英語で整理し自己アピールができる。	・自己紹介（口頭3分） ・中間発表（口頭5分） ・最終発表（口頭8分）
	秋	英語Project 2 (P2)	アンケートやインタビューなど基礎的なリサーチを実施し、集めた情報を整理して英語で発信できる。	・中間発表（口頭5分） ・最終発表（口頭8分） ・簡易形式ペーパー
2	春	英語Project 3 (P3)	グループで決めたトピックのリサーチを行い、ディベートやパネル・ディスカッションの形式で表現できる。	・中間発表（ディベート） ・最終発表（パネル・ディスカッション） ※グループの数によって発表時間は変動
	秋	英語Project 4 (P4)	関心に基づいて発展的なリサーチを行い、成果をアカデミック・フォーマットに基づいて英語で表現できる。	・中間発表（口頭8分） ・最終発表（口頭8分） ・英文ペーパー
3	春	Junior Project 1 (JP1) ※生命科学, 薬学部のみ ※専門必修科目	グループで科学系記事を読み、内容をまとめることができる。専門教科の教員によるコンサルテーションを受け、グループで発展的なリサーチを行い、成果を学会形式のポスターにまとめて発信できる。	・サマリー発表（口頭） ・プロジェクト・プロポーザル作成 ・英文ポスター ・ポスター発表
	秋	Junior Project 2 (JP2) ※生命科学, 薬学部のみ ※選択必修科目	関心に基づいてプロジェクトを立ち上げ、専門教科の教員によるコンサルテーションを受け成果を動画形式にまとめて表現できる。	・プロジェクト・プロポーザル作成 ・動画制作

また，学部の学位授与方針にも準拠している（小島・森﨑, 2012, p.61）。

　その一方で，アカデミック・フォーマットの明示的な導入はプログラム全体の運営に関わる合理性もあわせもっている。

　1つは，発表の様式や表現をアカデミック・フォーマットという枠組みである程度規格化することにより，自由に発想される学生のプロジェクトに対する教師の評価の揺らぎを抑えることができる。

　両学部のPEPの授業を担当する2020年度の教員は，専任教員，任期制講師，非常勤講師を合わせて10名である。この10名が，生命科学部では1学年325名，薬学部では160名の学生の口頭発表や提出物に対する評価を行う[5]。このような大規模運営のプロジェクト型授業にとって，教師が共有するルーブリッ

クや評価項目の作成に際してアカデミック・フォーマットへの準拠は大きな合理性をもつ◆6。

5.3 PEP 授業の内容と学生によるプロジェクトの事例

本節では，PEP の授業内容について，1回生春学期配当の P1，2回生秋学期配当の P4 に基づき，学生が実際に行った活動やプロジェクトの事例とともに示す。なお，PEP の授業進行についてはシラバスなどではおおよその目安で示されており，どの週でどのようなことを教えるかは教師の自由裁量にゆだねられている部分が大きい。

5.3.1 P1 の授業内容と事例

P1 は，大学に入学して最初の学期に行われる授業であり，「自身の関心事に関する情報を Web や図書館データベースなどから集めて英語で整理し自己アピールができる」ことを目標に据えている。プロジェクト型学習の体験や英語によるプレゼンテーションの経験には個人差があるため，P1 はそうした教育に慣れるための導入的位置づけを担っている。

図 5-4 は学生向けの教材サイトで示されている P1 のロードマップである。

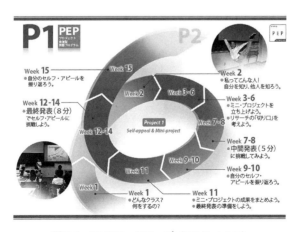

図5-4　P1 のロードマップ（PEP Navi より）

2018 年度の P1 で筆者が担当した授業の内容と学生の活動の事例を表 5-4 に示す。この学生は 2018 年度に薬学部に入学した学生であり，以下 A さんと呼ぶ。A さんが第 14 週の発表で用いた英文原稿とスライドを資料 2 として巻末に添付した。

5.3.2　P4 の授業内容と事例

　P4 は，2 回生秋学期に配当される授業であり，「関心に基づいて発展的なリ

表 5-4　P1 授業の内容と学生の主な活動事例

週	授業の内容	A さんの活動
1	PEP 全体のオリエンテーションと P1 のシラバスの確認。次週から自分の思い出の品や写真など show and tell 形式の自己紹介を行うことを告知する。	自分という人間を他者に知ってもらうための特徴的な体験や思い出を考え，口頭で発表するための原稿を英語で書く。
2	思い出の品や写真などをスライドや書画カメラで表示させ，3 分程度の口頭発表を学生が順番に行う。	小学校から続けてきた茶道について，懐紙や袱紗など茶道具の写真をスライドに添付して茶道の魅力や茶道を始めるに至ったきっかけを英語で口頭発表する。他の学生の発表の感想を英語で書いて提出する。
3〜6	中間発表に向けてミニ・プロジェクトを立ち上げる。自分が興味，関心をもっている物事について，どうすれば伝わりやすいかという情報伝達の工夫の重要性を伝え，英語プレゼンテーションの基本的な表現とともに学ぶ。また発表を進行する司会者（moderator）の役割と英語表現を学び毎週練習を行う。発表時はスライドを用いる。	第 3 週で，小学生時に短期留学したサンフランシスコでの思い出を話し，ホストファミリーの写真をスライドに添付して見せる。第 4 週で，滞在中に食べたおいしいクラッカーについて Web で見つけたパッケージの写真とともに発表する。第 5 週で，出身地である滋賀県の特産物である鮒寿司について，スライドに写真やイラストを添付して概要と食べ方を話す。第 5 週ではこれに加え母が A さん出産時に体調を崩したとき祖母が毎日鮒寿司を病院に差し入れたエピソードを話す。
7〜8	中間発表（5 分）を行う。発表を終えた学生は moderator として次の発表者を紹介する。	第 6 週で発表を行う。鮒寿司の概要，魅力，食べ方に加えて，おすすめの大津市の鮒寿司専門店の情報を追加する。自分以外の学生の発表について評価シートに 5 項目を 5 段階で評価する。
9〜10	中間発表の振り返りと最終発表に向けた準備を始める。司会者のタスクとして質疑応答が加わり，疑問文のつくり方と回答に有用な英語表現を練習する。	第 14 週で発表を行う。NHK の教養番組を情報源に特徴的な匂いのする食品のランキングを紹介し，発酵食品特有の特徴的な匂いは乳酸菌の作用であることを説明する。厚生労働省のサイトから全国の平均寿命ランキングを紹介し，鮒寿司をよく食べる滋賀県民の平均寿命が男女ともに高いことを示す。自分以外の学生の発表について評価シートに 5 項目を 5 段階で評価する。
11〜14	最終発表（8 分）を行う。発表を終えた学生は moderator として次の発表者を紹介し，質疑応答を仕切る。	
15	最終発表に対する全体的なフィードバックを行う。P2 のスケジュールを説明する。	

サーチを行い，成果をアカデミック・フォーマットに基づいて英語で表現できる」ことを目標とする。P4 では，これまでの授業で学んだことを総合的に活用して個人単位で発展的なプロジェクトを行う。最終的に本格的なアカデミック・フォーマットに基づく英文ペーパーを執筆し，口頭発表とともに発表する。

　図 5-5 は学生向けの教材サイトで示されている P4 のロードマップである。2015 年度の P4 で筆者が担当した授業の内容と学生の活動の事例を表 5-5 に示す。この学生は 2014 年度に生命科学部に入学した学生であり，以下 B さんと呼ぶ。B さんが第 15 週の発表で用いた英文原稿とスライドおよび簡易形式のペーパーの一部を資料 3 として巻末に添付した。

5.4　授業タスクの 4 類型と ICT との関連

　本節では，前節で述べた PEP の授業に含まれる活動がアカデミック・リテラシーの基本的な構成要素である「調べる」「まとめる」「交流する」「発表する」という 4 種類のタスクの上に成り立つことを論じる。さらに，それぞれをリサーチ，オーサリング，コラボレーション，アウトプットという名称で分類して定義するとともに，各タスクと ICT に関わる活動との関連性を学生と教師の双方の視点から整理する。

図 5-5　P4 のロードマップ（PEP Navi より）

表 5-5　P4 授業の内容と学生の主な活動事例

週	授業の内容	B さんの活動
1	P4 のシラバスを確認し，発展的なプロジェクトの形態として，課題解決型プロジェクトについて学ぶ。	身の回りで気になっている問題を 5 つ見つけ出し，それぞれを英語でまとめる。飼い犬が鳴きやまないことなどを列挙。
2～3	5 つの問題から 3 つを選び出し，それぞれの問題の影響を受ける人を 3 名ずつあげ，具体的にその問題からどのような影響を受けているのかをクラスメートと話し合う。	3 つの問題のなかで再び飼い犬の鳴き声について取り上げる。当事者として，①家族，②近隣の住人，③近隣の住人が飼っている犬（つられて鳴き出す）をあげる。
4～5	問題をさらに 1 つに絞り込む。その問題を一般化するにはどういった観点，側面から論じればよいのかを検討する。また，それぞれの論点を支える信頼性の高いデータを見つけ出す。	課題解決型プロジェクトを飼い犬の鳴き声問題に絞り込む。論点として，①近隣との騒音トラブルにつながること，②地域全体の生活騒音レベルの悪化，③鳴きやまない犬が捨てられることをあげる。
6～7	ここまでをまとめて中間発表（6 分）を行う。この発表では最終ペーパーに向けての論文構成をプロポーザルとしてレジュメにまとめて述べる。	3 つの論点それぞれに対するデータと解決策を示し，パスする。
8～9	Introduction と Conclusion の書き方を学ぶ。Background, Thesis Statement の書き方を学び，プロポーザルの内容をその書式に反映させる。	ダウンロードした Word ファイルに中間発表のレジュメの内容を当てはめる。Introduction と Conclusion を書く。
10～13	パラグラフの構造，トピック・センテンスを学ぶ。書けたところまでを学生同士で相互評価する。	論点 3 つをそれぞれ Body 1 ～ Body 3 に割り当て，学んだ書式を適用させる。論点をサポートする情報を本文内で参照する。
14～15	ペーパーに基づき最終発表（8 分）を行う。発表を終えた学生は moderator として次の発表者を紹介し，質疑応答を仕切る。	第 15 週に最終発表を行う。印刷した最終ペーパーを授業内で提出する。

5.4.1　PEP に含まれる 4 つのアカデミック・スキル

　前節で取り上げた P1 と P4 の授業における学生の活動を俯瞰すると，PEP の授業は「調べる」以外にも，「（成果をスライドやペーパーに）まとめる」，「（他の学生や教師と相互評価や質疑応答などを通じて）交流する」，「（成果を口頭発表やペーパーなどを通じて）発表する」という 4 つの類型の組み合わせの上に成立していることがわかる。

　以下では，「調べる」を「リサーチ」（Research），「まとめる」を「オーサリング」（Authoring），「交流する」を「コラボレーション」（Collaboration），「発表する」を「アウトプット」（Output）としてそれぞれを定義し，ICT 活動との関わりを学習者と教師の観点から一般化して記述する。また，CILL における教師の役割とアカデミック・リテラシーの関係性についても言及する。

5.4.2　リサーチ（Research）

　リサーチは，学習者がプロジェクトの遂行に必要な情報の検索と収集に ICT を活用する活動全般をさす。リサーチには，Web 検索や図書館蔵書データベース（以下，DB），新聞社や学術誌などの有料DB，辞書サービスやコーパスの検索という既存のデータを対象とした検索や調査が含まれる。また，デジタル・フォームで行うアンケート調査やデジタル・データによるインタビューの記録や保存のような対人的なデータ収集に加え，機械翻訳を用いた文生成，音声生成も広義のリサーチ活動に含まれるといえる。

　こうした活動を授業内で円滑に行うためには，学習者が専有的に利用できるハードウェア，すなわち学習者 1 人につき 1 台の割合でパソコンなどが使える環境が望ましい。また，Web 検索やDB の利用には教室内で利用できるインターネット接続手段が必要である。

　Web を用いたリサーチ活動が授業内で一斉に起こる場合，ネットワーク・トラフィックが増大する。Wi-Fi 接続はネットワーク混雑の影響を受けやすいため，授業中のネットワーク接続端末台数などの使用状況を把握することが重要である。そうした情報を，情報環境整備を担当する部署と共有し，授業の進行に支障が出ないよう，アクセス・ポイントの増強などを検討する必要がある。

　音声や映像の記録には，編集のしやすさを考えてデジタル形式で保存できるデジタル・カメラやデジタル・ビデオカメラを学習者が自由に使えるよう貸し出すことも考えられるが，近年ではスマートフォンのマイクやカメラが高性能化しており，学習者個人が所持する端末で事足りる場合も多い。いずれにせよ，CILL ではスマートフォンの授業内使用を禁止するよりは，リサーチ用端末として活用できる可能性を検討すべきだろう。

　また，合理性という観点では，機械翻訳を用いた英文の産出や人工音声による発音やイントネーションの確認も広義のリサーチとして捉えることができる。

　教師はリサーチの手法や対象の妥当性，収集されたデータの信頼性を判断し，必要に応じて助言することが求められる。とくにWeb 検索によるリサーチ活動では，根拠が不確かな情報や捏造されたニュースなどを学習者が利用しないよう注意を促すと同時に，著作権や知的財産権に配慮したうえでリソースを適切に利用するよう指導する必要がある。

このため，教師自身が Web 上のリソースの信頼性を判定し，適切に利用できるリテラシーを備えている必要があり，そのための知識とスキルを更新し続けることが求められる。

5.4.3　オーサリング（Authoring）

オーサリングは，学習者がプロジェクトの進捗や成果を記録し，伝達，報告のために ICT を用いる活動全般をさす。メディアは文書やスライド，ポスター，動画，Web ページなどに加えて，それらに付随する図表，音声，字幕，スプレッドシートといった素材の作成，編集もオーサリングに含まれる。

テキストのような単純なデータ形式以外でオーサリングを行う場合，通例，ワープロやスライドなどを作成するためのソフトウェアを用いる。よほど特殊なデータを編集するのでない限り，データの互換性を考え，汎用のオフィス用ソフトウェアを用いることが合理的である。近年ではこうした一般的なソフトウェアは大学から提供される傾向にある（大学ICT 推進協議会, 2018, p.56）。ブラウザを通じて編集を行うクラウド型のワープロやスライド作成ソフトなどを利用する場合は，複数の学習者による同一ファイルのオーサリングが同時に行われることもある。

オーサリングは，一般的なオフィス用ソフトウェアや主にブラウザを通じて行うクラウド型ソフトウェアであれば端末の性能は問題になりにくいが，動画や音声を扱う場合は注意が必要である。動画や音声の編集は端末のスペックによっては非常に時間がかかるため，学習者が自身の端末を授業に持ち込む BYOD（Bring Your Own Device）体制で CILL を導入する場合，そうした作業にも耐えられる機種を選定,推奨する必要がある。さらに付言するならば,ノートパソコンなどの携帯端末を電源につながずバッテリー駆動でオーサリングを行う場合，途中で充電が切れてデータが消失するといったリスクを回避するため，教室内で学習者用の端末に電源供給できるかどうかにも配慮する必要があるだろう。

オーサリングの基幹部分を構成するのは，テキストや音声，映像によるデータ入力，そのためのインターフェイス（キーボードやマイク，カメラなど）の操作，入力されたデータの編集作業に関わる活動である。このため，特殊な機

器やソフトウェアを用いると，学習者が本来取り組むべきプロジェクト活動ではなく操作を覚えることに時間と労力を割いてしまうおそれがある。こうしたリスクを避けるため，オーサリングに用いるハードウェアやソフトウェアはできる限り標準化されたものを用いることが合理的である。

　教師には，学習者が作成するメディアが目的に照らし合わせて適切かどうかの判断に加え，入力や編集に用いる機器やソフト，サービスを選定，操作するための助言を与えられる知識とスキルが求められる。そのため，教師自身もそうした作業に慣れ親しみ，新しいハードウェアやソフトウェアが導入された場合には自身の知識やスキルを更新する必要がある。

5.4.4　コラボレーション（Collaboration）

　コラボレーションは，学習者が他の学習者や教師，あるいは教室の外部に存在する人間とICTを通じて交流することでプロジェクトを進展させる活動全般をさす。

　コラボレーションは多様な場を通じて行われる。電子メール，Learning Management System（LMS），Social Networking Service（SNS），グループウェア，音声通話，ビデオ・チャット，クラウド型ストレージなど，様々なデジタル空間，ネットワーク空間上の場を通じて学習者は意見やデータの交換，相互評価などを行う。

　近年では，電子メールのアドレスやLMSに加えて，クラウド型ストレージやグループウェアを大学側が提供するケースも多い（大学ICT推進協議会, 2018, p.56, p.69; 近畿大学, 2019）。また，**5.4.3**でふれたクラウド型ソフトウェアなどを用いた複数の学習者による共同オーサリングもICTリソースが媒介するコラボレーションの一形態といえるだろう。

　こうしたコラボレーションを円滑に行うには，そのために必要なソフトウェアやサービスを学習者が端末上で利用できること，交流の場にアクセスするためにネットワーク環境が整備されていることがほぼ必須の条件といえる。

　教師が学習者に与えるフィードバックや助言，添削データの受け渡しもコラボレーションを構成する。教師は，目的に合致する適切なコラボレーションの場を設定するだけでなく，必要に応じて介在し，モデレーションや助言を与え

る役割を担う。また，教師自身もこうしたコラボレーション・ツールを通じて教育，研究活動を行うことで，有効な使い方の理解を深めることができるだろう。

5.4.5　アウトプット（Output）

　アウトプットは，学習者が ICT を通じてプロジェクトの進捗や成果を表現し，他者からの評価を受けるために伝達，報告する活動全般をさす。端末を外部の機器に接続してメディアや素材を提示する行為や，電子ファイルを PDF などの電子ペーパー形式または紙，CD，DVD などの物理メディアに出力するなどの活動もアウトプットに含まれる。

　教室内で頻繁に発生するアウトプットは映像出力に関するものである。プロジェクトの成果や進捗を発表する際，学習者の端末画面を他者に向けて表示させる行為がその代表的な事例にあたる。グループ活動などで数名を対象とする場合は端末画面をそのまま見せることもあるが，教室全体を対象とする場合は，外部モニタやプロジェクタを通じて端末画面を外部出力するのが通例である。あるいは，そうした外部出力機器に書画カメラが接続されている場合，表示させたいものをカメラに映すこともある。機器から発せられる音声を教室内のスピーカーから出力することもある。

　プロジェクトの成果を紙メディアに出力する場合，教室内にプリンタが設置されていることは考えづらいため，通例，学習者は自宅か大学内のプリンタを利用する。A4 以下のサイズであればほとんどのプリンタから出力できるが，A0 ポスターのような特殊なサイズの場合，ロール紙に出力する大型プリンタを用いる必要がある。一般の家庭に大型プリンタがあることは想定しづらいため，こうした特殊なアウトプットには大学内の機器を用いることが通例だろう。

　教師は，こうした教室設備の操作方法や大学内で利用できるアウトプット用機器について，一通り把握しておく必要がある。それは，自らが学習者に向けて教材やスライドなどを提示するためでもあるが，学習者によるアウトプット活動をサポートするためでもある。また，授業の目的に合致するアウトプットの形態，メディアを決定し，学習者が提示する成果物を評価し，改善のための助言を行うのも教師に期待される役割である。

5.4.6 本節のまとめ

　本節では PEP の授業に含まれるタスクを 4 つの類型に抽象化し，リサーチ，オーサリング，コラボレーション，アウトプットとして定義した。表 5-6 はそれぞれと結びつく ICT 活動および必要な ICT リソースの関係を整理したものである。これはコンピュータを統合的に組み込んだ CILL の基本的な構造ともいえるだろう。次節ではこの構造が具体的な授業のなかにどう組み込まれているのかを詳述する。

5.5　PEP の授業と ICT 活動

　本節では，**5.4** で定義した 4 つのタスクが P1 および P4 の授業でどのように

表 5-6　プロジェクト型授業を構成する 4 つの要素と ICT の関係

授業タスク	ICT を用いて行う活動	必要となる主な ICT リソース
リサーチ プロジェクトの遂行に必要な情報の検索と収集に ICT を活用する活動全般をさす。	・Web 検索 ・各種 DB 検索 ・コーパス，辞書検索 ・アンケート実施 ・インタビュー記録 ・機械翻訳	・パソコン，スマートフォン，タブレット ・インターネット接続 ・Web ブラウザ
オーサリング プロジェクトの進捗や成果を記録し，伝達，報告のために ICT を用いる活動全般をさす。	・文書，スライド，スプレッドシート作成 ・図表作成 ・動画，音声の編集 ・共同編集 ・機械翻訳	・パソコン，スマートフォン，タブレット ・オフィス用ソフトウェア ・編集用ソフトウェア ・クラウド型ソフトウェア ・インターネット接続 ・電源供給
コラボレーション 学習者が他の学習者や教師，あるいは教室の外部に存在する人間と ICT を通じて交流することでプロジェクトを進展させる活動全般をさす。	・グループ活動 ・意見交換 ・相互評価 ・共同編集	・パソコン，スマートフォン，タブレット ・インターネット接続 ・LMS ・SNS ・グループウェア ・音声通話，ビデオ・チャット ・クラウド型ストレージ
アウトプット 学習者が ICT を通じてプロジェクトの進捗や成果を表現し，他者からの評価を受けるために伝達，報告する活動全般をさす。	・映像出力 ・音声出力 ・PDF 出力 ・紙メディア出力	・パソコン，スマートフォン，タブレット ・プロジェクタ ・スクリーン ・外部モニタ ・スピーカー ・プリンタ ・電源供給

発生しているのかを示すとともに，対応する ICT を用いた活動（ICT 活動）との具体的な結びつきを学生と教師それぞれの視点から整理する。最後に，ここまでの議論を整理し，CILL の一般的なフレームワークを定義する。

5.5.1　P1 におけるタスクと ICT 活動の結びつき

P1 における学生と教師の ICT 活動とタスクの関係を表 5-7 に示す。

リサーチに該当するタスクを R，オーサリングを A，コラボレーションを C，アウトプットを O とする。それぞれのタスクが独立した事象として成立することもあれば，融合的に進行することもある。例えば，ネットワーク経由でスライドを共有し，複数の学習者が同時に編集する場合，A と C が同時に起こっているといえる。そのような場合は A&C のように表記する。

P1 は PEP 全体の導入にあたるため，中間発表と最終発表以外にも口頭発表の機会が多く，学生の ICT 活動にはアウトプットに関連するものが多い。

5.5.2　P4 におけるタスクと ICT 活動の結びつき

次に，P4 における学生と教師の ICT 活動とタスクの関係を表 5-8 に示す。

P4 では最終発表と最終ペーパーに向けての活動が中心となる。最終成果の 1 つとして平均 2,000 語程度の英文ペーパーを執筆するため，リサーチやオーサリングに関わる活動が多く含まれている。

5.5.3　ICT 活動から見る教師の役割

PEP では学生だけではなく教師も毎回の授業で何らかの形で ICT を利用する。PEP のようにアカデミック・フォーマットを雛形に据えるプログラムでは，教師は英語教師であると同時に何事かを探究する研究者として存在し，学習者よりも経験を積んだ先人として学術的なリテラシーを伝達し，その育成を支援するという意味でのファシリテーターという役割を強く担うのである。

立命館大学への PEP 導入に際して中心的な役割を果たした鈴木佑治は，前身的な実践である慶應義塾大学湘南藤沢キャンパス（SFC）におけるプロジェクト型英語プログラムでの教員の役割としてこの点を次のように明記している。

表 5-7　P1 における学生と教師の ICT 活動とタスクの関係

週	授業の内容	学生の ICT 活動	教師の ICT 活動
1	・オリエンテーション ・P1 のシラバス確認	・LMS 接続（R） ・原稿，スライド作成（A）	・リソース提示（O） ・課題採点（A）
2	・3 分程度の口頭発表	・外部モニタ出力（O）	・リソース提示（O） ・課題採点（A）
3～6	・プロジェクト立ち上げ ・司会者英語の練習	・Web/DB 検索（R） ・原稿，スライド作成（A） ・外部モニタ出力（O）	・リソース提示（O） ・課題採点（A）
7～8	・中間発表（5 分）	・機械音声での発音確認（R） ・文法チェッカー（R） ・スライド出力（O） ・相互評価入力（A&C）	・発表録画（R） ・課題採点（A） ・発表評価入力（A）
9～10	・中間発表の振り返り ・最終発表に向けた準備 ・質疑応答の練習	・Web/DB 検索（R） ・外部モニタ出力（O） ・原稿，スライド作成（A）	・リソース提示（O） ・課題採点（A）
11～14	・最終発表（8 分）	・機械音声での発音確認（R） ・文法チェッカー（R） ・外部モニタ出力（O） ・相互評価入力（A&C）	・発表録画（R） ・課題採点（A） ・発表評価入力（A）
15	・最終発表の振り返り		・リソース提示（O）

表 5-8　P4 における学生と教師の ICT 活動とタスクの関係

週	授業の内容	学生の ICT 活動	教師の ICT 活動
1	・シラバス確認 ・プロジェクト考案	・LMS 接続（R） ・Web/DB 検索（R） ・プロジェクト案書き出し（A）	・リソース提示（O） ・課題採点（A）
2～3	・アイデアの絞り込み ・論点の整理	・Web/DB 検索（R） ・プロジェクト案書き出し（A）	・リソース提示（O） ・課題採点（A）
4～5	・プロジェクト確定 ・信頼性の高いデータによる 　論点の根拠提示	・Web/DB 検索（R） ・文法チェッカー（R） ・レジュメ作成（A）	・リソース提示（O） ・課題採点（A）
6～7	・中間発表（5 分）	・外部モニタ出力（O） ・相互評価入力（A&C） ・レジュメ修正（A）	・発表録画（R） ・課題採点（A） ・発表評価入力（A）
8～13	・ペーパー執筆	・構造化文書の作成（A） ・Web/DB 検索（R） ・原稿，スライド作成（A）	・リソース提示（O） ・課題採点（A） ・ファイル共有（C）
14～15	・最終発表 ・ペーパー提出	・外部モニタ出力（O） ・構造化文書の作成（A） ・文法チェッカー（R） ・プリンタ出力（O）	・発表録画（R） ・課題採点（A） ・発表評価入力（A） ・剽窃チェック（R） ・ペーパー採点（A）

> 　プロジェクト教員は，まず，自分自身が広い意味での研究者であり，新しい知と新し
> い分野の探求者であることが要求される。ワークショップの担当教員とは違って，単に
> 英語を話すだけのネイティブでは，学生のリサーチをアドバイスすることができない。
>
> 　　　　　　　　　　　　　　　　　　　　　　　　　　　　　　（鈴木, 2003, p.83）

　これは，教科やテーマ学習を目標言語によって学ぶ CBI（Content-Based Instruction；内容重視指導法）や CLIL（Content and Language Integrated Learning；内容言語統合型学習）のようなイマージョン教育と，学生の興味，関心をプロジェクトの起点とする PEP のような探究型大学英語教育とを区別する根拠ともなっている。

　この考え方は 1 ～ 2 年生向けの大学英語教員の役割に限定すれば妥当性が高いと思われるが，学生が進級とともに独自の研究領域に接近しコンテンツそのものの専門性が上がる場合はどうだろうか。

　第 3 章で詳述されているように，PEP では，生命科学部と薬学部の 3 年生を対象に，専門必修科目として春学期に開講している Junior Project 1（JP1）において，英語教員と専門科目の教員が協働して指導にあたるというティーム・ティーチングの形態を採用している（**3.5**）。英語教員は主に英語表現やアカデミック・フォーマットに関する指導にあたり，専門科目の教員はコンテンツのコンサルテーションを行う。こうした分業体制は，3 ～ 4 年生向けの英語授業のあり方として 1 つの可能性を示すものである。

　本項の最後にあらためて指摘しておきたいことは，学習者と教師はどちらも汎用化された端末（ノートパソコンなど）を用い，標準化されたオフィス用ソフトウェアやアプリケーションを利用するという点である。かつての CALL では，教師が学習者に刺激やタスク，コンテンツを与えるためにコンピュータが用いられてきたため，両者はコンピュータを軸にして非対称な関係に置かれていた。CILL では，標準化された汎用性のある ICT を軸として教師と学習者が対称に近い関係として存在するといえる。

5.5.4　CILL の定義

　ここまでの議論から導き出される，ICT をインフラストラクチャとする語学

教育のフレームワーク，すなわち CILL の構造を表 5-9 に示す。

　まず「教育観」と「学習者の活動」について，**5.2** から **5.5** で詳述した PEP の事例からもわかるとおり，CILL は探究型やプロジェクト型など，いわゆるアクティブ・ラーニングと呼ばれる教授法と非常に親和性が高い教授法であるといえる。アクティブ・ラーニングでは学習者が学習言語を通じて様々な活動に従事することが想定されており，大学教育という文脈ではそれらの活動はアカデミック・フォーマットに紐づけられる。学習者による活動は，その自由度と成果の多様性において **5.1.2** で見た Warschauer による Integrative CALL が想定するコンテンツ・ベースの範疇を大きく上回る。

　CILL における「教師の役割」（**5.5.3**）は CALL のそれとは明確に異なる。CALL における教師はテクノロジーを援用して学習言語を教授する存在だが，CILL では学習者よりも経験を積んだ先人としてリテラシーを伝達し，育成を支援するファシリテーターとしての役割を強く帯びる。

　ICT をインフラストラクチャとして捉える CILL では，汎用化された「情報端末」や「ソフトウェア」が用いられる。そうすることで，前述したように学習者の活動の自由度が保障され，教師から学習者に享受するリテラシーの互換性が担保される。CILL において学習者と教師は何事かを探求するためにテクノロジーを活用する人間という本質的な点で対等な存在である。それは同時にテクノロジーが双方にとって特別な存在ではない状態，すなわち Bax の言う normalisation を CILL が前提としているともいえる。

　このことは「インターネット接続」の点でさらに顕著である。CILL においてインターネットは学習者と教師の双方にとって文字どおり基盤的存在といえる。

表 5-9　CILL の構造

名称	Computer-Integrated Language Learning
教育観	アクティブ・ラーニング型（探究型学習，プロジェクト型学習）
学習者の活動	学習言語を用いた探究，表現，協働，発信
教師の役割	進行係（ファシリテーター），管理者
情報端末	学習者と教師が特別なツールとして意識せず必要に応じて使う
ソフトウェア	標準化され，汎用性がある
インターネット接続	学習者と教師の双方が授業に必要なリソースをインターネット経由でいつでも利用する

PEP の事例で見たように，LMS などごく一部のリソースを除いて CILL ではインターネット上のオープンなリソースを縦横無尽に活用する。このことは，まさにインターネットが TCP/IP という共通プロトコルの上に成り立つように，CILL がオンライン上の教育プラットフォームとして拡大し得る可能性をも示唆しているのである。

　次節では，はからずもこの示唆の一端が現実化した事例として，新型コロナウイルス状況下における PEP 授業の対応について論じる。

5.6　コロナ対応に見る CILL の成立要件

　本節では，2020 年に世界規模で影響を及ぼした新型コロナウイルスの脅威に PEP がオンライン授業をどのように展開したかを取り上げる。本書執筆時点（2020 年 8 月下旬）では年度全体を評価することは難しいが，オンライン教育という形態でも CILL が機能し得る可能性が示唆される結果となった。

　本書では第 2 章でコロナ状況下でのライティング教育の実践について，また，第 3 章で学習者がコロナ騒動を自分ごととしてプロジェクト化し発信するプロセスが報告されている。そこで本章では，PEP がオンライン環境に移行したプロセスや過年度の調査から，ICT 活用の観点から PEP のような CILL 型英語教育が成立する要件を抽出することを試みたい。

5.6.1　新型コロナウイルスへの立命館大学の対応

　2019 年度末が近づく 2020 年 2 月は，全国で新型コロナウイルスへの警戒心が全国で一気に高まった時期といえる。2 月 3 日，クルーズ船ダイヤモンド・プリンセス号が横浜に寄港した。同船のウイルス検査による陽性者数は日を追うごとに増加し，その様子が連日メディアで報道されたことで新型コロナウイルスの脅威は広く認知された。まもなく始まる新学期への影響が教育関係者の間で本格的に懸念され始めたのもこの頃だったと記憶する。

　2 月 27 日，安倍晋三首相（当時）は全国の小学校，中学校，高等学校に対して春休み前に一斉休校を要請する考えを示した。同日，立命館大学は 2019 年度卒業式・修了式および 2020 年度入学式の中止を発表した。その一方で春学期の

授業は予定どおり行うとし，教室での対面授業ではなく全学LMS である manaba+R を活用した Web 授業という形態で実施されることになった（立命館大学, 2020a）。

　春学期開講日である 4 月 6 日，1 限授業開始の朝 9 時前から LMS に膨大なアクセスが集中し，ほとんどつながらない状態が続いた（京都新聞, 2020）。Web 授業の現実性が危ぶまれた翌 4 月 7 日，政府から緊急事態宣言が発出され，立命館大学でも 4 月 8 日から 5 月 6 日までが全面休講となった。この間，立命館大学は LMS を増強したほか，ビデオ会議システム Zoom を全学導入，総額 25 億円にのぼる緊急支援策の決定（立命館大学, 2020b），学生や教員に向けた FAQ ページを準備するなど，Web 授業再開後の体制を整えた。また，全授業で春学期は定期試験を行わず，試験に代わる成績評価法が検討されることが通知された（立命館大学, 2020c）。

5.6.2　スムーズにオンライン授業に移行した PEP

　2020 年度春学期の Web 授業に限って述べるなら，PEP はかなりスムーズにオンライン環境に移行したといえる（木村・近藤, 2020）。そしてそれは，PEP が ICT を教育の基盤として活用する CILL 型モデルであることと深く関係している。

　以下の項では，2020 年度春学期の PEP のオンライン授業対応の事例に加え，2017 年度に実施した全学規模の ICT 活用実態調査（2017 年調査；表 5-10），および 2018 年度に実施した P1 から JP1 すべての PEP 授業を終えた学生約 480 名を対象とした ICT スキルの意識変化に関する調査（2018 年調査；表 5-11）に基づき，CILL の成立要件を遍在性，合目的性，変態性という 3 つの観点から検討する◆7。

5.6.3　CILL の要件①遍在性（Ubiquity）

　遍在性とは，ICT リソースが教授環境に遍く存在していることを意味する。CILL では学習者と教師の双方が ICT を授業内で頻繁に利用するため，ICT リソースが大きな制限を伴わず，高い自由度のもとで利用できることが求められる。ICT リソースは，ハードウェア，ソフトウェア，ネットワーク，電源供給

表 5-10　2017 年調査の回答者内訳

学部（略称）	回答者数
＊生命科学部（生）	179 (17.7%)
＊薬学部（薬）	92 (9.1%)
＊スポーツ健康科学部（ス）	191 (18.9%)
＊総合心理学部（心）	248 (24.6%)
産業社会学部（産）	132 (13.1%)
情報理工学部（情）	87 (8.6%)
理工学部（理）	57 (5.6%)
文学部（文）	18 (1.8%)
法学部（法）	6 (0.6%)

＊は PEP 導入学部

表 5-11　2018 年調査の回答者内訳

学部（略称）	回答者数
生命科学部 3 回生（生）	139 (68.8%)
薬学部 3 回生（薬）	63 (31.2%)

など様々な要素から構成されるが，ここではとくにハードウェアに焦点を当てたい。

　ハードウェアとは，学習者や教師が授業内で利用する情報端末をさす。情報端末は CILL における ICT 活動の起点となるため，学習者がどのような情報端末を所有・利用しているかを把握することが重要である。従来型の CALL 教室や情報教室のように大学が端末を用意することもハードウェアの遍在性を保障する 1 つの方法ではあるが◆8，端末の設置場所に制限されないという点で CILL は PEP のような BYOD 環境を前提とするといえる。

　2017 年調査では，スマートフォン（スマホ）の所有率は全学部で高い水準を示したものの，ノートパソコン（PC）については学部によって顕著な差がみられた（表 5-12）。

　授業で使用する端末では，この差はさらに広がりを見せる（表 5-13）。

　情報理工学部や理工学部では端末が設置された実習教室を利用していること，また，文学部や法学部の回答者数が少ない点を考慮する必要はあるものの，授業でのノートパソコン利用の割合で PEP 実施 4 学部が他学部と大差をつけて上位を占めた点は重要な示唆を含む。

　産業社会学部では，スマートフォンの所持率 100％に対してノートパソコンの所持率は 65％と大きな開きがある。さらに，授業で使用する端末ではスマートフォンは 94％と高い水準にあるが，ノートパソコンは 33％にまで急落する。この傾向は他の文系学部でもみられることから，たとえパソコンを所持してい

表 5-12 所有する情報端末の学部別割合 (2017 年調査より)

端末	生*	薬*	ス*	心*	産	情	理	文	法
スマホ	99%	99%	97%	99%	100%	98%	100%	94%	83%
PC	92%	94%	89%	96%	65%	82%	74%	33%	50%

* は PEP 導入学部

表 5-13 授業で使用する情報端末の学部別割合 (2017 年調査より)

端末	生*	薬*	ス*	心*	産	情	理	文	法
スマホ	82%	83%	86%	93%	94%	86%	97%	72%	83%
PC	94%	96%	92%	96%	33%	77%	32%	28%	17%

* は PEP 導入学部

ても，授業がパソコンの利用を合理的に組み込んでいなければ授業での使用率は低下する可能性が示唆されている。

2020 年度現在，立命館大学は公式に BYOD 体制を敷いていないため，学部や教員，そしてプログラムごとの ICT 活用の方針が教室における端末の遍在性に強く影響する。学生のほぼ全員が毎回の授業にノートパソコンを持ち込み学習用具として遍在的に活用する PEP の授業風景（図 5-6）は，これまでに繰り返し論じてきたように，そうする必要性と合理性がプログラムに組み込まれているからにほかならない。

新型コロナウイルスへの対応策として PEP がオンライン授業にスムーズに移行できた大きな要因の 1 つが，事実上の BYOD 体制によってハードウェアの偏在性を確保できていたからといえる。学生のほぼ全員が個人でノートパソコンを所有しているという前提は，実際の授業実施は言うに及ばず，受講環境の整備という点でも大きなアドバンテージとなった。

図 5-6 典型的な PEP の授業風景 (2018 年頃)

5.6.4 CILL の要件②合目的性（Reasonability）

合目的性とは，授業タスクの遂行にあたり，ICT を活用し，あるいは活用のための前提となる技能を習得することに，他の手段よりも合理的な理由が存在することをさす。

CILL において ICT を活用することの合理性は **5.4** で詳しく論じたとおりである。授業タスクの基本要素となるリサーチ，オーサリング，コラボレーション，アウトプットのすべてにおいて ICT は深く関わり，授業を成立させるための基盤となっている。

英語の授業が情報リテラシー育成機会を兼ねる現象は1990年代後半のCALL授業でもみられたが（野澤, 2008, p.4），多様なソフトウェアを用いる CILL ではその合目的性はさらに強くなる。2018 年調査では，PEP 授業を通じて ICT への理解や関心が深まっただけでなく，その体験が他の授業での ICT 利活用を促すトリガーとなっている可能性もが示唆された（表 5-14）。

重要なことは，CILL における ICT 活用の合目的性とは，学生だけでなく教師にとってのそれとも地続きのものであるという点である。ここではチャット型グループウェア Slack が PEP に合目的的に組み込まれた事例を紹介したい。

生命科学部・薬学部の PEP では教員間のコミュニケーション手段として 2015

表 5-14 ICT に対する全般的な理解や関心の変化に関する自己評価（2018 年調査より）

Q. PEP を通じてパソコンやスマホなどの効率的な使い方への理解や関心が深まった	
とてもそう思う	42（20.8%）
そう思う	125（61.9%）
そう思わない	17（8.4%）
まったくそう思わない	9（4.5%）
わからない／変化なし	9（4.5%）
Q. PEP を通じて PEP 以外の授業でもパソコンを活用しようと思うことが増えた	
とてもそう思う	49（24.3%）
そう思う	101（50.0%）
そう思わない	25（12.4%）
まったくそう思わない	13（6.4%）
わからない／変化なし	14（6.9%）

年度から Slack を導入した。メールとは異なり，Slack では誰が誰に宛てたメッセージかが明示的であり，リアクションに絵文字を活用するなど迅速なコミュニケーションが可能となる。日々多くのメールを送受信する大学教員にとって，授業に関わるやりとりをスピーディーで合理的なプラットフォームに移行させることは，仕事を円滑に進めるうえで合目的なのである。

　コロナ対応に際して，生命科学部・薬学部の PEP では 3 月から約 1,300 名の全受講生を Slack 上の授業用ワークスペースに誘導した。これは，LMS へのアクセス集中により掲示板など学生への一斉連絡手段を失うリスクを見越しての予防的措置だったが，はたしてこの懸念は現実のものとなった（**5.6.1**）。LMS ダウンの混乱のさなかにあって PEP では教師と学生との連絡手段を確保することができ，春学期をとおしてのプラットフォームとして活用されたのである（木村・近藤, 2020）。

　目的に合致する ICT リソースを柔軟に導入し合理的に活用するこうした姿勢は，CILL の円滑な運営を可能にするものであり，次項で論じる変態性とも通底する重要な要素である。

5.6.5　CILL の要件③変態性（Transformability）

　変態性とは，授業やプログラムが ICT の発展に合わせて柔軟に変化できる性質をさす。CILL は教授法の 1 つであり，PEP はその上に成り立つ大学英語教育プログラムである。プログラムであるのなら，コンピュータ・プログラムのようにバグを修正し，必要な機能を追加し，部分的な更新や改造，拡張を行うことが可能なはずである。

　これはたんなる言葉遊びではない。CILL は，進化を続ける ICT をその基盤に据えた教授法である。そのため，ICT の進化に伴い，CILL 型授業やプログラムには様々な更新や拡張が求められる。言い換えれば，CILL は更新や拡張が可能であり，必要なのである。それが CILL の最後の要件である変態性である。

　PEP 授業においてこの変態性が顕著に表出しているのは，生命科学部・薬学部で開講されている 3 回生配当の選択必修授業である Junior Project 2（JP2）だろう。第 3 章で「実験劇場」と表現されているように，JP2 は様々な試みをまさに実験的に取り入れた授業であり，英語による情報発信という核を中心に今

なお変化を続けている（**3.6**）。JP2 で試みられた実践のうち，PEP の授業全体に組み込み可能と判断されたものが抽出され，規模が拡大されるという構造は，プログラムとしての PEP が更新され続ける原理となっている。

　JP2 では，2014 年度から学生が自らプロジェクトの成果を動画で制作し，発表するという試みが導入された（**3.6.3**）。YouTube などの動画メディアの興隆を受け，アウトプットの新たな形態として始められた JP2 での動画制作に関するノウハウは，コロナ対応のオンライン授業で大いに役立つことになった。発表を動画として記録する方法など PEP の教師による解説動画に加え，過去に PEP を受講した学生らによる動画も相次いで制作され，PEP の YouTube チャンネルには 2020 年度春学期だけで 50 本以上の動画が追加された◆⁹。

　最後に，人的資源，すなわち教師の変態性について論じる。CILL 型授業においては，ハードウェアやソフトウェア，アウトプットのメディアなど，様々な要素が変化する可能性がある。そのため，教師自身がソフトウェアとして新たなテクノロジーやリテラシーに対応できるようバージョンアップを繰り返す，学びの主体であることが求められる。

　5.5.3 で述べたように，CILL では，教師は英語教員である以前に 1 人の研究者としてアカデミック・リテラシーを体現する存在として学習者の前に立つことになる。教師自身が研究プロジェクトを通じてリサーチ，オーサリング，コラボレーション，アウトプットといった活動に従事していることが大きな実践的意味をもつ。このため，CILL に関わる教師には，授業を担当する教育者としての役割と同程度かそれ以上に，研究者としての役割を担うことが期待される。

　こうした教師の変態性を保障するには，個人の自己研鑽意欲に任せるのではなく，組織的な取り組みが必要になる。

　まず，教師同士の協働体制を整備することが重要である。教師同士が互いにスライドなどの授業リソースやノウハウといった情報を蓄積し，共有することにより，教師たちはチームとして効率的に協働することができる。こうした協働は学内の特定の会議室といった物理的な空間ではなく，主にオンライン上のグループウェアなどのコミュニティで行われることが想定され，ICT を活用するからこそ情報やリソースの蓄積，公開，共有，検索が容易に可能となるのである（酒井・田口・飯吉, 2012）。前項で見た PEP における Slack の活用はこの

具体的な事例といえる。

　また，協働体制の具体的な取り組みとして Faculty Development（FD）活動
をプログラムに組み込むことも教師の変態性を保障するうえで合理的だろう。
新しいハードウェアやソフトウェアが頻繁に用いられる CILL では，機材やア
カウントの集中管理，操作の講習などが必要になる頻度が高い。また，PEP の
場合，コンテンツは教科書ではなく学生のプロジェクト活動そのものであるた
め，教科書に基づく授業のように教師による予習というタスクは発生しないが，
プロジェクトへの助言や ICT に関する質問など，授業内外での柔軟な対応が求
められる。互いの顔が見える対面の場でそうした授業に関わる知見やノウハウ，
悩み事などを共有することにより，前述のオンライン・コミュニティでの協働
体制も機能する。

　PEP では 2018 年度より独自の FD 活動を導入し，授業運営や教室内のハード
ウェア，授業で用いるソフトウェアに関して新任教員へのオリエンテーション
を行うとともに，先輩教員との意見交換の機会としている（木村・落合・近藤，
2019）。また，繰り返しになるが教員用の Slack ワークスペースも教師同士が気
軽に教え合い，情報共有を行えるスペースとして機能している。

　様々なテクノロジー，ハードウェア，ソフトウェアを柔軟に受け入れて活用
する CILL は，人的資源としてバージョンアップを繰り返す教師たちの連携と
協力，創意と工夫の総和の上に成り立つといえる。さらに，立命館大学の 4 学
部にわたって展開する PEP が体現するように，CILL という共通のプラット
フォームが全国規模に拡大した場合，そのコミュニティが生み出す「総和」の
インパクトはきわめて大きなものになるだろう。

注

◆1　Stephen Bax 博士は本書執筆中の 2017 年 11 月 27 日に亡くなった。：https://stephenbax.net/?p=2124
◆2　本章の目的は従来型の CALL の存在を否定するものではない。大規模な学習者を対象とした語
　　学授業や自学自習の環境では従来型の CALL が有効に機能する場合も多い（竹蓋・水光，2005，
　　pp.149-193）。
◆3　PEP Navi は http://navi.pep-rg.jp/ で公開されているオープンな Web サイトである。
◆4　2015 年度までは鈴木（2014a, 2014b）による書き込み式のワークブック型教科書が併用されてい
　　たが，これはノートパソコンを授業に持ち込めない学生への配慮という側面が大きかった。
　　5.6.3 で見るように PEP 授業への持ち込み率がほぼ 100% に達したため，現在は廃止されてい

る。

◆5　数字はいずれも 2020 年度の入学定員数。

◆6　2020 年現在，PEP は生命科学部，薬学部以外にもスポーツ健康科学部（2020 年度定員 235 名）・
総合心理学部（同 280 名）でも展開されているため，PEP 受講生の総数は毎年度 2 学年合計で
2,000 名に迫る。

◆7　2017 年調査の詳細は木村・近藤（2018）および長澤（2019）を，2018 年調査の詳細は木村（2018）
をそれぞれ参照されたい。

◆8　従来型の CALL 教室や情報教室は，教育機関にとって整備やメンテナンスの経済的負担が大き
いため，全国的に減少の傾向にある（榎田，2016; Ono, Ishihara, & Yamashiro, 2014; 保阪，2009）。
BYOD を採用する大学が増加の傾向にあるのはこうした事情も背景にあると考えられる。

◆9　PEP の YouTube チャンネル：https://www.youtube.com/user/ProjectBasedEnglish/

資料1　PEP Boot Camp 構想調書

取組名称	英語発信スキルの向上を目指す、ゴール・カスタマイズ型集中特訓プラットフォーム「PEP Boot Camp」の構築	申請機関名	立命館大学生命科学部

【1】取組の概要について

① 取組目的・概要・実施体制・全体計画（計画期間全体）

1. プロジェクト発信型英語プログラム（PEP）の歩みと課題認識

　生命科学部・薬学部では、2008年度の開設以来、必修英語授業として一貫してプロジェクト発信型英語プログラム（Project-based English Program：PEP）を実施してきた。2010年度に開設されたスポーツ健康科学部、2016年度の総合心理学部でも採用され、PEPは現在2キャンパス4学部で展開するプログラムにまで成長した。PEPでは、学生の興味・関心を出発点と捉え、各自が学期ごとにプロジェクトを起ち上げ、その成果をアカデミックフォーマットに基づいて英語で発表するという形式を採っている。これは、英語で何事かを表現する必要性や欲求が芽生えたときが学びの動機が最大化するという教育哲学をPEPが根本的な方法論として実践しているためであり、アウトプットに重きを置く取り組みはこれまで学内外で一定の評価を受けてきたと考える。

　その一方で、良質なアウトプットには良質なインプットが欠かせないことも事実である。アウトプットを重視してきたPEP採用学部の英語教員にとって、このことは一般論レベルの説得力を超え、文字どおり身をもって痛切に感じてきた喫緊の課題点である。この課題認識は以下の2点に要約できる。

① 大学入試を突破してきた層とそうではない層とでは、特に英文法や発音の基礎的な理解や学習習慣に差が見られる（6.の資料を参照）。両者のギャップ縮小のためにも正課授業の課題やBBPとの連携を通じた良質なインプットが求められる。
② 上回生の中でも留学や大学院進学にあたり正課英語授業を修了後さらなる英語学習の必要が生じたとき、現状では抽象的なアドバイスにとどまらざるをえない。

　上記の課題認識から、PEP採用4学部の英語教員にとって、低回生・上回生を問わず、必要なときに必要な学びを提供できる、学習者のニーズに合わせた自習用のオンライン英語教育リソースを自らの手で整備することはかねてよりの悲願であった。

2. ゴール設定型の英語集中特訓自習環境「PEP Boot Camp」の構想

　本計画の構想は、診断テストに基づく学習者ごとのゴール設定にあわせ、必要な学びを提供するオンライン上の英語学習プラットフォームを構築することにある。そのプラットフォームを「PEP Boot Camp」と仮称する。図1で示すとおり、PEP Boot Campでは学習者が何を達成したいのかというニーズ分析に基づくゴール設定を診断テストによって導出し、それに合わせた適切な教材をデータベースより選定する。PEP Boot Campは、良質なアウトプットのための良質なインプットを集中的に行うための学習プラットフォームであり、まずPEP実施4学部で運用し、その効果を検証するとともに改善を図り、計画の最終段階で立命館大学全体に公開することによって、立命館大学の英語教育改革ならびに教学の国際化に貢献できるものと考える。

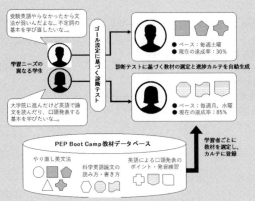

図 1：PEP Boot Camp の全体像

　教材はテーマごとに用意され、診断テストの結果に合わせて適切なものが選定される。教材テーマの候補としては、学生の学習ニーズが高く、かつ PEP 英語教員の多くが拡充を希望するものを厳選した。学年を問わず学習の必要性が生じるが、教員が指導するには相当の時間とマンパワーを要する最大公約数的なテーマとして、受験英語未経験層向けの「やり直し英文法」、主に理系分野でのアカデミックな著述の読み方・書き方に焦点を当てた「科学英語論文の読み方・書き方」、PEP 授業や大学院進学後の成果発表に役立つ「英語による口頭発表のポイント・発音練習」の 3 つを基幹教材とする。

　各教材は、5〜10 分前後の短いレッスン動画とそれに付随する 10〜20 問程度の確認クイズの組み合わせを基本様式とする。レッスン動画を採用するのは、音声データと視覚データを含ませることで文法や英文の解説、英語の発音や口頭発表時のイントネーションなどがわかりやすく指導できるというメリットに加え、スマートフォンを常用する昨今の学生にとって動画というメディアは非常に訴求力が高いと思われるからである。確認クイズも 1 回あたり 5 分程度で終わるものを数多く用意する。これは、繰り返し確認することにより習得した知識の定着を図るとともに、英語の学習習慣を身につけることも目的としているためである。カルテには学習者ごとの取り組みペースが設定できるとともに進捗率を常時記録しているため、取り組み状況の把握が可能である。これにより、PEP Boot Camp は正課授業の課題としても活用できるほか、Beyond Borders Plaza などの学習相談チャンネルとの連動も可能であると思われる。

3．実施体制

　PEP Boot Camp の基本となるシステムをゼロベースで開発するのは初期費用と計画年度終了後の保守・運用を考慮に入れると現実的ではない。そこで、すでに運用実績のある外部の LMS（manaba+R など）をプラットフォームとして活用するものとし、必要に応じてカスタマイズを要請する。また、レッスン動画の撮影と編集は実績のある外部のプロダクションやスタジオなどにアウトソーシングする。レッスン動画の内容とクイズの制作には生命科学部の PEP 英語教員があたるものとし、生命科学部以外の PEP

実施3学部の英語教員も協力する。必要に応じて外部のアドバイザーの助言を得るほか、特にクイズの作問にあたってはアルバイトなどの補助的な人員も採用する。

4．達成度の目標と検証方法

　下記6.の資料で示したとおり、生命科学部で実施した2014〜2017年度のTOEIC-IPスコア平均点を1回生、2回生ともに特別入試層と一般入試層に分類して算出したところ、全年度、全実施回において一般入試層のスコアが特別入試層を上回った。学部によって多少の変化はあるものの、生命科学部以外のPEP実施3学部でもほぼ同様の傾向が見られる。また、TOEIC-IP（Listening & Reading）があくまでも英語能力の一側面を測る試験であることを考慮に入れてもなお、このギャップはPEPの英語教員が教室で感じる英語の実力差とほぼ一致する。

　PEP Boot CampをPEPの授業内活動や授業外の課題などに組み込むことにより、受験英語レベルの理解が十分ではない層のボトムアップが見込まれるため、TOEIC-IPのスコア変化が有力な検証指標の一つになると考える。また、上位層においてもTOEFL-ITPの平均スコアの変化やPEP Boot Campの受講による授業内パフォーマンスを産出英文（書かれた英文、話された英文）のエラー分析などにより検証可能である。

5．英語教育改革および教学の国際化方針との整合性

　PEP Boot Campは最終的に立命館大学に所属する誰もが利用可能になるため、本学の英語教育改革の方針およびそれに付随する重点課題に合致し、教学の国際化を支える重要な教育インフラになりうると考える。まず英語教育改革については、2018年度に開設が予定されているBeyond Borders Plaza（BBP）との連携効果が期待される。その一例として、現在BBPではリメディアル層への対応として教員による個別指導が想定されているが、指導の一環にPEP Boot Campの教材（前述「やり直し英文法」）に誘導することにより限られた人的資源でより多くの学生への指導が可能となる。

　教学の国際化への貢献については、PEP Boot Camp内の教材（前述「英語による口頭発表のポイント・発音練習」）と組み合わせたBBPでの英語プレゼンテーション大会の開催など、英語を用いたアウトプット機会の創出が考えられる。また、英語論文執筆のノウハウを必要なときに学べる教材（前述「科学英語論文の読み方・書き方」）の活用により英語論文の執筆指導に要する時間と人的資源の軽減が見込まれるほか、前述のようにPEP Boot Campは最終的に全学を対象とした公開を予定しているため、立命館大学全体の英語教育レベルの底上げと英語教員の指導効率の向上が見込まれる。

6．資料：TOEIC-IP平均点の入試方式別比較（生命科学部：2014〜2017年度）

　特別入試層・一般入試層ともに2年間でTOEIC-IPの平均スコアは上昇しているが、すべての実施回で特別入試層は一般入試層よりも平均スコアが下回り、かつ、2014年度および2015年度入学者におけるスコア変化の伸び幅でも下回る。

		1回生		2回生		スコア変化
		6月	12月	6月	12月	
2014年度	特別入試	383.1	376.9	407.2	407.9	＋24.8
入学者	一般入試	472.0	461.2	503.7	513.8	＋41.8
2015年度	特別入試	359.7	367.1	374.2	388.2	＋28.5
入学者	一般入試	487.0	503.3	505.1	527.6	＋40.6
2016年度	特別入試	337.3	369.6	412.5		＋75.2
入学者	一般入試	452.9	475.1	510.5		＋57.6
2017年度	特別入試	400.8				
入学者	一般入試	470.4				

　言語教育センター提供の団体受験実施結果に基づく（2017年度のみ独自集計）。特別入試は、「推薦入学試験（提携校）」「学内推薦（附属校）」「高大連携特別推薦入学試験」「指定校推薦入学試験」「特別選抜入学試験」「文芸・スポーツ選抜」を指し、一般入試は「センター試験方式（7科目型、5教科型、3教科型、後期型）」「センター試験併用方式」「全学統一方式（理系型）」「学部個別配点方式」「後期分割方式」を指す。

② 取組を通じた教学上および学生の到達目標（計画期間全体）
● 英語学習習慣の定着
➤ 正課授業であるプロジェクト発信型英語プログラムのクラス外課題やBBPでの指導にPEP Boot Campの教材を取り入れることにより、定期的な英語学習の習慣を定着させる。
● 英語団体受験平均スコアの上昇
➤ TOEIC-IPの平均スコアにおいて、2回生12月実施回で特別入試層の平均スコア500点、一般入試層の平均スコア600点を目指す。
● 英語アウトプットのクオリティ向上と機会の創出
➤ PEP授業内で行われている口頭発表およびアカデミック英作文のクオリティを向上させるとともに、BBPと積極的に連携してプレゼンテーション大会などアウトプットの新たな機会を創出する。
③ 到達目標に対する達成度の検証指標・基準（計画期間全体及び年度毎）
● 英語学習習慣の定着
➤ 2018年度：一部クラスへのPEP Boot Campのパイロット導入
➤ 2019年度：PEP4学部への導入と学習カルテの取り組み率モニタリング
➤ 2020年度：上記実施に基づくシステムの改善と立命館大学全体への公開
● 英語団体受験平均スコアの上昇（TOEIC-IPの例）
➤ 2019年度：2回生12月実施回で特別入試層450点、一般入試層550点
➤ 2020年度：2回生12月実施回で特別入試層500点、一般入試層600点
● 英語アウトプットのクオリティ向上と機会の創出
➤ 2018年度：BBP学習相談ブース担当教員へのヒアリング
➤ 2019年度：PEP実施4学部への導入、BBP連携（BKC英語プレゼン大会）
➤ 2020年度：BBPとの共催による全学英語プレゼンテーション大会の実施

【2】各年度の実施計画

① 2018年度の具体的実施計画

　PEP Boot Camp の運用準備フェーズとして、前期はシステムの選定とカスタマイズ、「やり直し英文法」「英語による口頭発表・発音練習」のレッスン動画およびクイズの制作を中心的に行う。後期は一部の PEP 授業でのパイロット実施のほか、BBP との連携を見据えたヒアリングなど関係部署との調整を行う。

② 2019年度の計画の概略

　PEP Boot Camp の運用フェーズとして、前期から PEP 実施4学部の授業内活動および授業外課題に組み込む。後期には BBP との連携を本格化し、BKC で英語プレゼンテーション大会を実施する。また、前後期にわたり「英語論文の読み方・書き方」レッスン動画およびクイズの制作を行う。

③ 2020年度の計画の概略

　過年度の実施に基づいてシステムの改善と調整を行い、発展フェーズとして PEP Boot Camp を立命館大学全体に公開する。また、計画全体の成果について国内外の英語教育系、教育工学系主要学会などで報告する。BBP との連携をさらに進め、3キャンパス合同の英語プレゼンテーション大会を実施する。

【3】過年度の取組実績

　PEP では、リメディアル層に対するオンライン動画教材の活用を学内でも先駆けて行ってきた。スポーツ健康科学部では 2014年度から1回生配当の正課英語授業「プロジェクト英語1」（通称 P1）での学習に困難を伴う層に向け、補完コース「プロジェクト英語0」（通称 P0）を起ち上げた（教育力強化予算＜質向上＞に基づく）。動画教材と対面指導を組み合わせた、いわゆる反転授業方式を採用した P0 の実施により、P1 の成績および TOEIC-IP のスコアに補完コースの効果を示唆する結果が得られた（P0 の動画教材は http://p0.pep-rg.jp/ で公開中）。また、生命科学部では 2017年度から「教育の質向上予算」を得て、PEP を受講する学生を対象とした予約制サポートセンター「Support for Academic Papers and Project」（SAPP）を発足させた。院生の学生をチューターとして雇用し、学部生の課題添削、プロジェクトの進め方相談、学会提出用のアブストラクトの書き方やポスターの作り方の指導にあたっている。2017年度前期の利用者数は延べ40名を超え、正課授業の補完的存在として今後の発展が期待される（SAPP の概要と予約は専用サイト http://sapp-writing.xii.jp/ から行う）。

資料 2　P1 の事例：第 14 週の発表原稿とスライド

◆ 発表原稿

Hello everyone.

I'm *** ***. I was born and raised in Shiga. Then, do you know Funazushi? It is the most characteristic local food in Shiga. Funazushi is kind of sushi and, it is made from Carassius in lake Biwa. It is Nigorobuna in Japanese. Moreover, I love it more than anything in the world. And, I hope you to like it very much. However, you dislike Funazushi. I think that one of the causes is unique smell. So, I looked into about unique smell and, I 'd like to talk about why Funazushi has unique smell also, I will introduce the merits of eating Funazushi. It is todays outline. Let me begin my presentation.

First, in the world, there are many foods which have unique smell. Please take a look at this figure. It shows ranking of odor intensity. Au is units of Alabaster, and it means odor intensity. The figures of Funazushi is the sixth highest in the world. And, the highest figures are Surstromming. It is salted fish in Sweden, and Au of Surstromming is 16 times higher than that of Funazushi. Also, it is fermented food. Then, the second highest figures are Honqeohoe. It is Sasimi in Korea. And, this is also fermented food. In fact, top five food as well as Funazushi are fermented food. In other words, many people feel that fermented food has bad smell. Following the results, I 'd like to know what a fermented food is.

Then, what is a fermented food? There are many fermented foods in Japan, for example, Nattou, soy sauce, miso and pickles. It is food that produced by working of microbe. By fermentation, to save food for a long time becomes possible. Also, it includes a lot of nutrients. Please have a look at the figure. This figure shows relationship between intake of miso soup and the incidence of breast cancer.

If you drink three caps of Miso soup a day, you can reduce 40% of the incidence of breast cancer compere to less than one cup a day. As you can see from this figure, fermented food is health very much. Then, why fermented food is healthy?

The reason is working of microbe. Microbe decompose component included in food. Then, old component can change new component. In short, microbe prepare function of digestion. In fact, that working make unique smell. The identity of bad smell is microbe.

Then, especially, Funazushi is fermented by working of Lactic Acid Bacterium. Lactic Acid Bacterium is kind of microbe and, it is nyuusankin in Japanese. It supports intestinal movement also, create the environment. So, it is important for us. Actually, in the past, when people had a stomachache, everyone ate as medicine. Moreover, it still remains. This supplement's name is Lactic Acid Bacterium of Funazushi. It is made of Funazushi and you take it when you have stomachache.

In this way, identity of bad smell has a positive effect on people.

Based on the above, I think that you can improve the quality of life by eating Funazushi. But, you may not believe my opinion. However, I have evidence in support of my opinion This table is ranking of the average life span by prefecture in 2015. And, it is announced by Ministry of Health in 2017. According to thus table, surprisingly, the average life span of male in Shiga is the highest in Japan. Also, female of that is forth. Then, in Nagano, that of both male and female is the first two places. Why does that have that kind of result? The answer is lactic fermented food. Both prefectures have custom that eat a lactic fermented food. For these reasons, I feel certain that eating them connect long life. Moreover, I proud of Funazushi as residents in Shiga. In conclusion, Funazushi has unique smell. But, identity of unique smell is microbe, and its working makes an impact on your body. In addition, eating lactic fermented foods connect long life. Therefore, Funazushi is worth to eat. You dislike Funazushi before my presentation. Thus, I hope you to like Funazushi after my presentation.

Thank you for listening.

References
Takeo Koizumi, (2002, Jun-July).
Hakkouhatikaranari. NHK human lesson
National Cancer Center
Ministry of health
https://www.mhlw.go.jp/toukei/saikin/hw/life/tdfk15/index.html

◆ スライド（一部）

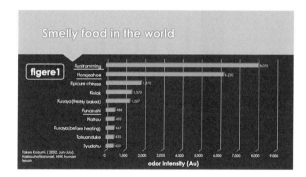

資料 3　P4 の事例：第 15 週の発表スライドと最終ペーパー

◆ 発表スライド（一部）

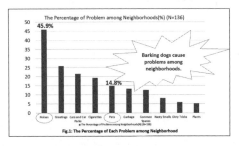

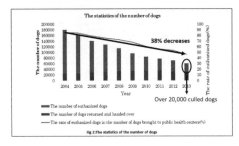

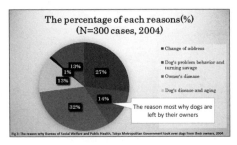

◆ 最終ペーパー（一部）

Template Version: 2015.06.13

Silence Is Golden

Barking dogs will cause active euthanasia of dogs

*** ***

Department of Biomedical Sciences,
College of Life Sciences,
Ritsumeikan University
MM Class – Final Paper
Project English 4 (P4)
Fall, 2015

Introduction

Nowadays, many people have pets. Pets are, for example, dogs, cats, birds and so on. Among them, dogs have been the most familiar animal for us, Japanese, for a long time. In the Edo period, Tsunayoshi, the fifth Tokugawa shogun, promulgated the proclamation, which prohibited the cruelty to animals involving dogs. Because of it, he was called "INU KUBO (Doggy General)". This is the typical example, which shows the familiar relationship between Japanese and dogs for a long time. Although dogs and we have the familiar relationship, it is true that dogs have a problem. It is a bark of them. According to the Ministry of the Environment in Japan (1985), the noise level of dogs' bark measured five meters away from a dog was from 55 to 100 decibel. TV's noise level measured one meter away from TV was from 58 to 74 decibel. The noise level of dog was approximately 40 decibel bigger than TV's noise level and it means that the bark of dog is a hundred times as noisy as TV. This noisiness of dogs' barks often causes troubles among neighborhoods. According to SUUMO Journal (2015), a noise and a problem relating to pets occupied a high degree (45.9% and 14.8% in order) of the trouble among neighbors. Besides that, it can be thought that their barks can cause another severe problem. It is the increase of the number of euthanized dogs. A euthanized dog is the dog which is killed by people with an anesthetic gas which has a strong effect. I capture that the increase of the number of euthanized dogs is one of the severest problems caused by the increase of the number of barking dogs. The purpose of this paper is to clarify the close relationship between barking dogs and the number of euthanized dogs and to show the possible solution to decrease the number of euthanized dogs. The first section will show the present situation of stray dogs brought to public health centers in Japan. The second section will mention the relationship between barking dogs and the number of euthanized dogs. The third section will state the possible solution to decrease the number of barking dogs and the possible solution to decrease the number of euthanized dogs. Finally, this paper will be concluded.

2 / 11

---

1. The present situation of stray dogs in Japan

Before discussing the close relationship between barking dogs and the number of euthanized dogs, it is essential for us to know how many stray dogs are in Japan today. In this paper, stray dogs mean dogs which are brought to public health centers. The purpose of this section is to show the rate of euthanized dogs in all dogs brought to public health centers. According to the Ministry of Environment in Japan (2014), the number of dogs brought to public health centers, the number of dogs returned and handed over and the number of euthanized dogs between 2004 and 2013 are summarized on Table 1.

Table 1: The number of dogs between 2004 and 2013

Year	The number of dogs brought to public health centers	The number of dogs returned and handed over	The number of euthanized dogs
2004	181,167	26,297	156,870
2005	163,678	34,979	128,699
2006	142,110	28,942	112,890
2007	139,937	39,942	98,550
2008	113,488	32,774	87,404
2009	93,807	32,844	64,001
2010	85,166	33,464	51,984
2011	77,805	34,282	43,606
2012	71,643	33,269	38,447
2013	60,811	32,092	28,570

From Table 1, it can be said that the number of dogs brought to public health centers had decreased and the number of dogs returned and handed over had increased from year to year. The number of euthanized dogs also decreased from year to year. Figure 1 is the graph based on Table 1. On Figure 1, the horizontal axis shows the year. The vertical axis of left side shows the number of dogs and the vertical axis of right side shows the rate of euthanized dogs.

3 / 11

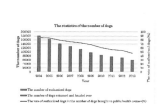

Figure 1: The statistics of the number of dogs

From Figure 1, it can be said that the rate of euthanized dogs in the number of dogs brought to public health centers had decreased from year to year. Compared with the rate of euthanized dogs in 2004, the rate of euthanized dogs in 2013 is approximately 38% lower than the rate of euthanized dogs in 2004. According to Table 1 and Figure 1, we can know that the number of dogs brought to public health centers and the number of euthanized dogs have decreased from year to year but it is in fact that over 20,000 dogs are killed now. In other words, over 20,000 dogs are killed by hands of people. This is the present situation of stray dogs in Japan. The next section will discuss the relationship between barking dogs and the number of euthanized dogs.

4 / 11

2, The relationship between barking dogs and the number of euthanized dogs

The previous section showed the present situation of stray dogs in Japan. The purpose of this section is to clarify the close relationship between barking dogs and the number of euthanized dogs. According to the Bureau of Social Welfare and Public Health, Tokyo Metropolitan Government (2004), the reasons why they took away dogs from their owners were following; an owner's change of address, a dog's problem behavior and turning savage, an owner's disease, a dog's disease and aging, an owner's group feeding and others. Others were, for example, a complaint from neighborhoods and an owner's economic condition. Figure 2 is a graph which shows the rate of each reason why the bureau took away dogs from their owners (Bureau of Social Welfare and Public Health, Tokyo Metropolitan Government, 2004).

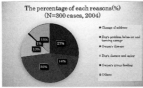

The percentage of each reasons(%) (N=300 cases, 2004)

- Change of address
- Dog's problem behavior and turning savage
- Owner's disease
- Dog's disease and aging
- Owner's group feeding
- Others

Figure 2: The reason why Bureau of Social Welfare and Public Health, Tokyo Metropolitan Government took over dogs from their owners, 2004

Focusing on problems of dogs, except for a dog's disease and aging, it can be said that a dog's problem behavior and turning savage is the reason most why owners took their dogs. In other words, a problem behavior of dogs affects the number of dogs left by their owners. In addition, a complaint from neighborhoods also affects the number of dogs left by their owners. A bark of dogs is

5 / 11

---

the severest problem of dog's problem behaviors. According to the Ministry of the Environment in Japan (2004), troubles which pet dogs caused were barks, bites and excretes (feces and urine) in order and troubles which others' pet dogs caused were excretes (feces and urine), barks and bites. Figure 3 is the graph which shows the rate of troubles that pet dogs caused.

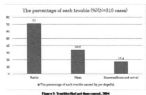

The percentage of each trouble (%)(N=310 cases)

Barks　　Bites　　Excrement(feces and urine)

■ The percentage of each trouble caused by pet dogs(%)

Figure 3: Troubles that pet dogs caused, 2004

Figure 4 is the graph which shows the rate of troubles that others' pet dogs caused.

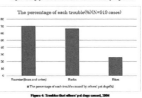

The percentage of each trouble(%)(N=010 cases)

Excretion(feces and urine)　　Barks　　Bites

■ The percentage of each trouble caused by others' pet dogs(%)

Figure 4: Troubles that others' pet dogs caused, 2004

6 / 11

Conclusion

The purpose of this paper was to clarify the close relationship between barking dogs and the number of euthanized dogs and to show the possible solution to decrease the number of euthanized dogs. The first section mentioned the present situation of stray dogs in Japan today. The number of euthanized dogs had decreased from year to year but it is fact that over 28,000 dogs still have been killed every year. The second section stated the close relationship between barking dogs and the number of euthanized dogs. There were many reasons why owners brought their dogs to public health centers. Focusing on problems caused by dogs, a dog's problem behavior was the reason why their owners left them and the bark of dogs especially caused people problems. From these things, it was understandable that barking dogs increased the number of left dogs and it affected the number of euthanized dogs. The final section mentioned the possible solution to decrease the number of barking dogs. It was understandable that the number of barking dogs would decrease by training them tightly to stop their needless barks. Based on these three points, it can be said that the possible solution to decrease the number of euthanized dogs is to build the relationship of trust with dogs and to train them to stop their needless barks. This paper focused on the relationship between barking dogs and the number of euthanized dogs. The future problem is, for example, to conduct the research about other factors which influenced the number of euthanized dogs. Although silence is golden, silence does not mean keeping silent all the time. Instead, it means keeping silent when there is no need to talk. Silence of dogs means that dogs stop the needless barks. Dog's silence is golden for both dogs and us.

10 / 11

References

Bureau of Social Welfare and Public Health, Tokyo Metropolitan Government (2004), *The number of pets dealt with and the number of pets culled*, Retrieved from November 13, 2015, from www.fukushihoken.metro.tokyo.jp/kankyo/aigo/shisaji/singi8.10.files/2omiya.pdf

Protection and appropriate management of animals, The Ministry of the environment in Japan (2004), *Material No.5: A situation devised to deal with injuries, annoyances and so on.* Retrieved from November 13, 2015, from https://www.env.go.jp/nature/dobutsu/aigo/7_data/aikatsu516_03/mat03.pdf

Protection and appropriate management of animals, The Ministry of the environment in Japan (2014), *The materials of statistics about the situation of taking charge of dogs and cats and accommodating injured animals*, Retrieved from December 6, 2015, from http://www.env.go.jp/nature/dobutsu/aigo/2_data/statistics/dog-cat.html

SUUMO JOURNAL (September 16, 2015), *Which of troubles or annoyances among neighborhoods is the first place…?*, Retrieved from November 29, 2015, from http://suumo.jp/journal/2015/09/16/97552/

The department of special pollution of the bureau of the atmosphere preservation, The Ministry of the environment in Japan (September 1985), *The situation of living noises and the subject in the future*, Retrieved from November 29, 2015, from www.env.go.jp/air/sgc/noise/seisaku/1985_09.pdf

The training school for police dogs and pet dogs, South Osaka (n.d.), *[Unnecessary Barking] The advice of training from the professional trainer*, Retrieved from December 24, 2015, from http://www.minamiosaka-dogtc.jp/advice/mudaboc.html

Yoshida, K. (2005). *Shiba Inu no Kaikata [Methods to keep dogs called Japanese midget Shiba]*. Tokyo: Narumido Shuppan.

11 / 11

文　献

◆1章

阿部 公彦 (2017).　史上最悪の英語政策―ウソだらけの「4技能」看板　ひつじ書房

Agha, A. (2003). The social life of cultural value. *Language and Communication, 23*, 231-273.

穴田 義孝 (1985).　人間関係にみる日本人の国民性　政經論叢, *53*(4-6), 357-396.

Anderson, L. W., & Krathwohl, D. R. (Eds.). (2001). *A taxonomy for learning, teaching, and assessing: A revision of Bloom's taxonomy of educational objectives.* New York: Longman.

Bloom, B. S., Madaus, G. F., & Hastings, J. T. (1971). *Handbook on formative and summative evaluation of student learning.* New York: McGraw-Hill. (ブルーム, B. S., マドゥス, G. F., & ヘイスティングス, J. T.　梶田 叡一・渋谷 憲一・藤田 恵璽(訳) (1973).　教育評価法ハンドブック―教科学習の形成的評価と総括的評価　第一法規)

The Chronicle of Higher Education. (2019). Which colleges grant the most bachelor's degrees in foreign languages? The chronicle list. Retrieved from https://www.chronicle.com/article/Which-Colleges-Grant-the-Most/245567 (2020年1月29日)

中央教育審議会 (1996).　21世紀を展望した我が国の教育の在り方について―第15期中央教育審議会第一次答申　文部時報, *1437*, 82-91.

中央教育審議会 (2008).　学士課程教育の構築に向けて(答申)　Retrieved from https://www.mext.go.jp/component/b_menu/shingi/toushin/__icsFiles/afieldfile/2008/12/26/1217067_001.pdf (2020年1月15日)

中央教育審議会 (2014).　新しい時代にふさわしい高大接続の実現に向けた高等学校教育, 大学教育, 大学入学者選抜の一体的改革について―すべての若者が夢や目標を芽吹かせ, 未来に花開かせるために(答申)　Retrieved from https://www.mext.go.jp/b_menu/shingi/chukyo/chukyo0/toushin/__icsFiles/afieldfile/2015/01/14/1354191.pdf (2020年2月8日)

Council of Europe. (2001). *Common European framework of reference for languages: Learning, teaching, assessment.* Cambridge: Cambridge University Press.

Council of Europe. (2007). Guide for the development of language education policies in Europe: From linguistic diversity to plurilingual education. Retrieved from https://rm.coe.int/CoERMPublicCommonSearchServices/DisplayDCTMContent?documentId=09000016802fc1c4 (2020年10月8日)

Coupland, N. (2001). Dialect stylization in radio talk. *Language in Society, 30*, 45-375.

Crismore, A., Ngeow, K. Y., & Soo, K. (1996). Attitudes toward English in Malaysia. *World Englishes, 15*(3), 319-335.

江利川 春雄 (2008).　日本人は英語をどう学んできたか―英語教育の社会文化史　研究社

Educational Testing Service (2018). TOEFL iBT?: Test and score data summary 2019. The TOEFL family of assessments. https://www.ets.org/s/toefl/pdf/94227_unlweb.pdf (2020年10月8日)

南風原 朝和 (編) (2018).　検証迷走する英語入試―スピーキング導入と民間委託　岩波書店

花元 宏城 (2010)．英語変種に対する日本人大学生の言語態度について―matched-guise技法を用いた調査　アジア英語研究, *12*, 21-37

羽藤 由美 (2018)．民間試験の何が問題なのか―CEFR対照表と試験選定の検証より　南風原 朝和(編)　検証迷走する英語入試 (pp.41-68)　岩波書店

比嘉 正範 (1994)．国際社会における英語　片山 嘉雄・佐々木 昭・遠藤 栄一・松村 幹男(編)　新・英語科教育の研究　改訂版 (pp.1-8)　大修館書店

平畑 奈美・鈴木 孝夫・當作 靖彦・大木 充・嶋津 拓・佐久間 勝彦・福島 青史・尾崎 明人・西山 教行 (2014)．「グローバル人材」再考―言語と教育から日本の国際化を考える　平畑 奈美・西山 教行(編)　くろしお出版

本名 信行 (1999)．アジアをつなぐ英語―英語の新しい国際的役割　アルク

石井 英真 (2003)．「改訂版タキソノミー」によるブルーム・タキソノミーの再構築　教育方法学研究, *28*, 47-58.

神谷 雅仁 (2008)．日本人は誰の英語を学ぶべきか―World Englishesという視点からの英語教育　上智短期大学紀要, *28*, 41-71.

金水 敏 (2011)．日本語の将来を考える視点　学術の動向, *16*(5), 95-99.

Kirchik, O., Gingras, Y., & Larivière, V. (2012). Changes in publication languages and citation practices and their effect on the scientific impact of Russian science (1993-2010). *Journal of the American Society for Information Science and Technology*, *63*(7), 1411-1419.

国立大学協会 (2017)．2020 年度以降の国立大学の入学者選抜制度―国立大学協会の基本方針　国立大学協会　Retrieved from https://www.janu.jp/news/files/20171110-wnew-nyushi1.pdf (2020 年 2 月 9 日)

国立大学協会 (2018)．大学入学共通テストの枠組みにおける英語認定試験及び記述式問題の活用に関するガイドライン　国立大学協会　Retrieved from https://www.janu.jp/news/files/20180330-wnew-guideline.pdf (2020 年 2 月 9 日)

国際ビジネスコミュニケーション協会 (2019)．「大学入試英語成績提供システム」へのTOEIC®Tests参加申込取り下げのお知らせ　Retrieved from https://www.iibc-global.org/iibc/press/2019/p119.html (2020 年 2 月 8 日)

高大接続システム改革会議 (2016)．高大接続システム改革会議「最終報告」　Retrieved from https://www.mext.go.jp/component/b_menu/shingi/toushin/__icsFiles/afieldfile/2016/06/02/1369232_01_2.pdf (2020 年 2 月 8 日)

教育再生実行会議 (2013a)．高等学校教育と大学教育との接続・大学入学者選抜の在り方について(第四次提言)　Retrieved from https://www.kantei.go.jp/jp/singi/kyouikusaisei/pdf/dai4_1.pdf (2020 年 2 月 7 日)

教育再生実行会議 (2013b)．これからの大学教育等の在り方について(第三次提言)　Retrieved from https://www.kantei.go.jp/jp/singi/kyouikusaisei/pdf/dai3_1.pdf (2020 年 1 月 18 日)

教育再生実行本部 (2013)．成長戦略に資するグローバル人材育成部会提言　自由民主党　Retrieved from https://www.jimin.jp/policy/policy_topics/pdf/pdf112_1.pdf (2020 年 2 月 7 日)

教育政策研究所教育課程研究センター (編) (2014)．資質や能力の包括的育成に向けた教育課程の基準の原理　教育課程の編成に関する基礎的研究報告書7　国立教育政策研究所

教育新聞 (2019)．大学入試改革の行方―英語民間試験，活用巡り方針分かれる　教育新聞　4 月 15 日, 10.

Matsuda, A. (2003). The ownership of English in Japanese secondary schools. *World Englishes*, *22*(4), 483-496.

Mehan, H. (1979). *Learning lessons: Social organization in the classroom*. Cambridge: Harvard University Press.

文部科学省 (2003). 「英語が使える日本人」の育成のための行動計画　文部科学省　Retrieved from https://www.mext.go.jp/b_menu/shingi/chukyo/chukyo3/004/siryo/04031601/005.pdf (2020 年 1 月 15 日)

文部科学省 (2013a). 8. 初等中等教育段階におけるグローバル人材の育成　平成 26 年度概算要求資料, 23-32.　Retrieved from https://www.mext.go.jp/component/b_menu/other/__icsFiles/afieldfile/2013/08/30/1339146_5.pdf (2020 年 11 月 15 日)

文部科学省 (2013b). グローバル化に対応した英語教育改革実施計画　文部科学省　Retrieved from https://www.mext.go.jp/a_menu/kokusai/gaikokugo/__icsFiles/afieldfile/2014/01/31/1343704_01.pdf (2020 年 1 月 18 日)

文部科学省 (2015). 教育目標・内容と学習・指導方法，学習評価の在り方に関する補足資料ver.5 Retrieved from https://www.mext.go.jp/b_menu/shingi/chukyo/chukyo3/053/siryo/__icsFiles/afieldfile/2015/05/25/1358029_02_1.pdf (2020 年 1 月 15 日)

文部科学省 (2017). 大学入学共通テスト実施方針　文部科学省 Retrieved from https://www.mext.go.jp/component/a_menu/education/micro_detail/__icsFiles/afieldfile/2017/10/24/1397731_001.pdf (2020 年 2 月 8 日)

文部科学省 (2018). 大学入学共通テストの枠組みで実施する民間の英語資格・検定試験について Retrieved from https://www.mext.go.jp/a_menu/koutou/koudai/detail/__icsFiles/afieldfile/2018/08/28/1408564_1.pdf (2020 年 2 月 8 日)

文部科学省 (2019a). 生きる力―学びの，その先へ Retrieved from https://www.mext.go.jp/component/a_menu/education/micro_detail/__icsFiles/afieldfile/2019/02/14/1413516_001_1.pdf (2019 年 11 月 25 日)

文部科学省 (2019b). 新時代の学びを支える先端技術活用推進方策(最終まとめ) Retrieved from https://www.mext.go.jp/component/a_menu/other/detail/__icsFiles/afieldfile/2019/06/24/1418387_02.pdf (2019 年 12 月 1 日)

内閣府 (2019). 令和元年版子供・若者白書　日経印刷

日本経済団体連合会 (2014). 次代を担う人材育成に向けて求められる教育改革　Retrieved from https://www.keidanren.or.jp/policy/2014/033.html (2020 年 10 月 8 日)

日本経済新聞 (2019). 英語民間試験，国立大の 8 割見送り―21 年春入試，国の方針転換受け　11 月 30 日朝刊, 2.

西原 真弓 (2015). 日本人の異文化コミュニケーション能力の育成に関する一考察　活水女活水論文集, *58*, 71-94.

OECD (2014). Indicator C4: Who studies abroad and where? *Education at a glance: OECD indicators, 2014*, 342-361.

大場 淳 (2009). 日本における高等教育の市場化　教育学研究, *76*(2), 185-196.

大塚 憲一 (2008). 「大学全入」時代に，大学版「学習指導要領」の模索!?　旺文社教育情報センター Retrieved from http://eic.obunsha.co.jp/resource/viewpoint-pdf/20080501.pdf (2020 年 2 月 15 日)

Pinker, S. (2007). *The language instinct.* New York: Harper Perennial Modern Classics. (Original work published 1994, New York: William Morrow and Company)

Robinson, W. P. (2003). *Language in social worlds.* Oxford: Blackwell.

Ryan, R. M., & Deci, E. L. (2000). Intrinsic and extrinsic motivations: Classic definitions and new directions. *Contemporary Educational Psychology, 25,* 54-67.

境 一三 (2011). 多言語化する社会のドイツ語教育―複言語・複文化能力養成の文脈で考える　慶應義塾大学日吉紀要ドイツ語学・文学, *48*, 67-89.

佐藤 学 (1996).　カリキュラムの批評―公共性の再構築へ　世織書房

Selinker, L. (1972). Interlanguage. *International Review of Applied Linguistics, 10,* 209-231.

白水 始 (2014).　新たな学びと評価は日本で可能か　三宅 なほみ(監訳)　21世紀型スキル―新たな学びと評価の新たなかたち (pp.207-223)　北大路書房

鈴木 孝夫 (1985).　武器としてのことば―茶の間の国際情報学　新潮社

鈴木 孝夫 (2009).　日本語教のすすめ　新潮社

鈴木 孝夫 (2011). Mirage Effect and Xenophygia 蜃気楼効果と外国人忌避症　あなたは英語で戦えますか―国際英語とは自分英語である (pp.32-33)　冨山房インターナショナル

鈴木 佑治 (2000).　言語とコミュニケーションの諸相―理論的考察から言語教育まで　創英社

鈴木 佑治・吉田 研作・霜崎 實・田中 茂範 (1997).　コミュニケーションとしての英語教育論―英語教育パラダイム革命を目指して　アルク

高田 和文 (2006).　大学におけるイタリア語教育の現状と第二外国語学習の意義について　静岡文化芸術大学研究紀要, *6,* 1-9.

田中 真紀子 (2010).　小学校英語教育における「英語支配」と「英語母語話者信仰」　神田外語大学紀要, *22,* 1-29.

田中 茂範 (1997).　序論　英語教育の現在　鈴木 佑治・吉田 研作・霜崎 實　コミュニケーションとしての英語教育論―英語教育パラダイム革命を目指して (pp.8-20)　アルク

田中 茂範 (2009).　小学校の英語教育を考える―プロジェクトとしての英語活動　英語教育, *58*(3), 60-63.

田中 茂範 (2016).　英語を使いこなすための実践的学習法―my Englishのすすめ　大修館書店

Tardy, C. (2004). The role of English in scientific communication: Lingua franca or Tyrannosaurus rex? *Journal of English for Academic Purposes, 3*(3), 247-269.

田山 博子 (2005).　第二次世界大戦中のイギリスにおける日本語教育―敵性語として学ばれた日本語　立命館法学別冊ことばとそのひろがり, *4,* 217-246.

寺沢 拓敬 (2015).　「日本人と英語」の社会学―なぜ英語教育論は誤解だらけなのか　研究社

寺沢 拓敬 (2013).　「日本人の9割に英語はいらない」は本当か?―仕事における英語の必要性の計量分析　東甲信越英語教育学会誌, *27,* 71-83.

鳥飼 玖美子 (2018).　英語教育の危機　筑摩書房

筑紫 哲也(編) (1985).　世界の日本人観―日本学総解説　自由国民社

筒井 通雄 (1999).　アメリカにおける専門日本語教育―過去・現在・未来　専門日本語教育研究, *1,* 10-15.

汪 志平 (2018).　日本企業の人材グローバル化―現状と展望　経済と経営, *48*(1-2), 1-22.

薮中 三十二 (2019).　世界基準の交渉術―グローバル人材に必要な5つの条件　宝島社

八田 洋子 (2003).　日本における英語教育と英語公用語化問題　文教大学文学部紀要, *16*(2), 107-136.

山中 司 (2011).　大学英語教育手法としてのプロジェクトの有効性―学習者論の視点から　慶應義塾大学大学院政策・メディア研究科博士論文

山中 司 (2015).　大学英語教育におけるプロジェクトを主体とした教育手法の効果―オートノミーの育成と学習への動機付けに着目して　立命館人間科学研究, *32,* 105-116.

山中 司 (2019).　大学にもう英語教育はいらない―自身の「否定」と「乗り越え」が求められる英語教育者へのささやかなる警鐘　立命館人間科学研究, *38,* 73-89.

吉田 文 (2014).　「グローバル人材の育成」と日本の大学教育―議論のローカリズムをめぐって　教育学研究, *81*(2), 164-175.

読売新聞 (2011).　新卒採用TOEIC730点条件─武田薬品2013年入社から　1月23日東京朝刊, 2.

吉島 茂 (2007).　ヨーロッパの外国語教育を教育間・言語政策から見る　言語政策, 3, 61-81.

行森 まさみ (2014).　日本人の英語観を形成する要因に関する一考察─英語教育の観点から　異文化コ
　　ミュニケーション論集, 12, 103-116.

◆ 2 章

Barthes, R. (1973). *Le Plaisir du texte* (Editions du Seuil). France: Seuil. (バルト, R.　沢崎 浩平(訳) (1977).
　　テクストの快楽　みすず書房)

Beineke, J. A. (1998). *And there were giants in the land: The life of William Heard Kilpatrick*. New York: Lang.

Bühler, Karl. (1982). *Sprachtheorie: Die Darstellungsfunktion der Sprache*. Fischer, Stuttgart. Berlin: Ullstein Verlag.
　　(Original work published 1934) (ビューラー, K.　脇坂 豊・植木 迪子・植田 康成・大浜 るい子(共
　　訳) (1983).　言語理論─言語の叙述機能上巻　クロノス)

Davidson, D. (1986). A nice derangement of epitaphs. In E. Lepore (Ed.), *Truth and interpretation: Perspectives
　　on the philosophy of Donald Davidson* (pp.433-446). Oxford: Blackwell.

DNP創発マーケティング研究会 (編著) (2008).　創発するマーケティング　日経BP企画

道本 ゆう子・中村 真規子 (2013).　国際コミュニケーション・ツールとしての「英語」　太成学院大学
　　紀要, 15, 93-99.

Grice, H. P. (1975). Logic and conversation. In P. Cole., & J. L. Morgan (Ed.), *Syntax and semantics* (Vol.3.,
　　pp.41-58). New York: Academic Press.

Holenstein, E. (1974). *Roman Jakobson's approach to language: Phenomenological structuralism* (pp.41-58). Ontario:
　　Indiana University Press.

Hollnagel, E., & Woods, D. D. (2005). *Joint cognitive systems: Foundations of cognitive systems engineering*. Boca
　　Raton: Taylor & Francis.

井関 利明 (2002).　大学のパラダイムシフト「政策情報学部」におけるパラダイム転換　計画行政, 25(2),
　　26-28.

Jakobson, R. (1976). *On language*. In R. Jakobson, L. R. Waugh., & M. Monville-Burton (Eds.), Cambridge:
　　Harvard University Press.

経済産業省 (2006).　社会人基礎力　Retrieved from https://www.meti.go.jp/policy/kisoryoku/index.html
　　(2020年10月7日)

Kilpatrick, W. H. (1918). The project method. *Teachers College Record*, 19, 319-323.

木村 修平 (2020).　Computer-Integrated Language Learning─大学英語教育の新しい地平　慶應義塾大学
　　大学院政策・メディア研究科

丸山 圭三郎 (1983).　ソシュールを読む　岩波書店

McLuhan, M. (1964). *Understanding media: The extensions of man*. New York: McGraw-Hill.

夏目 漱石 (1988).　小品・評論・初期の文章　吉田 精一(編)　夏目漱石全集10　筑摩書房

岡田 亜矢子 (2014).　日本語クラスにおけるディスカッションへの意識に関する一考察─留学生に対す
　　るアンケート結果から　神戸大学留学生センター紀要, 20, 39-60.

Quacquarelli Symonds. (2020). QS Asia University Rankings 2020. Top Universities-Worldwide university
　　rankings, guides & events. Retrieved from https://www.topuniversities.com/university-rankings/asian-
　　university-rankings/2020. (2020年10月6日)

Rorty, R. (1982). *Consequences of pragmatism: Essays 1972-1980*. SouthMinneapolis: University of Minnesota

Press. (ローティ, R.　室井 尚・吉岡 洋・加藤 哲弘・浜 日出夫・庁 茂(訳) (1985).　哲学の脱構築―プラグマティズムの帰結　御茶の水書房)

サイトウ アキヒロ (2013).　ビジネスを変える「ゲームニクス」　日経BP

Sartre, J. -P. (1946). *L'Existentialisme: est un humanisme*. Paris: Éditions Nagel. (サルトル, J-P.　伊吹 武彦(訳) (1955).　実存主義とは何か―実存主義はヒューマニズムである　サルトル全集第 13 巻　人文書院)

佐藤 隆之 (2004).　キルパトリック教育思想の研究―アメリカにおけるプロジェクト・メソッド論の形成と展開　風間書房

サトウ タツヤ (2015).　文化心理学から見た食の表現の視点から食文化とその研究について考える　社会システム研究, 2015 特集号, 197-209.

de Saussure, F. (1993). *Troisième cours de linguistique générale (1910-1911) : d'après les cahiers d'Emile Constantin＝Saussure's third course of lectures on general linguistics (1910-1911) : From the notebooks of Emile Constantin*. French text edited by E. Komatsu. English translation by R. Harris. Bergama: Pergamon Press.

Shannon, C. E., & Weaver, W. (1949). *The mathematical theory of communication*. Champaign: University of Illinois Press.

SLA研究会 (編) (1994). 第二言語習得研究に基づく最新の英語教育　大修館書店

Sperber, D., & Wilson, D. (1986). *Relevance: Communication and cognition*. Cambridge: Harvard University Press.

Surowiecki, J. (2004). *The wisdom of crowds: Why the many are smarter than the few and how collective wisdom shapes business, economies, societies and nations*. New York: Anchor Books.

鈴木 孝夫 (2011).　Mirage Effect and Xenophygia 蜃気楼効果と外国人忌避症　あなたは英語で戦えますか―国際英語とは自分英語である (pp.32-33)　冨山房インターナショナル

鈴木 孝夫・田中 克彦 (2008).　対論―言語学が輝いていた時代　岩波書店

鈴木 佑治 (2003).　英語教育のグランド・デザイン―慶應義塾大学SFCの実践と展望　慶應義塾大学出版会

田中 茂範 (2016).　英語を使いこなすための実践的学習法―my Englishのすすめ　大修館書店

山中 司 (2008).　プラグマティズムの英語教育論的含意―R. Rortyの自文化中心主義・語彙論が示唆する新たな英語教育パラダイムの地平　*KEIO SFC JOURNAL*, 7(2), 68-79.

山中 司 (2011).　プロジェクトを手法とした大学英語教育の意義に関する一考察―「熱中できる」ゲームソフトに見る学習者の自己否定感解消との類似点に着目して　政策情報学会誌, 5(1), 87-98.

山中 司 (2019).　自分を肯定して生きる―プラグマティックな生き方入門　海竜社

山中 司 (2019).　大学にもう英語教育はいらない―自身の「否定」と「乗り越え」が求められる英語教育者へのささやかなる警鐘　立命館人間科学研究, 38, 73-89.

安田 裕子・滑田 明暢・福田 茉莉・サトウ タツヤ(編) (2015).　TEA理論編―複線径路等至性アプローチの基礎を学ぶ　新曜社

◆ 3 章

Alderfer, C. P. (1969). An empirical test of a new theory of human needs. *Organizational Behavior and Human Performance*, 4(2), 142-175. doi: 10.1016/0030-5073(69)90004-X

Buckley, F. J. (1999). *Team teaching: what, why, and how?* London: Sage Publications. doi: 10.4135/9781452220697

Cooley, C. H. (1902). *Human nature and the social order*. New York: C. Scribner's Sons.

Davis, J. R. (1995). *Interdisciplinary courses and team teaching: New arrangements for learning*. Phoenix: Oryx Press.

Dudley-Evans, T. (2001). Team-teaching in EAP: Changes and adaptations in the Birmingham approach. In J. Flowerdew & M. Peacock (Eds.), *Research perspectives on English for academic purposes* (pp.225-238). Cambridge: Cambridge University Press. doi: 10.1017/CBO9781139524766.018

Easterby-Smith, M., & Olve, N. G. (1984). Team teaching: making management education more student-centred? *Management Education and Development*, *15*(3), 221-236. doi: 10.1177/135050768401500305

船津 衛 (2000).　社会的自我論の展開　東洋大学社会学部紀要, *38*(1), 37-54.

蒲生 智哉 (2008).　「医療の質」と「チーム医療」の関係性の一考察　立命館経営学, *47*(1).　doi: 10.34382/00000829

Gordon, C. (1976). Development of evaluated role identities. In A. Inkeles, J. Coleman, & N. Smelser (Eds.), *Annual review of sociology* (Vol.2., pp.405-433). Palo Alto: Annual Reviews.

細田 満和子 (2001).　「チーム医療」とは何か―それぞれの医療従事者の視点から.　保健医療社会学論集, *12*, 88-101. doi: 10.18918/jshms.12.0_88

細田 満和子 (2002).　チーム医療とは何か？　鷹野 和美(編)　チーム医療論 (pp.4-6)　医歯薬出版

James, W. (1892). *Psychology, briefer course*. New York: Henry Holt and Company.

国史大辞典 (n.d.). JapanKnowledge.　Retrieved from https://japanknowledge.com. (2020 年 8 月 12 日)

近藤 雪絵 (2020).　学際的なティーム・ティーチングによる学生の英語発信力育成―薬学・生命科学専門分野の教員と英語教員はどのようにコラボレーションできるか　薬学教育

厚生労働省 (2010).　平成 22 年(2010)チーム医療の推進について　Retrieved from https://www.kantei.go.jp/jp/singi/tiiki/kouzou2/hyouka/chousa/iryoubukai31/shiryou1.pdf. (2020 年 7 月 29 日)

Lasagabaster, D. (2018). Fostering team teaching: Mapping out a research agenda for English-medium instruction at university level. *Language Teaching*, *51*(3), 400-416. doi: 10.1017/S0261444818000113

Mead, G. H. (1934). *Mind, self and society*. Chicago: University of Chicago Press.

MIT OpenCourseWare. (n.d.). Retrieved from https://ocw.mit.edu (2020 年 10 月 5 日)

Project-based English Program. (n.d.). PEP Navi JP2 特設サイト　Retrieved from http://jp2.pep-rg.jp (2020 年 10 月 5 日)

Rits PEP Channel. (2011). Home[Channel]. YouTube. Retrieved from https://www.youtube.com/user/ProjectBasedEnglish. (2020 年 10 月 5 日)

Ritsumeikan Channel. (2013). 新たな英語教育の始まり 立命館大学生命科学部・薬学部英語授業「PROJECT-BASED ENGLISH PROGRAM」[Video]. YouTube. Retrieved from https://www.youtube.com/watch?v=iPNbg2CovVk. (2020 年 10 月 5 日)

鈴木 佑治 (2003).　英語教育のグランド・デザイン―慶應義塾大学SFCの実践と展望　慶應義塾大学出版会

鈴木 佑治 (2012).　グローバル社会を生きるための英語授業―立命館大学生命科学部・薬学部・生命科学研究科プロジェクト発信型英語プログラム　創英社

Winston, P. H. (2010). Artificial Intelligence. Massachusetts Institute of Technology: MIT OpenCourseWare. Retrieved from https://ocw.mit.edu/courses/electrical-engineering-and-computer-science/6-034-artificial-intelligence-fall-2010. (2020 年 10 月 5 日). License: Creative Commons BY-NC-SA.

山中 司・河井 亨 (2016).　「プロジェクト発信型英語プログラム」の実践知―立命館大学における成果と課題の共有　立命館高等教育研究, *16*, 219-232. doi: 10.34382/00007985

◆ 4 章

Argys, R. (2008). One more thing: can we teach process and frmulaic respose? *English Journal, 97*(3), 97-101.

Bachman, L. F. (1990). *Fundamental considerations in language testing.* Oxford: Oxford University Press.

Bereiter, C., & Scardamalia, M. (1987). *The psychology of written composition.* Hillsdale: Lawrence Erlbaum Associates, Inc.

Biber, D., Nekrasova, T., & Horn, B. (2011). *The effectiveness of feedback for L1-English and L2-writing development: A meta-analysis.* TOEFLiBT Research Report. ETS. doi: 10.1002/j.2333-8504.2011.tb02241.x

Brannon, L., Courtney, J. P., Urbanski, C. P., Woodward, S. V., Reynolds, J. M., Iannone, A. E., . . . Kendrick, M. (2008). The five-paragraph essay and the deficit model of education. *English Journal, 98*(2), 16-21.

Calkins, L. (2015). *Writing pathways.* New York: Heinemann.

Campbell, K. H., & Latimer, K. (2012). *Beyond the five-paragraph essay.* Portland: Stenhouse Publishers.

Connors, R., & Lunsford, A. (1993). Teachers' rhetorical comments on student papers. *College Composition and Communication, 44*, 200-223.

Cumming, A. (1989). Writing expertise and second-language proficiency. *Language Learning, 39*, 81-141. doi:10.1111/j.1467-1770.1989.tb00592.x

Dewey, J. (1938). *Logic-The theory of inquiry.* New York: Henry Holt and Company.

Ferris, D. R. (1997). The influence of teacher commentary on student revision. *TESOL Quarterly, 31*, 315-339.

Ferris, D. R. (1999). The case for grammar correction in L2 writing classes: A response to Truscott (1996). *Journal of Second Language Writing, 8*, 1-10.

Ferris, D. R. (2002). *Treatment of error in second language writing classes.* Ann Arbor: University of Michigan.

Ferris, D. R. (2003). *Response to student writing: Implications for second language students.* Mahwah: Lawrence Erlbaum Associates, Inc.

Ferris, D. R., Liu, H., Sinha, A., & Senna, M. (2013). Written corrective feedback for individual L2 writers. *Journal of Second Language Writing, 22*, 307-329.

Flower, L., & Hayes, J. R. (1981). A cognitive process theory of writing. *College Composition and Communication, 32*, 365-387.

Graham, S., & Perin, D. (2007). Writing Next: Effective strategies in middle and high schools. A report to Carnegie Corporation of New York. ALLIANCE FOR EXCELLENT EDUCATION. Retrieved from https://media.carnegie.org/filer_public/3c/f5/3cf58727-34f4-4140-a014-723a00ac56f7/ccny_report_2007_writing.pdf (2020 年 8 月 28 日)

Halliday, M. A. K., & Hasan, R. (1976). *Cohesion in English.* London: Longman.

Halliday, M. A. K., & Hasan, R. (1989). *Language, context and text: Aspects of language in a social semiotic perspective.* Oxford: Oxford University Press.

Halliday, M. A. K., & Matthiessen, C. (2013). *Halliday's introduction to functional grammar.* London: Edward Amold.

Hirose, K., & Sasaki, M. (2000). Effects of teaching metaknowledge and journal writing on Japanese university students' EFL writing. *JALT Journal, 22*, 94-113.

Hyland, F. (2000). ESL writers and feedback: Giving more autonomy to students. *Language Teaching Research, 4*, 33-54.

Hyland, F. (2010). Future directions in feedback on second language writing: Overview and research agenda. *International Journal of English Studies, 10*, 171-182.

Hyland, K. (2013). Faculty feedback: Perceptions and practives in L2 disciplinary writing. *Journal of Second Language Writing*, *22*, 240-253.

Hyland, K. (2019). *Second language writing* (2nd ed.). Cambridge: Cambridge University Press.

池田 真弓　慶應義塾大学教養研究センター (2020). アカデミック・スキルズ 10 分講義ビデオ「剽窃について」[Video].　YouTube.　Retrieved from https://www.youtube.com/watch?v=qEly_lPXl1Y&feature=youtu. be (2020 年 10 月 2 日)

石井 秀明 (2002).　必ず受かる小論文・作文の書き方　新星出版社

木下 是雄 (1981).　理科系の作文技術　中公新書

Klassen, R. (2002). Writing in early adolescence: A review of the role of self-efficacy beliefs. *Educational Psychology Review*, *14*, 173-203. doi:10.1023/A:1014626805572

Kraples, A. R. (1990). An overview of second language writing process research. In B. Kroll (Ed.), *Second language writing: research insights for the classroom* (pp.37-56). Cambridge: Cambridge University Press.

Kubota, R. (1998). An investigation of L1-L2 transfer in writing among Japanese university students: Implications for contrastive rhetoric. *Journal of Second Language Writing*, *7*, 69-100. doi:10.1016/S1060-3743(98)90006-6

久留 友紀子 (2019).　自己表現のための 10 分間ライティング　山西 博之・大年 順子(編)　中・上級英語ライティング指導ガイド (pp.30-41)　大修館書店

Lantolf, J. P., Poehner, M. E., & Swain, M. (2018). *The Routledge handbook of sociocultural theory and second language development*. New York: Routledge.

Mackiewicz, J., & Thompson, I. (2018). *Talk about writing: The tutoring strategies of experienced writing center tutors*. New York: Routledge.

Martinez, C. T., Kock, N., & Cass, J. (2011). Pain and pleasure in short essay writing: Factors predicting university students' writing anxiety and writing self-efficacy. *Journal of Adolescent & Adult Literacy*, *54*, 351-360.

水本 篤・浜谷 佐和子・小山 由紀恵 (2017).　AWSuM [Online software]. Retrieved from http://langtest.jp/awsum/ (2020 年 10 月 5 日)

宮田 学 (2010).　学校教育でもとめられているライティング　木村 博是・木村 知保・氏木 道人(編)リーディングとライティングの理論と実践―英語を主体的に「読む」・「書く」(pp.101-171)　大修館書店

Mohan, B. A., & Lo, W. A. (1985). Academic writing and Chinese students: Transfer and developmental factors. *TESOL Quarterly*, *19*, 515-534. doi:10.2307/3586276

文部科学省 (1989).　高等学校学習指導要領(平成元年告示)解説―外国語編 英語編　教育出版

文部科学省 (2019a).　高等学校学習指導要領(平成 30 年告示)解説―外国語編 英語編　開隆堂出版

文部科学省 (2019b).　高等学校学習指導要領(平成 30 年告示)解説―総合的な探究の時間編　学校図書

Nishigaki, C., & Leishman, S. (2001). Needs analysis, instruction, and improvement in writing-group: Developing textual features in Japanese EFL college writing. *JACET Journal*, *34*, 57-71.

Oi, K. (2005). Comparison of argumentative styles: Japanese college students vs. American college students? An analysis using the Toulmin Model. *JACET Bulletin*, *30*, 85-102.

大井 恭子 (2008).　思考力育成の試み―中学生の英語ライティング指導を通して　千葉大学教育学部研究紀要, *56*, 175-184.

大井 恭子 編著 (2014).　パラグラフ・ライティング指導入門―中高での効果的なライティング指導のために　大修館書店

大井 恭子・田端 光義 (2012).　中学生へのパラグラフ・ライティング指導の効果の検証　関東甲信越英

語教育学会誌, *26*, 79-91.

Pajares, F. (2003). Self-efficacy beliefs, motivation, and achievement in writing: A review of the literature. *Reading & Writing Quarterly*, *19*, 139-158. doi:10.1080/10573560308222

Pennington, M. C., & So, S. (1993). Comparing writing process and products across two languages: A study of 6 Singaporean university students. *Journal of Second Language Writing*, *2*, 41-63. doi:10.1016/1060-3743(93)90005-N

PEP Journal. (2016). PEP Navi. Retrieved from http://journal.pep-rg.jp/ (2020 年 8 月 28 日)

Raimes, R. (1985). What unskilled ESL students do as they write: A classroom study of composing. *TESOL Quarterly*, *19*, 229-258. doi:10.2307/3586828

Reid, J. (1984). Comments on Vivian Zamel's "The composing processes of advanced ESL students: Six case studies." *TESOL Quarterly*, *18*, 149-153.

Rinnert, C., & Kobayashi, H. (2007). L1 and L2 pre-university writing experience: what effects on novice Japanese EFL writers? *Hiroshima Journal of International Studies*, *13*, 65-92.

斎藤 孝 (2003).　三色ボールペン情報活用術　角川書店

佐渡島 沙織・太田 裕子 (2013).　文章チュータリングの理念と実践―早稲田大学ライティング・センターでの取り組み　ひつじ書房

佐渡島 沙織 (2014).　アカデミック・ライティング教育と情報リテラシー―情報を再定義し意見を構築できる学生を育てる　情報の科学と技術, *64*, 22-28.

Sasaki, M. (2000). Toward an empirical model of EFL writing processes: An exploratory study. *Journal of Second Language Writing*, *9*, 259-291. doi:10.1016/S1060-3743(00)00028-X

Sasaki, M. (2002). Building an empirically-based model of EFL learners' writing processes. In S. Ransdell, & M. L. Barbier (Eds.), *New directions for research in L2 writing* (pp.51-113). Dordrecht: Springer.

Sasaki, M. (2011). Effects of varying lengths of study-abroad experiences on Japanese EFL students' L2 writing ability and motivation: A longitudinal study. *TESOL Quarterly*, *45*, 81-105.

Sasaki, M., & Hirose, K. (1996). Explanatory variables for EFL students' expository writing. *Language Learning*, *46*, 137-168. doi:10.1111/j.1467-1770.1996.tb00643.x

Schoonen, R., van Gelderen, A., & de Glopper, K. (2003). First language and second language writing: The role of linguistic knowledge, speed of processing, and metacognitive knowledge. *Language Learning*, *53*, 165-202. doi:10.1111/1467-9922.00213

Silva, T. (1993). Toward an understanding of the distinct nature of L2 writing: The ESL research and its implications. *TESOL Quarterly*, *27*, 657-677. doi:10.2307/3587400

Storch, N. (2019). Collaborative writing as peer feedback. In K. Hyland, & F. Hyland (Eds.), *Feedback in second language writing: contexts and issues, 2nd issue* (pp.143-162). Cambridge: Cambridge University Press.

Swain, M. (1995). Theree functions of output in second language learning. In G. Cook, & B. Seidlhofer (Eds.), *Principle and practice in applied linguistics* (pp.125-144). Oxford: Oxford University Press.

Swales, J. (1990). *Genre analysis: English in academic and research settings*. Cambridge: Cambridge University Press.

田中 真理・阿部 新 (2014).　Good Writing へのパスポート―読み手と構成を意識した日本語ライティング　くろしお出版

The University of Melbourne. (2005). Academic Skills Unit course text titled "Using sources and avoiding plagiarism." Student services directory. Retrieved from https://services.unimelb.edu.au/__data/assets/pdf_file/0004/821668/5297-Avoiding-PlagiarismWEB.pdf (2020 年 10 月 5 日)

Tillema, M. (2012). *Writing in first and second language: Empirical studies on text quality and writing processes*. Netherlands: Netherlands Graduate School of Linguistics: LOT.

Toulmin, S. (2003). *The uses of argument, updated edition*. Cambridge: Cambridge University Press.

Truscott, J. (1996). The case against grammar correction in L2 writing classes. *Language Learning, 46*, 327-369.

Truscott, J. (2007). The effect of error correction on learners' ability to write accurately. *Journal of Second Language Writing, 16*, 255-272.

Tsuji, K. (2016). Teaching argumentative writing through a process-focused instruction: The effects of the prewriting activity on student perceived learning. *Kyoto University Researches in Higher Education, 22*, 77-86.

Turnitin. (1998). Turnitin [Online software]. Retrieved from https://www.turnitin.com/ja (2020 年 10 月 12 日)

Victori, M. (1999). An analysis of writing knowledge in EFL composing: A case study of two effective and two less effective writers. *System, 27*, 537-555. doi:10.1016/S0346-251X(99)00049-4

Villamill, O., & Guerrero, M. (2019). Sociocultural theory: A framework for understanding the social-cognitive dimensions of peer feedback. In K. Hyland, & F. Hyland (Eds.), *Feedback in second language writing: contexts and issues, 2nd issue* (pp.23-42). Cambridge: Cambridge University Press.

Выготский Л.С. (1935). Умственное развитие ребенка в процессе обучения, Москва, Ленинград: Государственное учебно-педагогическое издательство. (ヴィゴツキー, L. S.　土井 捷三・神谷 栄司(訳)　(2003).　「発達の最近接領域」の理論―教授・学習過程における子どもの発達　三学出版)

Vygotsky, L. S. (1978). *Mind in society: The development of higher psychological processes*. Cambridge: Harvard University Press.

Wagner, C. S., & Jonkers, K. (2017). Open countries have strong science. *Nature, 7674*, 30.

渡辺 哲司・島田 康行 (2017).　ライティングの高大接続―高校・大学で「書くこと」を教える人たちへ　ひつじ書房

Weigle, S. C. (2002). *Assessing writing*. Cambridge: Cambridge University Press.

Wolfe-Quintero, K., Inagaki, S., & Kim, H,-Y. (1998). *Second language development in writing: Measures of fluency, accuracy, and complexity*. Honolulu: University of Hawaii Press.

Wood, D., Bruner, J. S., & Ross, G. (1976). The role of tutoring in problem solving. *Journal of Child Psychiatry and Psychology, 17*, 89-100.

Yamashita, M. (2013). Writing process analysis using video capture system. *Center of Liberal Arts and Foreign Language Education Journal, Kinki University, 4*, 89-99.

Yamashita, M. (2018). *An analysis of rhetorical features and logical anomalies in the EFL argumentative essays written by Japanese university students*. Unpublished doctoral dissertation, Japan: Kansai University.

山下 美朋 (2018).「あぶすと！」[Online software]. Retrieved from http://pep-rg.jp/abst/　(2020 年 10 月 5 日)

山下 美朋 (2020). ライティング支援SAPPにおけるチューターの指導戦略の分析　立命館高等教育研究, *20*, 77-95.

Yasuda, S. (2006). Japanese students' argumentative writing in English: Characteristic weakness and developmental factors. *KATE Bulletin, 20*, 1-20.

保田 幸子・大井 恭子・板津 木綿子 (2014). 日本の高等教育における英語ライティング指導の実態調査　*JABAET Journal, 18*, 51-71.

Zhang, S. (1985). *The differential effects of sources of corrective feedback on ESL writing proficiency*. Occasional paper series no 9. Honolulu: University of Hawaii at Manoa, Department of English as a second language.

◆ 5 章

天野 一夫 (1966).　ランゲージ・ラボラトリー総論　福原 麟太郎・中島 文雄・岩崎 民平(監修)　現代英語教育講座第 11 巻 視聴覚教室 (pp.3-40)　研究社

Bax, S. (2003). CALL-Past, present and future. *System*, *31*, 13-28.

Bax, S. (2011). Normalisation revisited. *International Journal of Computer-Assisted Language Learning and Teaching*, *1*(2), 1-15.

Beatty, K. (2013). *Teaching & researching: Computer-assisted language learning*. London: Routledge.

榎田 一路 (2016).　必携化ノートパソコンによる普通教室でのCALL環境構築の試み　広島外国語教育研究, *19*, 29-41.

European Organization for Nuclear Research. (1970). Undermining the Tower of Babel. *CERN Courier*, *10*(2), 46.

大学ICT推進協議会 (2018).　2016 年度BYODを活用した教育改善に関する調査研究結果報告書(第 1 版)　Retrieved from https://axies.jp/_files/report/ict_survey/2016survey/byod_report_2016.pdf (2020年10月6 日)

Davies, G., Otto, S. E. K., & Rüschoff, B. (2013). Historical perspectives on CALL. In T. Michael, R. Hayo, & W. Mark (Eds.), *Contemporary computer-assisted language learning* (pp.19-38). London: Bloomsbury Academic.

Hart, R. S. (1981). Language study and the PLATO system. *Studies in Language Learning*, *3*, 1-24.

保阪 靖人 (2009).　諸大学におけるCALL事情　サイバーメディア・フォーラム, *10*, 31-35.

木村 修平 (2018).　BYOD型大学英語プログラムがITスキルの自己評価に及ぼす影響　コンピュータ&エデュケーション, *45*, 127-132.

木村 修平・近藤 雪絵 (2018).　"パソコンが使えない大学生"問題はなぜ起こるか―立命館大学大規模調査から考える　PC Conference論文集, *2018*, 179-182.

木村 修平・近藤 雪絵 (2020).　非常時の大学英語授業のオンライン実施に関する考察―2020 年度春学期の振り返り　PC Conference 論文集, *2020*, 87-88.

木村 修平・落合 淑美・近藤 雪絵 (2019).　英語プログラム独自FDを通じた新任教員の研修と効果―所属レイヤーに最適化したサポート体制の一事例として　第 25 回大学教育研究フォーラム(口頭発表), 47.

近畿大学 (2019).　法人全体でICTを活用した新たなコミュニケーション基盤を構築―全教職員に加え、学生にも「Slack」導入を決定　Retrieved from http://www.news2u.net/releases/167520 (2020 年 10 月 6 日)

小島 一男・森崎 久雄 (2012).　立命館大学生命科学部―学位授与方針(ディプロマ・ポリシー)　立命館高等教育研究, *12*, 53-63.

近藤 雪絵・山中 司 (2014).　生命科学部・薬学部「プロジェクト発信型英語プログラム」における独自のプレイスメント評価モデル "English Test in Academic Context (e-TAC)" の実施について―成果と課題　立命館高等教育研究, *14*, 131-146.

京都新聞 (2020).　大学サイトでトラブル新型コロナ対策のオンライン授業で学生アクセス殺到―立命館大　Retrieved from https://www.kyoto-np.co.jp/articles/-/211093 (2020 年 8 月 31 日)

見上 晃・西堀 ゆり・中野 美知子(編) (2011).　英語教育におけるメディア利用―CALLからNBLTまで大

学英語教育学会(監修)　英語教育学大全, *12*, 大修館書店

長澤 直子 (2019)．日本語入力から見る"PCが使えない大学生問題"　コンピュータ＆エデュケーション, *46*, 58-63.

野澤 和典 (2008)．ICTへの道(歴史)　CIEC外国語教育研究部会(編)　ICTを活用した外国語教育 (pp.1-9)　東京電機大学出版局

Ono, Y., Ishihara, M., & Yamashiro, M. (2014). Construction of wireless tablet-PC classroom for computer-assisted language learning in Japan. *Communications in Computer and Information Science*, *435*, 128-132. doi: 10.1007/978-3-319-07854-0_23

立命館大学 (2020a)．2020年度春学期の授業に関する重要なお知らせ　Retrieved from http://www.ritsumei.ac.jp/startup/common/file/top_200316.pdf (2020年8月31日)

立命館大学 (2020b)．新型コロナウイルス禍に対する学びの緊急支援について(2020年7月20日更新)　Retrieved from http://www.ritsumei.ac.jp/news/detail/?id=1730 (2020年8月31日)

立命館大学 (2020c)．5月7日以降の授業再開に向けて　Retrieved from http://www.ritsumei.ac.jp/startup/online2020/assets/file/faq.pdf (2020年11月15日)

酒井 博之・田口 真奈・飯吉 透 (2012)．6.大学教育とICT　京都大学高等教育研究開発推進センター (編)　生成する大学教育学 (pp.229-267)　ナカニシヤ出版

鈴木 佑治 (2003)．英語教育のグランド・デザイン―慶應義塾大学SFCの実践と展望　慶應義塾大学出版会

鈴木 佑治 (2014a)．Do Your Own Project In English　プロジェクト発信型英語Volume 1　南雲堂

鈴木 佑治 (2014b)．Do Your Own Project In English　プロジェクト発信型英語Volume 2　南雲堂

高梨 健吉 (1975)．戦後英語教育方法史　高梨 健吉・大村 喜吉(著)　日本の英語教育史 (pp.239-258)　大修館書店

竹蓋 幸生・水光 雅則(編) (2005)．これからの大学英語教育―CALLを活かした指導システムの構築岩波書店

植村 泰三 (1988)．大学英語教育におけるLL教育に関する一考察　日本英語教育史研究, *3*, 207-222.

University of Illinois at Urbana-Champaign (n.d.). Woman pointing to PLATO IV terminal. University of Illinois Archives. Retrieved from https://archon.library.illinois.edu/index.php?p=digitallibrary/digitalcontent&id=1478 (2020年1月19日)

Warschauer, M. (2000). Language teaching in the information technology society. *TESOL Quarterly*, *34*(3), 134-141.

Warschauer, M. (2004). Technological change and the future of CALL. In S. Fotos, & C. M. Browne (Eds.), *New perspectives on CALL for second language classrooms* (pp.15-25). New Jersey: Lawrence Erlbaum Associates.

Warschauer, M., & Kern, R. (Eds.). (2000). *Network-based language teaching: Concepts and practice*. Cambridge: Cambridge University Press.

索 引

執筆者一覧

山中　司 / YAMANAKA Tsukasa

　立命館大学生命科学部生物工学科教授。立命館大学国際部副部長。博士（政策・メディア）。一般社団法人大学英語教育学会（JACET）本部運営委員（研究促進委員会）。IEEE Professional Communication Society, Japan Chapter, Secretary of PCSJ。慶應義塾大学総合政策学部卒業，慶應義塾大学大学院 政策・メディア研究科博士課程修了。専門は言語論，言語政策，言語哲学。主な著書に『自分を肯定して生きる―プラグマティックな生き方入門―』（海竜社），『理系 国際学会のためのビギナーズガイド』（共著・裳華房）などがある。

木村修平 / KIMURA Syuhei

　立命館大学生命科学部生命情報学科准教授。1977 年，京都市生まれ。ミシガン州立大学社会科学部卒業，立命館大学大学院言語教育情報研究科修了，慶應義塾大学大学院政策・メディア研究科修了。博士（政策・メディア）。専門は高等英語教育における情報通信技術（ICT）の利活用。立命館大学 4 学部で展開するプロジェクト発信型英語プログラム（pep-rg.jp）の運営コアメンバーのほか，外国語教育メディア学会（LET）傘下の電子語学教材開発研究部会部会長を務める。Twitter アカウントは@syuhei。

山下美朋 / YAMASHITA Miho

　立命館大学生命科学部生命医科学科准教授。立命館大学大学院言語教育情報研究科修了，関西大学外国語教育学研究科修了。博士（外国語教育学）。専門は，外国語（英語）教育，第二言語ライティング，対照修辞学研究など。近年は，ライティングにおける質的研究に関心が高い。共著に『理系 国際学会のためのビギナーズガイド』（裳華房），『中・上級英語ライティング指導ガイド』（大修館書店）がある。

近藤雪絵 / KONDO Yukie

　立命館大学薬学部薬学科准教授。立命館大学大学院言語教育情報研究科修了，関西学院大学大学院言語コミュニケーション文化研究科修了。博士（言語コミュニケーション文化）。立命館大学 4 学部で展開するプロジェクト発信型英語プログラム（pep-rg.jp）の運営コアメンバー。専門は学習者主導型クラススタイルの考案・教材開発およびコーパスを利用したテキスト分析。近年は薬学生のための英語教育に力を入れる。主な教材として，医療・健康に関する英語表現を学ぶアニメ「ふぁーま団子ちゃん」を YouTube に公開中。

プロジェクト発信型英語プログラム
自分軸を鍛える「教えない」教育

2021 年 2 月 10 日　初版第 1 刷印刷
2021 年 2 月 20 日　初版第 1 刷発行

著　者　　山　中　　司

　　　　　木　村　修　平

　　　　　山　下　美　朋

　　　　　近　藤　雪　絵

発行所　　㈱北大路書房
〒 603-8303　京都市北区紫野十二坊町 12-8
　　　　　電話　　（075）431-0361㈹
　　　　　FAX　　（075）431-9393
　　　　　振替　　01050-4-2083

印刷・製本／亜細亜印刷㈱
装幀／野田和浩

©2021　検印省略
定価はカバーに表示してあります。
落丁・乱丁本はお取り替えいたします。
ISBN978-4-7628-3143-0　　　Printed in Japan